LA VÉRITABLE AUDREY HEPBURN

DU MÊME AUTEUR

ALBUMS

Nadar, Éditions Encre.

Les Chirac : Un album de Famille, Éditions de l'Archipel.

BIOGRAPHIES

Grace, Librairie Académique Perrin.

Buckingham Story, Librairie Académique Perrin.

Les Dames de l'Élysée, Librairie Académique Perrin.

Les Monaco, Plon.

La Vie quotidienne à Buckingham Palace, Hachette.

Charles, portrait d'un prince, Hachette.

Juan Carlos, roi d'Espagne, Hachette (Prix des Trois-Couronnes).

La Princesse Margaret, Librairie Académique Perrin.

Caroline de Monaco, Librairie Académique Perrin.

Lady Mountbatten, Bartillat.

La Véritable Jackie Kennedy, Éditions Pygmalion.

Bernadette Chirac, Librairie Académique Perrin.

La Véritable Grace de Monaco, Éditions Pygmalion.

La Véritable Audrey Hepburn, Éditions Pygmalion.

La Véritable Margaret d'Angleterre, Éditions Pygmalion.

La Véritable Melina Mercouri, Éditions Pygmalion.

La Véritable Duchesse de Windsor, Éditions Pygmalion.

La Véritable Ingrid Bergman, Éditions Pygmalion.

La Véritable Princesse Soraya, Éditions Pygmalion.

Noureev, Éditions Payot.

La Véritable Sophia Loren, Éditions Pygmalion.

La Véritable Marilyn Monroe, Éditions Pygmalion.

La Véritable Elizabeth Taylor, Éditions Pygmalion.

Juan Carlos et Sophie, Éditions Payot.

La Véritable Greta Garbo, Éditions Pygmalion.

John John Kennedy, Éditions Pygmalion.

James Dean, Éditions Payot.

La Véritable Gala Dali, Éditions Pygmalion.

Sir Elton John, Éditions Payot.

La Véritable Diana, Éditions Pygmalion.

La Véritable Maria Callas, Éditions Pygmalion.

BERTRAND MEYER-STABLEY

LA VÉRITABLE AUDREY HEPBURN

Pygmalion

Sur simple demande adressée à
Pygmalion, 87 quai Panhard et Levassor, 75647 Paris Cedex 13,
vous recevrez gratuitement notre catalogue
qui vous tiendra au courant de nos dernières publications.

ISBN : 978-2-7564-0159-1

INTRODUCTION

ELLE a séduit le monde entier avec une silhouette élancée, un regard de biche et une élégance exquise.

Audrey Hepburn incarna le charme. Pudique, elle choisit de finir ses jours au bord du lac Léman, à l'abri de tous les regards. En 1993, à soixante-trois ans, après une ultime mission comme ambassadrice de l'Unicef, elle s'est éteinte sans bruit. Avec la discrétion qui l'a toujours caractérisée.

De ses premiers cachets de danseuse, à Londres en 1948, à Hollywood qui la consacra star, son parcours est exemplaire. Et avec quels partenaires ! Gregory Peck, Humphrey Bogart, Henry Fonda, Fred Astaire, Gary Cooper, Anthony Perkins, Cary Grant, Rex Harrison, Peter O'Toole, Albert Finney, Sean Connery, pour ne citer qu'eux... Les meilleurs en somme.

A l'écran, Audrey Hepburn ne joua jamais les rôles de victime, car elle sembla toujours à la fois fragile et déterminée. Son charisme sans provocation fit d'elle une « princesse », comme la surnomma Frank Sinatra.

D'ailleurs, pour des millions d'admirateurs, elle

restera à jamais la princesse Ann de *Vacances Romaines*. D'autres retiendront la *Drôle de Frimousse* qui faisait craquer Fred Astaire, la merveilleuse Natacha de *Guerre et Paix* ou bien encore la bouquetière de *My Fair Lady* et seules ses histoires d'amour malheureuses avec William Holden, Albert Finney et Ben Gazzara, ou ses mariages-échecs avec Mel Ferrer et Andrea Dotti purent assombrir son lumineux sourire.

En 1967, à trente-huit ans, au sommet de sa gloire, elle décida de prendre une sorte de retraite, de se consacrer à ses enfants, à sa vie de femme. Cette absence des écrans en laissa plus d'un désemparé. Elle réapparut quelque dix ans plus tard dans *La Rose et la Flèche*, drame médiéval de Richard Lester où Sean Connery lui donna la réplique. On attendait une femme mûre et on la retrouva éternellement juvénile.

Combien de jeunes filles se seront coiffées et maquillées comme elle, adoptant ses petits foulards et ses franges en tentant de redessiner ses yeux en amande ? Combien de femmes du monde auront tenté de copier son style et ses merveilleux tailleurs signés de son grand ami Hubert de Givenchy ? Pour plusieurs générations, elle aura été LE modèle.

Mais Audrey Hepburn, ce fut aussi l'incarnation de la générosité. Elle accepta de se pencher sur la misère du monde en devenant une ambassadrice de l'Unicef particulièrement présente, attentive et dévouée. Sans aucune ostentation. Jamais.

L'histoire d'Audrey Hepburn est celle d'une femme hors du commun, à la beauté et au talent tellement originaux qu'ils ne seront jamais égalés. Avec une enfance dont le mystère ne fut dévoilé que tardivement et une carrière fulgurante interrompue trop tôt. Une princesse sans conte de fées.

I

SECRETS DE FAMILLE

De son enfance, Audrey Hepburn parla rarement. Comme si de lourds secrets de famille et certaines blessures l'avaient marquée à jamais.

Du côté de sa mère, Audrey est hollandaise et descend d'une longue lignée d'hommes politiques et d'aristocrates éclairés, de grands propriétaires terriens et de seigneurs au service de la Couronne. L'arbre généalogique des van Heemstra remonte jusqu'au tout début du XIIe siècle et maints portraits de ses ancêtres ornent les cimaises des musées des Pays-Bas. La fortune des van Heemstra alla crescendo avec le commerce des colonies.

Ella van Heemstra, la mère d'Audrey, est la troisième fille du baron Aarnoud van Heemstra (1871-1957). Ses contemporains ont laissé de celui-ci le portrait du châtelain de campagne par excellence. Ce magistrat occupa les fonctions de bourgmestre d'Arnhem, à l'époque une petite ville médiévale célèbre pour ses parcs et les forêts environnantes au cœur de la Gueldre. Le baron van Heemstra consolida sa position en épousant en 1896 Elbrig van Asbeck, une baronne à l'ascendance prestigieuse, mais, détail important pour les futures années de guerre, qui comptait des Juifs.

La mère d'Audrey, Ella, est née en 1900 sur le domaine familial de Velp, mais passa ses jeunes années au château de Door, autre propriété familiale dans la province d'Utrecht. « L'Het Kaastel de Doorn » est un beau château du XVIIIe siècle, entouré d'un grand domaine de campagne : un vrai paradis pour Ella, ses quatre sœurs et son frère. Enfance idyllique. Ella semblait adorer l'hiver, quand elle entendait les arbres de la propriété soupirer dans le vent et qu'elle frissonnait sous le souffle glacé de la maison. Et cette grande maison, elle ne se lassait pas de l'explorer. Elle se réfugiait dans la bibliothèque pour voir tous les volumes reliés de cuir qu'une domestique avait pour tâche d'astiquer. Elle humait l'odeur des cuisines, regardait les pots de cuivre accrochés aux murs, et sentait la chaleur qui montait de l'âtre noirci. Elle fixait, fascinée, les services en argent qu'il fallait polir après chaque utilisation, et elle aimait l'odeur de l'encaustique à la lavande avec laquelle on briquait les chambres d'amis, et ses piles de linge et de draps brodés d'un monogramme.

Mais, premier bémol dans l'harmonie, la famille est contrainte en 1918 de vendre la propriété à l'empereur Guillaume II qui s'y installe à l'issue de la fin de la Première Guerre mondiale. Le baron van Heemstra va d'ailleurs s'éloigner de ses terres en occupant, à la demande de la reine Wilhelmine, la charge de gouverneur de la Guyane hollandaise en Amérique du Sud (poste qu'il assumera jusqu'en 1928).

On le voit, la famille van Heemstra jouit donc d'un rang aristocratique, d'un train de vie encore aisé et d'une position influente à la Cour (une des sœurs d'Ella, Jacqueline, fut même par la suite dame de compagnie de la reine Juliana).

C'est dire si la mère d'Audrey évoluait dans un milieu

pour lequel il était absolument inimaginable qu'un membre de l'aristocratie puisse avoir un lien avec le monde des comédiens ou des danseurs. Audrey Hepburn elle-même, en évoquant sa mère, va jusqu'à noter : « Elle appartenait à une autre époque – elle était née en 1900 –, une ère encore sous l'influence de la reine Victoria, une période encore imprégnée d'un profond sens de la discipline et d'une grande rigueur morale. »

Et pourtant, dès son adolescence, Ella rêve de faire de la scène. L'opéra (car elle a une fort jolie voix) et le théâtre la fascinent. Un de ses contemporains assure « qu'Ella était une actrice-née, douée, émotive ». Mais, noblesse oblige, elle renonce à ses ambitions pour rentrer dans le rang, se promettant que si un jour elle donne naissance à un enfant doué, elle fera tout, elle, pour l'encourager dans ses aspirations.

Lorsque, le 11 mars 1920, Ella se marie, c'est avec un ancien écuyer de la reine, l'honorable Jan van Ufford. L'époux d'Ella étant nommé représentant de Shell (alors Bataafsche Petroleum) à Djakarta, elle y donne naissance à un fils, Alexandre, exactement neuf mois après son mariage. Un autre fils, Ian, naît en 1924. Mais le mariage devient orageux et le couple décide de divorcer en 1925. Selon des témoins en poste aux Indes orientales hollandaises : « Ella est une femme énergique et volontaire avec un penchant pour la bonne vie et un faible pour les beaux garçons ».

La baronne Ella van Heemstra (comme elle va désormais se faire appeler) est en effet une femme fière de son rang, mais non conventionnelle. Le fait même de divorcer avec deux enfants dans son milieu en constitue la preuve. Belle et égoïste, indépendante et intrigante, la baronne a d'ailleurs entamé une liaison avant même son divorce avec un certain Joseph Victor Anthony Hepburn-Ruston. Elle va l'oublier pendant toute une année : le temps de rejoindre son père en Guyane. Mais l'amour semble plus fort et elle va finalement le retrouver à Djakarta où elle l'épouse le 7 septembre 1926. Plusieurs ombres de mystère planent sur la vraie personnalité du père d'Audrey. Sur les rares photos des albums de famille, on le voit élancé, la mâchoire carrée, portant moustache, svelte. Joseph A. Hepburn a onze ans de plus que sa jeune épouse. Une certaine élégance, un sens du raffinement. Mais le sceau de l'imposture marque l'histoire de sa famille.

Il n'est nullement anglais, mais autrichien, né dans une petite bourgade, Ouzice, en 1889. Il descend d'un ingénieur aux origines irlandaises et écossaises, John Joseph Ruston, qui vint à Vienne en 1832 pour travailler sur les bateaux à vapeur du Danube. John Joseph épousa Isabella, née Hepburn, qui prétendait descendre de James Hepburn, comte de Bothwell, le troisième époux de Marie Stuart. Lorsque Isabella meurt sans descendance en 1857, Ruston épouse une riche Autrichienne, Barbara Victoria Belha, qui lui donne deux filles et deux garçons. Le couple se sépare pourtant et les quatre enfants vont porter le nom de Hepburn-Ruston par snobisme, alors qu'ils n'en ont aucun droit.

Avant d'épouser la baronne Ella van Heemstra, Joseph Hepburn-Ruston a lui aussi connu un mariage bref et orageux avec une certaine Cornelia Wilhelmina Bisshop (dont il divorça à San Francisco). Grand, dominateur, racé, c'est à l'évidence un homme à femmes. Consul honoraire d'Angleterre en 1923 à Sumarang (Java), il est vite remercié par le Foreign Office pour plusieurs histoires louches et on le retrouve bientôt à Djakarta où il se lance dans la finance. Son surnom de « Java Joe » donne une idée du personnage. Il occupe aussi un vague poste dans une compagnie spécialisée dans le commerce de l'étain. Son curriculum vitae assure qu'il a étudié à Cambridge et a servi dans l'armée britannique. Mais nulle trace de son passage à l'Université ni de sa présence dans les rangs militaires britanniques.

Lorsqu'il épouse Ella van Heemstra, en 1926, en Indonésie, il traîne déjà derrière lui plusieurs escroqueries qui l'incitent à quitter rapidement les colonies et à retrouver l'Europe. Le couple s'installe dans une belle demeure du XIXᵉ siècle des faubourgs de Bruxelles, au 48 rue Keyenveld. Selon certains témoins, Joseph Hepburn-Ruston serait alors directeur de la filiale bruxelloise de la banque d'Angleterre. Une usurpation de plus ? La banque d'Angleterre n'a pas de filiale sur le continent et Joseph peut n'être qu'un courtier sollicité épisodiquement pour des investissements en Belgique. Audrey, elle-même, dans une interview au *New York Times* en 1991, réfutera ce poste : « On a décrit mon père comme banquier, il ne l'a jamais été. En fait, il n'a jamais su conserver un poste. » Celui qui aime à se présenter comme un « banquier international » occupe un poste de collaborateur au sein d'une société franco-anglaise de crédit, spécialisée dans les prêts immobiliers.

Une aubaine pour le patrimoine des van Heemstra qu'un tel gendre ? Pas vraiment. Mais Joseph va pourtant vite s'occuper, avec plus ou moins de bonheur, de l'administration du patrimoine immobilier des van Heemstra. Ce qui, dans cette période troublée de la fin des années 20, n'est pas sans risques. Son attirance pour l'extrême droite (il deviendra outre-Manche un fervent supporter des « chemises noires » anglaises) est un signe supplémentaire de sa complexité.

C'est le 4 mai 1929 à 3 heures du matin que naît à Bruxelles la future Audrey Hepburn. Mais le certificat de sa naissance, déclarée quelques jours plus tard au consulat britannique bruxellois, certifie que l'enfant est née à Londres et Joseph y donne comme adresse celle de sa famille à Folkestone. Ruston est le seul nom de famille inscrit. Ce qui laisse là aussi planer des doutes sur l'authenticité de la nationalité britannique du père d'Audrey. Elle n'est d'ailleurs pas encore Audrey, puisqu'on la baptise Edda Kathleen. Le premier prénom typiquement hollandais, le second typiquement britannique. Son prénom Audrey sera une forme féminine d'André, prénom que l'enfant aurait porté si elle avait été un garçon. Des témoins de l'époque se souviennent qu'Audrey (Edda) est « tout en longueur avec les yeux les plus beaux et les plus rieurs qu'on eût jamais vus ». C'est une enfant calme et timide, à l'apparence délicate qui contraste avec le type robuste et vigoureux du clan hollandais des van Heemstra. Vingt et un jours après sa naissance, l'enfant contracte d'ailleurs une coqueluche dont elle réchappe par miracle. Car en dépit de ses antécédents familiaux, la petite Audrey ne va ni hériter de la robustesse hollandaise ni de la personnalité pleine d'assurance d'une petite aristocrate. L'enfant est aux yeux de la bonne société le fruit de « la regrettable aussi bien qu'inconvenante alliance entre aristocratie et bourgeoisie ». Comme l'ont remarqué tous les biographes d'Audrey Hepburn, toute la vie de l'actrice va être profondément influencée par les conséquences d'une enfance et d'une adolescence vécues dans un mélange de privilèges et de privations.

Ses premières années ont le parfum harmonieux de jeux en plein air sous l'œil attentif de nourrices et de gouvernantes dont Audrey devient vite la favorite grâce à son charme et à son désir de plaire. Audrey s'entend bien avec ses deux demi-frères et le début des années 30 s'écoule harmonieusement entre la maison de Bruxelles, les demeures estivales que la famille possède en Hollande et de fréquents séjours en Angleterre. Entraînée par ses deux demi-frères, Audrey oublie sa timidité naturelle et joue les garçons manqués. Sur le domaine familial de Velp, près d'Arnhem, la grande maison résonne à toute heure du jour de ses cris et de ses cavalcades. Audrey ne s'ennuie jamais...

Cet univers de grande propriété à la campagne l'enchante, et elle en gardera toujours la nostalgie. Elle aime demeurer seule dans la roseraie et enfouir son visage dans les pétales des fleurs, remonter ses jupes pour patauger dans l'eau du lac jusqu'à ce que ses mollets aient la chair de poule ou bien paresser rêveusement dans le hall de la demeure, se balancer en se tenant d'une main à la balustrade, entendre ses souliers crisser sur le parquet, allumer des feux dans le grand hall pendant l'hiver. Elle entretient déjà une relation presque charnelle avec « sa » maison, passion qui culminera lorsque, à l'âge adulte, elle possédera enfin sa maison idéale.

Mais c'est dans le parc qu'elle peut dépenser son infatigable vitalité. Il y a tant à faire dehors : galoper sur un poney, se baigner dans la rivière, rouler en bicyclette. Aménager des cabanes avec ses deux aînés est la grande passion de son enfance. Elle aime particulièrement grimper aux arbres et s'y lover. Quand elle est enfin perchée, rien ne peut l'atteindre. La petite rêveuse est libre, elle domine le monde et sa nanny peut toujours s'égosiller pour la faire redescendre...

Les animaux constituent sa grande passion : chiens et chats sont omniprésents sur ses photos d'enfance et s'attachent à ses pas comme à son ombre. Elle les nourrit elle-même, les câline et leur parle tout bas. A Ian Woodward, Audrey a reconnu : « J'avais une passion pour la vie au grand air, les arbres, les oiseaux et les fleurs. » Les rapports d'Audrey avec ses demi-frères sont affectueux. Elle les accompagne souvent en balades et ils finissent par connaître chaque bosquet, chaque ruisseau, chaque recoin du domaine des van Heemstra, courant, suivant le bord de l'eau pour découvrir les premières primevères sauvages et les jonquilles précoces, dénichant les œufs et cueillant les champignons.

Et de tous les témoignages émerge l'image d'une prime enfance entourée et protégée, comblée en divertissements et en cadeaux, une enfance saine et naturelle, entre les précepteurs et les courses dans les bois et la campagne, mais une enfance également solitaire et pauvre en affection comme en chaleur. Une enfance libre, en un sens, mais à l'âge où peut-être on souhaite ne pas l'être trop. Où l'on voudrait que quelqu'un se soucie de vous.

L'incessante quête d'amour et d'affection d'Audrey Hepburn se heurte à d'évidents obstacles. Audrey, avec un étonnant accent de sincérité, a reconnu : « C'est vrai, j'ai eu une mère extraordinaire. Mais elle n'a jamais été affectueuse, dans le sens où j'entends ce mot. L'affection, j'ai passé des années à la chercher. C'était une mère fabuleuse et il y avait beaucoup d'amour en elle, mais pas la moindre capacité de l'extérioriser. Moi, je passais mon temps à chercher quelqu'un qui puisse me câliner et je le trouvais parfois auprès de mes tantes et de mes gouvernantes. »

Robert Wolders, l'ultime compagnon d'Audrey Hepburn à la fin de sa vie, semble au diapason lorsqu'il affirme : « Ella était une femme supérieure, avec beaucoup d'humour, ayant beaucoup lu, et très cultivée – mais si critique vis-à-vis de tout le monde, à commencer par Audrey. Intolérante et partiale. Pas facile. » On comprend mieux son besoin de petite fille de s'évader dans la lecture, ce qu'encouragent ses deux complices, Alexandre et Ian. Dans une interview à un quotidien londonien, Audrey se souvient : « Ian était un véritable rat de bibliothèque, et quand nous étions enfants, il adorait Kipling. Je l'admirais tellement que je me suis mise à lire tous les livres de Kipling rien que pour lui ressembler… et le résultat fut que, à treize ans, j'avais déjà lu tout Edgar Wallace et tout E. Philipps Oppenheimer. Ça, oui, c'étaient des romans d'aventures ;

et la fascination qu'ils exerçaient sur moi était bien supérieure à celle qu'opéraient des livres comme par exemple *Topsy va à l'école.* »

Dans le documentaire « Audrey Remembered », Robert Wolders note que dans son enfance la lecture devint pour elle un besoin vital. « Elle citait *The Secret Garden* comme l'un de ses livres préférés et racontait que sa mère lui avait offert à neuf ans un exemplaire de *Heidi* juste avant un voyage en train de Hollande en Italie. Elle s'y était plongée aussitôt et, le livre terminé, elles étaient arrivées en Italie sans qu'Audrey eût ne serait-ce qu'entr'aperçu la Suisse. »

Un besoin d'autant plus aigu que les relations entre ses parents se détériorent. Une mésentente incessante et des tensions de plus en plus oppressantes minent leur couple. Robyn Karney est probablement dans le juste lorsqu'il assure : « Il semblerait, aux dires de tous, que la cause principale des différends qui opposaient les Hepburn-Ruston résidât dans la manière dont le mari administrait le patrimoine familial et les affaires financières de sa femme. Les disputes et divergences d'opinions finirent, avec le temps, par dégénérer en un véritable conflit ouvert entre les deux époux, qui pesait lourdement sur l'atmosphère de la maison et troublait profondément l'hypersensible Audrey. »

Faut-il y voir les conséquences dans les excès de boulimie de la petite Audrey qui se gave alors de chocolats, devient légèrement potelée avec des joues trop rondes, renfermée et hypersensible ? Pour corser le tout, Ella et son mari décident qu'Audrey doit suivre un enseignement à l'anglaise. L'enfant a à peine six ans lorsqu'elle commence l'école à Elham, dans le Kent. « J'étais terrorisée de me retrouver loin de chez moi », avouera plus tard Audrey. D'autant que l'enfant déteste la vie en collectivité et rechigne à une routine trop stricte : douches froides le matin, jeux dans des champs pleins de boue exposés au vent de la Manche. La petite Hepburn-Ruston ne possède qu'un anglais imparfait et ne sait même pas jouer au hockey. « Ça s'est révélé une sacrée école d'indépendance », dira Audrey adulte.

Etrangement, Joseph Hepburn-Ruston, accompagné parfois de son épouse, fait de plus en plus nombreux séjours en Angleterre à la même époque. Le couple fréquente ainsi l'extrême droite anglaise et côtoie des personnages comme sir Oswald et lady Diana Mitford. Aveuglée par l'engagement fasciste de son époux, Ella va même l'accompagner lors d'un voyage en Allemagne où le couple croisera Adolf Hitler pendant une réception. Car Joseph Hepburn-Ruston va devenir un fervent supporter du mouvement fasciste de Mosley, allant jusqu'à défiler avec les chemises noires anglaises (ce qui lui vaudra de passer les années de guerre en prison sur l'île de Man). Si l'aveuglement d'Ella (qui fut aussi celui de nombreux aristocrates avant la guerre) est heureusement de courte durée, même si elle signe tout de même plusieurs articles compromettants dans l'hebdomadaire du parti, *The Black Shirt*, celui de son mari est plus ennuyeux. En 1938, à Londres, Joseph Hepburn-Ruston est officiellement directeur de l'Agence de Presse Européenne, chargée de diffuser la propagande nazie en Angleterre. C'est d'ailleurs un officiel de l'ambassade d'Allemagne, Fritz Hesse, qui en tire les ficelles. Joseph ne travaille qu'avec des sympathisants nazis, et en particulier avec le Dr Tester, ancien membre des services secrets de l'Abwehr. Le Dr Goebbels a décidé le financement de l'Agence de Presse à Londres.

Tout ce passé compromettant n'est jamais remonté à la surface du vivant d'Audrey, en partie parce que Joseph Hepburn-Ruston quitte définitivement sa famille en mai 1935. Officiellement, certaines sources néerlandaises prennent prétexte du fait qu'il est un gros buveur. Le biographe Barry Paris l'affirme : « Le père d'Ella était furieux non seulement à cause des opinions politiques de son gendre mais aussi parce qu'il était persuadé que Ruston gérait mal la fortune des van Heemstra et, pis encore, qu'il en détournait une partie au profit de la cause fasciste. D'après une version des faits, la reine Wilhelmine en personne pressa le vieux baron de réduire Ella au silence et de payer Ruston, au besoin, pour lui faire quitter la famille. » Alexander Walker donne la clé du départ aussi brutal de Joseph Hepburn-Ruston. Ella trouve, le 17 mai 1935, son mari au lit avec la gouvernante de ses enfants. Un choc terrible pour elle, suivi d'une dispute homérique. Joseph doit quitter la maison sur-le-champ et n'y plus jamais revenir.

Pour la petite Audrey, âgée de six ans, ce départ est un cataclysme. Dans une interview à *U.S. Magazine*, cinquante-trois ans après, Audrey décrit sans emphase la disparition de son père comme « l'événement le plus traumatisant de sa vie », ou encore « une tragédie dont je crois ne m'être jamais remise. Je le vénérais, et il m'a terriblement manqué du jour où il a disparu. Si seulement j'avais au moins pu le voir régulièrement, j'aurais senti qu'il m'aimait, et j'aurais eu le sentiment d'avoir un père. Mais, en l'occurrence, j'enviais toujours aux autres leurs pères et je rentrais en larmes chez moi parce qu'elles avaient un papa ».

Dans cette même interview, Audrey est au bord des larmes lorsqu'elle décrit le souvenir obsédant qu'elle garde de sa mère face à l'événement : « Vous regardez le visage de votre mère, il est noyé de larmes et vous êtes terrorisée. Vous vous dites : "Qu'est-ce que je vais devenir ?", le sol n'est plus stable sous vos pieds. [...] Il est vraiment parti. Il est sorti, comme ça, pour ne plus jamais revenir. D'avoir assisté à son supplice a été l'une des expériences les plus douloureuses de ma vie. Elle a pleuré pendant des jours entiers au point que j'ai cru qu'elle ne s'arrêterait jamais ; elle pleurait même lorsque nous sortions faire des courses. Moi, je restais là, avec un sentiment d'impuissance, et l'impression de… n'avoir jamais réellement compris pourquoi papa était parti. »

Trompée, bafouée et abandonnée, Ella voit même ses cheveux blanchir en quelques jours, telle la reine Marie-Antoinette lors de son séjour au Temple. Le divorce entre les deux époux ne sera prononcé qu'en 1938 et, contre toute attente, Joseph obtiendra des droits de visite à sa fille. Mais il ne va jamais exercer ce droit. Père et fille ne se reverront que très longtemps après. Car les témoignages sont souvent contradictoires quant au fait de savoir si Audrey a revu ou non son père et à quelle date. Selon Sean Ferrer, le fils aîné d'Audrey : « Elle l'a retrouvé trente ans plus tard en Irlande, par le biais de la Croix-Rouge. C'était un banquier cultivé et sans un sou à la fin de sa vie, qu'elle aida financièrement. Elle trouvait honorable qu'il ne lui ait pas fait signe en la voyant en haut des affiches. »

De cette absence de père, Audrey garda à jamais de profonds bleus à l'âme, un tempérament mélancolique et le besoin instinctif de se retirer souvent dans sa coquille.

II

LES ANNÉES SOMBRES

De 1935 à 1939, Audrey partage son temps entre les Pays-Bas et son école anglaise. Sa timidité, sa fragilité physique (elle commence à souffrir de migraines qui l'affligeront toute sa vie) et son tempérament inquiet sont amplifiés par la sévère discipline de son collège. Seul bémol à l'austérité de ces années : l'enfant s'enthousiasme pour les cours de danse donnés à l'institution. Avec la scène, celle-ci va vite devenir sa passion d'adolescence. D'autant qu'Ella, en dépit du mode autoritaire sur lequel elle remplit son rôle de mère, favorise dès le début l'engouement d'Audrey pour la chorégraphie, le théâtre et la musique. Elle y voit un refuge pour sa fille, un abri face au traumatisme causé par le départ de son père. « On travaille le matin et on joue avec les autres l'après-midi, on fait des concerts et des pièces de théâtre. De temps en temps, on peut aller en ville ; on ne se sent donc pas trop enfermée. Pour jouer à la crosse, on revêt une tunique de sport, avec une ceinture de galon autour des hanches que l'on noue sur le côté », lui écrit à l'époque Audrey.

Les cours de danse constituent donc le point fort de la semaine. Dans une longue interview au *New York Times* en 1991, Audrey Hepburn a évoqué son amour précoce pour la danse : « J'en suis tombée amoureuse. Dans le village du Kent où je vivais, il y avait une jeune danseuse qui venait une fois par semaine de Londres donner des cours de ballet. J'adorais tout cet univers, vraiment, c'était devenu une passion. » Isadora Duncan et Anna Pavlova deviennent même ses idoles.

Au collège, Audrey est une bonne élève, mais un peu trop rêveuse et instable. « Elle était sans prétention, se souvient l'une de ses condisciples. Elle ne se vantait jamais de sa famille aristocrate. Elle n'était pas timide, mais repliée sur elle-même, discrète. Elle était très silencieuse, mais finalement sympathique. »

Ella note bientôt les changements qui surviennent dans la personnalité de sa fille, grâce aux bienfaits des cours de Mrs Rigden, le professeur de danse. Audrey semble plus épanouie, plus enthousiaste. L'enfant a aussi une attirance particulière pour la géographie. Les cartes, les discours sur les continents lointains la captivent et elle dévore les livres de voyages. Ses voyages d'alors ne se résument pourtant qu'à des expéditions dans Londres. Sa mère (qui loue un appartement dans la capitale anglaise vers St Marylebone) lui fait découvrir tous les monuments de la cité victorienne. Toutes deux passent d'innombrables week-ends à faire tous les musées, à visiter les pensionnaires du zoo de Regent's Park ou à canoter sur la Serpentine dans Hyde Park.

Mais Ella, qui a laissé ses deux fils à La Haye avec leur père, ne séjourne pas en Angleterre que pour sa fille. La baronne est tombée amoureuse d'un hobereau de campagne (le parfait « country gentleman » anglais), qui vit près de Folkestone. Elle finit par y louer un cottage baptisé *Orchard Villa* pour pouvoir le rencontrer plus discrètement. Parmi leurs voisins, une petite fille,

Joan Hawkins, devient la meilleure amie d'Audrey : « Elle se faisait appeler Audrey Ruston, mais un jour elle m'a confié : "Mon nom n'est pas seulement Ruston. C'est aussi Hepburn... comme la star Katherine Hepburn." Elle ne parlait jamais de son père. On sentait qu'il s'agissait d'un sujet mystérieux. Audrey avait encore un léger accent étranger. Sa mère avait invité toutes les élèves de sa classe à une party pour les neuf ans d'Audrey en mai 1938. Elle prit une photo de nous toutes avec un Leica allemand, à l'époque assez rare. La baronne semblait avoir un rapport avec l'argent assez bizarre. Pour cet anniversaire, elle avait acheté à Audrey une bicyclette d'occasion et, par moments, elle semblait vivre comme si l'argent n'avait pas d'importance, selon l'air du temps. »

Mais l'air du temps s'alourdit. Il n'y aura pas de dixième anniversaire en Angleterre pour Audrey. Le 3 septembre 1939, la Grande-Bretagne déclare la guerre à l'Allemagne d'Hitler, à la suite de l'invasion de la Pologne par les nazis. La baronne séjourne avec ses fils aux Pays-Bas quand la nouvelle éclate. Ella exige le retour immédiat de sa fille en Hollande où la mère pense qu'Audrey sera davantage en sécurité. Surtout, Ella craint de se trouver séparée de son enfant chérie et prévoit de prochaines restrictions et complications dans les déplacements entre l'Angleterre et le continent.

Avec l'énergie qui l'anime, Ella organise le départ de sa fille du Kent, la fait réceptionner à Waterloo et l'attend au pied de la passerelle d'un avion. « Maman m'a fait prendre un avion orange vif qui volait à très basse altitude, racontera Audrey. En fait, ça a été un des tout derniers avions à partir. » Certains affirment que Joseph Ruston, prévenu au dernier moment, aurait embrassé Audrey sur le quai de la gare de Waterloo comme un dernier adieu. Mais rien ne permet de l'affirmer.

Audrey retrouve dans la précipitation sa mère et ses deux frères, qui s'estiment ainsi sauvés des menaces nazies. La frontière allemande est toute proche du château de Züpendaal, où le vieux baron van Heemstra, devenu veuf, les accueille. Or Ella a reçu l'assurance de la reine Wilhelmine en personne que Hitler n'envahirait jamais la Hollande. La baronne prend soin d'inscrire tout de suite sa fille en cinquième année à l'école publique d'Arnhem (l'école Tamboersbosje). Mais pour la fillette de dix ans inscrite sous le nom d'Audrey van Heemstra (et non Hepburn), renouer avec ses racines hollandaises n'est pas aisé, comme elle le racontera en 1990 : « Le premier matin, à l'école, je suis restée assise sur mon banc, complètement perdue. Pendant plusieurs jours, je rentrai tous les jours en larmes à la maison. Mais je savais qu'il fallait absolument que j'y arrive. Il a bien fallu que je réapprenne vite la langue et j'y suis arrivée. »

La mère d'Audrey se livre à un exercice plus périlleux. Ne recevant pas la moindre aide financière de son mari, elle est contrainte de faire ses comptes et constate que la plus grande partie de son patrimoine a été dilapidée, à cause de la gestion laxiste de son époux. La baronne comprend qu'il est temps de réagir et prend un emploi de décoratrice. Elle travaille aussi à mi-temps comme professeur de bridge et s'installe avec ses enfants dans une petite maison d'Arnhem.

Pendant cette période troublée, Ella agit de manière fort contradictoire. Elle interdit à sa fille de parler anglais. (« Ma mère s'inquiétait de ce que je parle anglais dans les rues avec des sympathisants allemands partout. ») Mais, en même temps, la baronne prend la présidence de la société anglo-néerlandaise d'Arnhem, qui compte une nombreuse communauté britannique depuis le XVIIe siècle.

Juste avant son dixième anniversaire, Audrey est inscrite aux cours de danse du Conservatoire de Musique et de Danse d'Arnhem dans la classe de Winja Marova. Elle y apprend les bases de la danse classique, renforce sa colonne vertébrale et se débarrasse de la rigidité de ses mouvements. Pour son professeur : « Audrey était grande pour son âge, très mince, studieuse car très motivée et obsédée par le ballet. Elle aurait renoncé à tout pour cela. Elle avait une très bonne oreille musicale. J'ai toujours eu beaucoup de plaisir à lui enseigner. Lors de sa première représentation, j'ai pu constater à quel point elle était douée. Sur scène, bien qu'elle n'en sût pas encore très long, on sentait tout de suite que le public était touché par sa flamme. »

Pourtant, Audrey a les pieds fragiles et des chevilles délicates. Elle réussit toutefois au cours des premiers mois de leçons à les renforcer de façon à pouvoir faire des pointes. Audrey a l'air d'une petite danseuse de Degas. Teint de rose parfait (critère essentiel de grâce), chevelure châtain retombant sur ses épaules, un air de douceur réfléchie et un sourire déjà irrésistible.

Le décor de ce printemps 1940 n'est pourtant guère enchanteur. Les nuages de la guerre menacent la Hollande. Un vent de tempête se lève sur l'Europe. En Angleterre même, la menace des bombardements allemands se fait de plus en plus précise. Chamberlain démissionne et Churchill devient Premier ministre. Le 23 mai 1940, la loi 18b sera votée en Angleterre contre les sympathisants fascistes et nazis et, en juillet 1940, Joseph Hepburn-Ruston sera arrêté pour « délit d'association hostile ». Il entrera à la prison de Brixton. Ni Ella ni Audrey n'en seront averties.

A Arnhem, si proche de la frontière allemande, le vacarme de l'artillerie devient de plus en plus oppressant. Les soldats en uniforme sont partout, on installe à la hâte des abris et des postes de premiers soins. C'est dans cette atmosphère survoltée qu'a lieu à Arnhem, le 9 mai 1940, au soir, le gala organisé pour la tournée au

Benelux des ballets anglais du Sadler's Wells, dirigés par Ninette de Valois avec Margot Fonteyn et Frederick Ashton comme danseurs étoiles.

Cette représentation fut sans aucun doute l'événement le plus extraordinaire qu'ait vécu la petite Audrey jusqu'alors ; le caractère exceptionnel de cette soirée est accru par le fait que sa mère, en tant que présidente de la « British Netherlands Society », fait office de marraine du spectacle et doit donc présenter la troupe au public. A *Vanity Fair*, Audrey racontera : « Pour l'occasion, ma mère avait fait confectionner par notre couturière une robe longue en taffetas. J'en garde un souvenir très précis. Je n'avais jamais eu de robe longue de ma vie. Elle avait un petit col rond, un petit nœud ici, et un petit bouton sur le devant. Jusque par terre, et elle bruissait. La raison pour laquelle elle me l'avait offerte, alors qu'elle n'en avait pas du tout les moyens, c'était parce qu'à la fin du spectacle je devais présenter un bouquet à Ninette de Valois, la directrice de la compagnie. »

Selon Robyn Karney, la baronne van Heemstra se livre ce soir-là à un curieux exercice : « Elle présenta au public la troupe qui allait danser devant ses yeux. Alors qu'on entendait au loin résonner le tonnerre de l'artillerie en action, apparemment ignorante du danger imminent qui commençait à oppresser la salle, elle se lança dans une introduction aussi longue qu'ennuyeuse. En plus des remerciements et des hommages de rigueur en pareille circonstance, elle contraignit les danseurs dont les nerfs étaient tendus comme les cordes des violons de l'orchestre à écouter un interminable historique du Sadler's Wells Ballet, ne leur faisant grâce d'aucun détail. Quand, enfin, elle eut terminé son discours de bienvenue, elle annonça qu'un dîner les attendait à la sortie du spectacle et invita toute la troupe à y prendre part. »

En fait, devant les nombreux sympathisants nazis présents dans le public, elle veut adopter une attitude volontairement non provocante et donner presque l'impression qu'elle se soucie peu de la sécurité de la troupe anglaise. Robyn Karney affirme même que « parfaitement consciente de la présence de sang juif dans ses veines, elle ne pouvait se permettre le luxe de s'opposer ouvertement à l'ennemi ».

Mais les sympathies d'avant-guerre de la baronne pour les fascistes peuvent donner lieu à une autre explication. Cette soirée de gala prit des proportions exagérées dans la chronique familiale des Hepburn. Selon eux, la troupe de ballet dut fuir Arnhem dans la panique sur fond sonore de bombes « dix minutes » avant que les Allemands ne franchissent le Rhin et ne transforment la ville en champ de bataille. De façon très théâtrale, les danseurs durent, selon les Hepburn, abandonner et sacrifier tous les décors, costumes, et divers objets pour fuir devant l'imminente invasion nazie de la Hollande.

Trop romanesque pour être vrai ! Car ce n'est que le 10 mai à 3 heures du matin que les Allemands entrent en Hollande et font à Arnhem, un de leurs premiers arrêts, soit plus de trois heures après le départ de la troupe anglaise.

La guerre fait rapidement son entrée dans la vie d'Audrey qui avouera : « Si je dois évoquer un souvenir à mes yeux aussi dramatique que celui de la disparition de mon père, c'est celui de ma mère entrant dans ma chambre le matin du 10 mai 1940, ouvrant les rideaux et me disant : "Réveille-toi, Audrey, c'est la guerre !" » A Ian Woodward, elle a raconté l'atmosphère étrange de cette première journée d'occupation des Pays-Bas : « Tous les civils avaient reçu l'ordre de rester chez eux et de fermer leurs volets, et l'avertissement de ne pas regarder par les fenêtres. Bien entendu, nous jetions tous des regards furtifs, moi la première. C'était à la fois surprenant et sinistre. En cas d'invasion, on s'attend à voir les gens se battre. Or, personne ne se battait.

Nous avons vu l'uniforme gris des soldats de l'infanterie allemande. Ils portaient tous des mitraillettes et arrivaient au pas, impeccables et disciplinés. Ensuite, il y a eu le grondement des camions, puis, avant d'avoir eu le temps de dire ouf, nous avons su qu'ils tenaient entièrement la ville. »

Cinq jours après, le pays capitule et la reine Wilhelmine prend la route de l'exil en rejoignant Londres avec sa fille Juliana et tous les ministres. Les Pays-Bas sont annexés aux territoires du troisième Reich. « En apparence, tout semble normal », note alors la baronne dans une de ses lettres. Audrey elle aussi assure : « Au début, les Allemands s'efforçaient de se montrer civilisés et de se faire apprécier de nous. Je ne comprenais pas exactement ce qui se passait. Un enfant reste toujours un enfant et, pour ma part, je me contentais d'aller à l'école. »

L'enfant essaie de mener sa vie habituelle. Mais de petits détails lui prouvent que tout est changé. Ainsi, sa mère avertit toutes les petites filles de son école de bien veiller à nommer sa fille « Edda » et surtout pas « Audrey ». Dans la rue, celle-ci doit veiller à ne jamais prononcer un mot en anglais. D'ailleurs, des changements officiels à l'école donnent le nouveau diapason : l'allemand devient la langue étrangère obligatoire. L'histoire de l'Allemagne est inscrite au programme et certains livres tombent sous le coup de la censure nazie, désormais chargée de nommer les enseignants. Les postes clés de l'administration sont touchés par la même volonté de nazification.

Ce n'est qu'en 1942 que toutes les propriétés des van Heemstra seront confisquées et les biens saisis. Mais Audrey voit dès le début de la guerre partir ses demi-frères. Ian refuse d'intégrer les « Jeunesses hitlériennes » et, en représailles, se voit envoyer dans un camp de travail en Allemagne (pendant toute la durée de la guerre, Audrey et sa mère ignoreront s'il est encore en vie). Quant à Alexandre, qui sert dans l'armée hollandaise, il choisit d'emblée de disparaître au lendemain de la capitulation et de rejoindre la Résistance.

Si la famille a pris soin d'enterrer à la campagne ses objets de valeur et quelques bijoux, elle ne dispose que de maigres subsides, les comptes bancaires ayant été bloqués par les autorités d'occupation. La baronne et sa fille déménagent alors dans une petite maison sans grand confort aux confins d'Arnhem. La vie quotidienne des Hollandais se soumet au rationnement. Les privations alimentaires vont de pair avec le manque de chauffage et, dans leur maison de Sickeslaan, Audrey et sa mère ne chauffent parcimonieusement qu'une seule pièce !

Inspirée par la reine Wilhelmine, qui sur Radio Orange exhorte ses sujets à la résistance, la baronne van Heemstra commence à lui consacrer son temps et son énergie. Tout comme son demi-frère Alexandre, Audrey est mise à contribution. On charge l'adolescente de porter des lettres codées qu'elle enfouit sous la semelle de sa chaussure et qu'elle part délivrer sur sa bicyclette. La légende de la famille Hepburn assure même qu'Audrey sert de messagère pour les troupes anglaises aéroportées, tapies dans les forêts autour d'Arnhem. Elle devient le maillon d'une grande chaîne.

Un épisode toutefois, relaté par Robyn Karney, lui confère un statut d'héroïne : « Au cours d'une de ses missions, au printemps 1942, Audrey est informée de la présence d'une patrouille allemande dans la zone où elle doit se rendre. Elle réussit cependant à parvenir sans encombre à l'emplacement où elle doit livrer son message, et s'engage sur le chemin du retour en cueillant des fleurs. Comme elle le craint, elle rencontre un soldat allemand. Elle lui adresse son plus joli sourire et lui offre les fleurs qu'elle vient de cueillir. »

En fait, son fils Sean se souvient « qu'à onze ans, elle transportait des messages pour la Résistance dans ses chaussures. Les enfants faisaient souvent ce genre de choses, parce qu'ils jouissaient d'une certaine liberté dans leurs déplacements, en particulier pour aller à l'école et en revenir ». « Il m'est arrivé une fois d'aller livrer un texte clandestin, a raconté Audrey. Je l'ai fourré dans mes chaussettes en laine dans mes chaussures de bois, j'ai enfourché mon vélo et je suis partie faire ma tournée. »

Mais l'adolescente n'a nullement conscience de faire preuve d'héroïsme. « Tout écolier néerlandais loyal a apporté sa petite contribution. Beaucoup ont été nettement plus courageux que moi. Je n'oublierai jamais une société secrète appelée "Les Gueux", qui tuait les soldats nazis l'un après l'autre avant de balancer leurs cadavres dans les canaux. Il fallait un vrai courage pour faire cela et beaucoup d'entre eux se sont fait prendre et exécuter par les Allemands. Ce sont ceux-là qui méritent vraiment monuments et médailles », avoue-t-elle avec modestie.

Le Conservatoire d'Arnhem, où les allées et venues des élèves constituent une couverture pratique, sert de plaque tournante à la Résistance. Bien que les chaussures et tutus de danse soient devenus rares, Audrey y continue consciencieusement ses classes et participe à de nombreux concerts et ballets dont sa mère est l'infatigable organisatrice.

Audrey, qui a beaucoup grandi mais qui reste fort mince, en raison des privations alimentaires, constitue l'attraction de ces spectacles. Un critique écrit notamment en juillet 1941, à propos d'un spectacle donné par l'école de Marova au théâtre Musis Sacrum : « Comme elles en sont toutes au début de leur évolution de danseuses, nous préférons ne citer aucun nom sauf celui d'Audrey Hepburn. Celle-ci, bien qu'âgée de douze ans seulement, se distingue par sa personnalité et son interprétation très personnelle. Elle a dansé la *Sérénade* de Moszkowski dans sa propre chorégraphie. » Un an plus tard, le même critique remarque encore : « Audrey Hepburn n'a que treize ans. Son talent naturel est entre de bonnes mains avec Winja Marova. » Ou encore, en 1943 : « Douée d'un physique, d'une gestuelle ravissants, elle a donné la plus belle interprétation de la soirée. »

Mais ces compliments ne font guère oublier à l'enfant la dureté des temps. Sur les 130 000 Juifs que comptent les Pays-Bas, 30 000 se cachent. Dès février 1941, un mouvement de protestation de la jeunesse juive à Amsterdam contre le port de l'étoile jaune est durement réprimé. La politique de déportation et d'extermination des Juifs est en marche.

Audrey n'échappe pas au triste spectacle de ce cortège de mort : « J'ai vu des familles entières avec des enfants et des bébés entassées dans des wagons de bestiaux, des trains avec de grands wagons de bois, et juste une petite ouverture sur le toit... Il y avait tous ces visages qui guettaient de derrière les planches... sur les quais, les soldats allemands rassemblaient d'autres familles juives, avec leur misérable bagage et leurs enfants. Et puis ils les séparaient, ils criaient aux femmes d'aller d'un côté et aux hommes de l'autre, puis ils prenaient tous les enfants et les chargeaient sur un autre wagon... tous les cauchemars qui m'ont hantée depuis avaient toujours un rapport avec ces scènes. »

Audrey s'identifiera aux états d'âme d'Anne Frank : « J'avais exactement le même âge qu'elle. Nous avions toutes les deux dix ans quand la guerre a éclaté et quinze au moment de sa fin. J'ai lu son journal en 1946. Et j'ai été si remuée, si émue. C'était comme lire ma vie. Je n'ai jamais été la même après cette lecture. » Et Audrey de poursuivre sur les horreurs de cette époque : « J'ai vu des arrestations. J'ai vu des rues qu'on bloquait provisoirement. Les nazis mettaient quelques jeunes gens contre le mur. Ils tiraient et on rouvrait la voie. Quand j'ai lu le journal d'Anne, j'ai marqué le passage où elle écrit :

“Cinq otages fusillés aujourd’hui.” C’était le jour même où mon oncle a été tué. En lisant les mots d’Anne, je revivais toutes mes émotions, mes peurs. » C’est seulement à la fin de sa vie qu’Audrey acceptera de créer à Londres une œuvre inspirée de ce journal.

La mort de son oncle Otto (le comte Otto van Limburg-Stirum), beau-frère d’Ella, qui est fusillé en représailles après un sabotage, affecte grandement Audrey et sa mère qui se réfugient alors chez le vieux baron van Heemstra dans sa villa de Velp.

L’adolescence d’Audrey se passe dans de difficiles conditions : « Si nous avions su que l’occupation allait durer cinq ans, nous nous serions peut-être tous tirés une balle dans le crâne. Nous pensions toujours que ça se terminerait la semaine prochaine... dans six mois... l’année prochaine... C’est comme ça que nous avons réussi à traverser l’épreuve », racontera-t-elle après la guerre.

Mais un épisode encore plus tragique l’attend à la fin de la guerre. Deux mois avant la Libération, alors qu’une odeur de liberté plane dans l’air, la police allemande commence à prendre des dispositions pour rassembler les femmes afin de les faire travailler dans les cuisines des hôpitaux et des camps militaires. Les filles sont arrêtées au hasard dans les rues d’Arnhem, chargées dans des camions et envoyées vers leur destination. Un jour, alors qu’elle rentre chez elle après une mission de transmission de message, Audrey tourne au coin de la rue... et tout à coup son cœur se met à battre la chamade. Une nausée immédiate l’envahit :

– Fraulein ! Kommen Sie hier... schnell, *schnell* !

A moins de dix mètres se dresse un sergent allemand, qui, la mitraillette dirigée sur elle, l’interpelle. Les pieds d’Audrey sont véritablement rivés au sol ; derrière le soldat patibulaire, rassemblées en un petit groupe serré et nerveux au centre de la route, des femmes otages sont emmenées par plusieurs autres soldats armés.

Audrey a suffisamment de présence d'esprit pour ne pas s'enfuir. Serrant son cartable en cuir qui renferme des partitions, un vieux croûton de pain et une bouteille de jus de pomme, hébétée, Audrey s'avance vers son gros adversaire trapu. Elle est poussée violemment, la tête la première, contre le mur d'une maison, puis fouillée.

Le groupe de femmes est emmené vers le quartier général allemand (certaines en sanglots) : les commerçants et employés de bureau hollandais observent leur lugubre procession d'un air impassible ; mais une haine muette teinte leur regard. « Nous n'oublierons jamais cela. » La troupe défile ainsi devant les petites épiceries où Audrey et Alexandre ont souvent obtenu, non sans difficulté, de la chicorée et des pommes de terre à prix réduit. La jeune fille espère contre toute attente que son frère pourrait arriver au magasin en ce moment même et donc informer la baronne de la situation critique de sa sœur ; mais ce genre de choses n'arrive que dans les livres, pense-t-elle. A présent, la colonne fait halte en bordure de la ville, une zone résidentielle qui a connu des jours meilleurs. Tous les soldats allemands, sauf un, repartent pour collecter d'autres femmes. L'unique garde, le fusil posé contre un réverbère, sort une blague à tabac de sa poche de poitrine et roule une cigarette. Audrey peut à peine y croire. Est-ce là sa chance ? Ses yeux scrutent les moindres recoins. Sa décision est prise en un clin d'œil. Bien que souffrante de malnutrition depuis près d'un an et si frêle que même les exercices de danse ne lui sont plus guère possibles, elle va risquer sa vie et tente de s'évader. En un instant, elle prend ses jambes à son cou, tourne le coin et dévale une ruelle avant que le garde n'ait même la possibilité d'empoigner son fusil pour tirer.

Par le plus pur hasard, son cartable toujours à la main, elle entre en trébuchant dans une cave humide et obscure. Il y a là une toute petite ouverture près du plafond, quelques caisses en bois vides et des vieux journaux par terre, ainsi qu'une famille de rats affamés. Audrey frissonne, c'est le mois d'août, tandis que dehors le ciel est bleu et le soleil, chaud et brillant. Dans son bouge, une jeune fille de quinze ans frissonne et pleure.

D'ordinaire courageuse et indomptable, Audrey succombe à l'abattement et à la sensation d'impuissance. Que va-t-elle devenir ? Que va penser sa mère ? Elle imagine son inquiétude. Puis, le désespoir et la fatigue l'entraînent dans un sommeil profond. Lorsqu'elle s'éveille, pelotonnée en position fœtale sur le sol incroyablement froid et poussiéreux, un mince rayon de lumière filtre par la fente couverte de toiles d'araignée. Audrey a retrouvé son courage. Elle ignore combien de temps elle a dormi, mais cette courte hibernation involontaire a purgé son esprit de sa frayeur.

Elle se lève, étire ses membres endoloris et cherche son cartable à tâtons dans l'obscurité. Elle en extirpe le morceau de pain dur et la bouteille. Elle ignore combien de temps les circonstances vont la contraindre à rester dans ce trou à rats, mais elle pressent que ce sera pour plusieurs jours. Ses « provisions de bouche » doivent donc être strictement rationnées. Peu à peu, lorsque le jour se mue en obscurité ou le noir en gris, Audrey perd toute notion de durée. De temps à autre, son corps tremble et sa tête se fige lorsque le grondement des chars et des camions nazis ébranle les fondations de la cave. Elle croit qu'on l'a repérée et qu'on va venir la déloger. Elle observe, se tapit dans un coin lorsque des pieds bottés frôlent la minuscule fenêtre. Puis, ils s'éloignent.

Audrey éprouve d'atroces douleurs internes ; elle s'affaiblit progressivement. Elle ne peut plus se rappeler le moment où elle a mangé ou bu pour la dernière fois ; ses maigres « provisions » ont disparu... depuis quand ? Il est temps pour elle d'abandonner sa cachette. Ses douleurs sont maintenant si intenses qu'être capturée par les nazis et envoyée dans un camp ne peut être aussi insoutenable que le martyre de son corps.

Une autre considération retient son attention : Arnhem et les villages à l'entour sont soudain pris dans le feu croisé des parachutistes de Montgomery et de la Wehrmacht. La crainte que le bâtiment où elle est tapie ne soit finalement bombardé la convainc de fuir. Cette nuit-là, Audrey sort de sa tanière à pas de loup et disparaît dans la nuit. Çà et là, des véhicules blindés allemands montent la garde, mais à part eux, les rues sont désertes. Exténuée, affaiblie, elle parvient à se traîner chez elle de manière furtive, par les ruelles sombres et les passages faiblement éclairés.

Mère et fille se retrouvent avec émotion. La baronne a pensé au pire, que sa fille était morte ou qu'elle dépérissait dans un camp de travaux forcés. Audrey nécessite des soins médicaux urgents. Convoqué, le médecin de famille annonce, après une longue réflexion :

– La jaunisse. Elle a développé une sérieuse jaunisse, vraisemblablement en raison d'une carence en vitamine K, c'est-à-dire d'un manque de légumes verts, de feuilles vertes.

– Comme la chicorée, interrompt et grimace Audrey.

– Combien de temps, demande le médecin, est-elle restée cachée ?

– Presque un *mois*.

Audrey regarde sa mère, bouleversée.

– Presque un *mois* ?

– Trois semaines et quatre jours, pour être précise, explique la baronne.

L'état d'Audrey s'améliore lentement. Mais son métabolisme a subi un sérieux retard. Il est dans un état de choc profond. Audrey se rappellera plus tard ce dernier hiver de la guerre en ces termes : « J'étais en très mauvaise santé. J'avais la jaunisse et j'ai terminé la guerre en étant fortement anémique et asthmatique. Je souffrais de toutes ces maladies corollaires à la sous-alimentation. J'avais un mauvais œdème, également entraîné par l'insuffisance alimentaire. Il s'agit d'un gonflement des membres. Tout cela provenait du manque de vitamines. Ma mère, ma tante et moi-même mangions très peu. Nous mangions quelques navets et faisions de la farine à partir de bulbes de tulipe. En hiver, il n'y avait rien. Au printemps, nous cueillions ce que nous pouvions dans la campagne. »

Tous les Hollandais se souviennent de cette époque comme l'Hiver de la famine qui fit 20 000 morts. « Nous parlions sans cesse de nourriture, des repas que nous mangerions lorsque la guerre serait finie. Je pense que pour moi, c'était un gâteau au chocolat entier. Cette privation atroce m'a rendue résistante et incroyablement sensible à tout ce qu'il y avait de bon qui vint par la suite. Je ressentais un respect monstre pour la liberté, la bonne santé et la vie de famille ainsi que pour la vie de l'homme. Et pour la nourriture. J'avais seize ans lorsque la guerre s'acheva, et j'avais beaucoup gagné en maturité. »

La guerre va se terminer, mais une ultime bataille est encore nécessaire. Au début de l'été, les forces américaines et britanniques libèrent une grande partie de la Belgique et de la France. A la mi-septembre, elles sont prêtes pour s'avancer au-delà du Rhin. Les Alliés ont élaboré un plan qui, s'il fonctionne, peut mettre un terme à la guerre avant Noël 1944.

Il s'agit de parachuter d'importants corps de troupes derrière les lignes ennemies en différents endroits des Pays-Bas. Ils doivent s'emparer des villes d'Eindhoven, Grave, Nimègue et Arnhem, des routes les reliant et des ponts routiers enjambant la Meuse, le Waal et le Rhin, près des trois dernières villes. Cette opération devra permettre à la Deuxième Armée britannique de gagner la frontière allemande *.

Audrey ignore tout de ce plan, bien que des rapports secrets aient prévenu sa famille de se tenir prête à « quelque chose ». Ce « quelque chose » arrive le 17 septembre, lorsqu'un premier détachement britannique atterrit juste à l'ouest d'Arnhem ; il gagne ensuite l'extrémité nord du pont dont il s'empare. « Il y eut soudain un bruit terrible, se souvient Audrey, lors de ce premier atterrissage. Tout semblait se transformer en un énorme incendie. Personne ne savait tout à fait ce qui se passait. Nous avons alors vu défiler les Allemands et les Anglais blessés. Tout était chaotique. Nous devions tous rester à l'intérieur. Nous avons alors accueilli des amis venus d'autres parties de la ville et il y avait trente-sept personnes qui dormaient chez nous. Les évacués provenant du nord arrivèrent à flots dans Arnhem... quelque quatre-vingt-dix mille personnes. Après cela, les conditions furent pires que ce qu'elles étaient. Il était presque impossible de nourrir toutes les personnes que nous logions et nous dûmes acheter de la farine, dont nous faisions une espèce de porridge, sur le marché noir. »

Un deuxième groupe d'Anglais est parachuté le lendemain, mais comme le temps est couvert et brumeux sur les terrains d'aviation britanniques d'où ils décollent, ils arrivent plus tard que prévu. Cela a de graves

---

* Le pont d'Arnhem est l'un des objectifs stratégiques les plus importants, mais les choses vont tourner à l'horreur quand les forces anglaises vont devoir faire front à deux divisions blindées allemandes. Un bataillon de parachutistes anglais réussira à rejoindre le pont, mais une fois arrivé au but, il sera cerné et contraint de se replier en essuyant d'énormes pertes en vies humaines. Le pont d'Arnhem est véritablement « trop loin », comme le suggère le titre du film épique tourné par Richard Attenborough, *Un Pont trop loin*, qui reconstitue avec une grande exactitude le déroulement de l'opération.

répercussions, car les troupes allemandes battant en retraite ont suffisamment de temps pour se préparer à attaquer les troupes aéroportées, armées plus légèrement. « En raison de la pénurie alimentaire en ville, se souvient Audrey, le commandant nazi responsable ordonna à tous les civils excédentaires de partir. J'en suis encore malade lorsque je me remémore ce spectacle. C'était la détresse humaine la plus complète : des foules de réfugiés en déplacement, certains portant leurs morts, les bébés nés sur le bord de la route, des centaines s'effondrant d'inanition. »

Les Anglais tiennent bon à Arnhem pendant dix longs jours. Mais dans les nuits des 26-27 et 27-28 septembre, ils doivent se replier de l'autre côté du Rhin dans des barges d'assaut et rejoignent leurs compagnons de la Deuxième Armée. Sur 10 000 hommes qui prennent part au combat, plus de 7 500 meurent, sont blessés ou portés disparus.

Pendant ces dix jours tragiques, la baronne cache six aviateurs britanniques dans sa garde-robe, alors que la Gestapo fouille sa maison. Ensuite, l'un des aviateurs, légèrement blessé, reste chez la baronne, tandis que les cinq autres rejoignent leurs camarades. Pendant treize jours et nuits, celui-ci est caché dans une autre armoire, un peu plus grande qu'un cercueil. Finalement, suffisamment rétabli pour partir, il fait ses adieux, avec une bouteille de champagne sous sa veste en guise de cadeau d'amitié. Neuf ans plus tard, alors qu'elle lira un journal anglais du dimanche, Ella apprendra que l'aviateur était parvenu à rentrer en Angleterre sain et sauf. C'était le lieutenant-colonel Anthony Deane-Drummond. « Je conservais en vérité ce champagne pour célébrer le retour de la reine Wilhelmine, dit-elle, mais je suis contente de le lui avoir donné. C'était un homme si courageux. » Ce que l'homme courageux ne sait pas, c'est qu'il était grand temps qu'il quitte la maison. Car, peu de temps après, elle disparaît sous les bombes. Audrey, Alexandre et la baronne s'enfuient avec rien d'autre que leurs vêtements. La dévastation est si épouvantable que rien n'échappe à l'impact : même le vieux poêle en fonte a explosé en une douzaine de morceaux. Partout, ce ne sont que ravages et ruines. Après la bataille d'Arnhem, seules 282 maisons sont encore habitables.

La famille trouve rapidement un logement temporaire chez des amis. C'est une grande maison de plusieurs étages, et pendant vingt-quatre heures, malgré le bruyant chaos des hostilités autour d'eux, les van Heemstra se retrouvent confortablement installés. Malheureusement, une escouade allemande a placé un émetteur radio à l'étage supérieur. Les Anglais ne manquent pas de suspecter les van Heemstra d'être des collaborateurs. Il s'ensuit même une incroyable confusion lorsqu'un groupe de soldats anglais entre précipitamment par la porte principale en brandissant des mitraillettes. Audrey fait de grands signes avec les bras pour leur demander de ne pas tirer. « S'il vous plaît, non ! Ce n'est pas ce que vous croyez ! » Elle parvient à s'expliquer juste à temps, en bégayant, pour sauver sa vie.

Le cœur médiéval d'Arnhem et son pont routier sur le Rhin sont détruits. Disparu aussi sous les décombres le magnifique édifice ancien du Conseil régional. Lorsque la bataille est terminée, la plupart des Hollandais de la ville, qui ont tant donné aux Anglais, sont chassés de leurs maisons par les Allemands, qui emportent leur argent et leur linge avant que les Alliés n'arrivent.

Le maréchal Montgomery écrira plus tard au général Urquhart : « Il y a peu d'épisodes plus glorieux que l'épopée d'Arnhem, et vos successeurs auront des difficultés à se montrer à la hauteur du niveau élevé que vous avez déterminé. Dans les années à venir, ce sera une grande chose pour un homme que de pouvoir dire : "J'ai combattu à Arnhem." »

Dans les années à venir, Audrey pourra aussi dire à ses enfants : « J'y étais », mais elle choisit de le dire différemment : « Je n'aurais manqué ça pour rien au monde. Tout ce qui vous arrive est inestimable. Toujours la même chose, liée à tous les cauchemars que j'ai eus, la guerre et la froide étreinte de la terreur humaine. Je les ai connues toutes deux. » La libération vient avec la reddition des Allemands le 5 mai 1945. La veille, Audrey a eu seize ans. Un nouvel avenir s'ouvre à elle. Lorsque les troupes alliées entrent à Arnhem pour dégager les mines et les pièges, Audrey sort en courant dans la rue pour les accueillir. Elle danse, rit et saute de joie et embrasse chaque soldat américain.

« Je me tenais là, debout, à les regarder, racontera-t-elle. La joie d'entendre parler anglais, l'incroyable soulagement d'être *libre*, c'est quelque chose d'insondable. » Elle essaya de traduire en paroles ce que la liberté signifiait. « La liberté, c'était quelque chose que l'on pouvait sentir. La liberté, dit-elle, avait une odeur de cigarette anglaise. »

Autre bonheur de la libération : les colis de l'Unrra, l'ancêtre de l'Unicef. Jamais Audrey n'oubliera l'importance de cette aide. Son engagement intense au sein de l'Unicef y trouve son origine. En 1992, dans la presse américaine, Audrey racontera ses souvenirs sur l'aide humanitaire d'alors : « Je me souviens de beaucoup de farine et de beurre et de flocons d'avoine et de toutes ces choses que nous n'avions pas vues depuis des siècles !... Un de mes premiers repas a consisté en une bouillie d'avoine préparée avec du lait condensé. J'y ai ajouté plein de sucre et j'en ai avalé toute une assiettée. Après, j'ai été affreusement malade parce que j'étais incapable de la digérer. J'avais perdu l'habitude de manger une nourriture riche. J'avais pratiquement perdu l'habitude de manger quoi que ce soit, sans même parler de ce genre de plat. Mais c'était tout ce dont nous avions rêvé. »

On regroupe dans les écoles les caisses de l'Unrra et Audrey, comme les filles de son âge, s'en émerveille : « Nous avions le droit d'emmener chez nous : couvertures, médicaments et vêtements. Je me souviens d'être entrée dans une vaste salle de classe où nous pouvions choisir des vêtements, des pull-overs, des jupes, et tout cela était si joli et venait tout droit d'Amérique. Nous nous demandions comment des gens pouvaient être riches au point de donner des choses qui semblaient si neuves. »

A seize ans, Audrey, qui mesure 1,76 m, flotte dans ses vêtements. Elle ne pèse que quarante kilos. Asthme, hépatite, anémie et malnutrition pendant ces cinq années de guerre ont altéré sa santé. Toute sa vie, Audrey souffrira de colites spasmodiques typiques de la colopathie fonctionnelle. Et si son poids ne dépassera jamais les cinquante kilos, c'est autant en raison du dérèglement de son métabolisme à la suite des années de guerre qu'à une forme d'anorexie.

Mais pour la famille van Heemstra, la plus grande joie de cette libération est la fin de la clandestinité pour Alexandre et le retour d'Allemagne de Ian. Comme Audrey l'expliqua au *New York Times* : « Nous avions presque renoncé à y croire lorsqu'un jour, la sonnette retentit, et c'était Ian... Nous avions tout perdu, bien entendu – nos maisons, nos biens, notre argent. Mais nous nous en fichions bien. Nous en sortions vivants, et c'était la seule chose qui comptait. »

De cette période tragique, Audrey sort sans avoir connu une adolescence normale : pas de surprises-parties, ni de flirts romantiques, pas de cinéma ni de bals. Ses seules échappatoires ont été la musique et la danse. Elle s'y est tournée instinctivement pour mieux échapper à l'horreur de sa vie quotidienne. Ses passions d'enfant vont devenir ses meilleurs atouts dans la nouvelle époque qui commence.

III

L'ENVOL

TRÈS vite, après la Libération, Audrey se porte volontaire pour travailler comme infirmière dans une maison de repos pour soldats hollandais. Elle tire une énorme satisfaction de ce travail. Elle considère qu'elle s'acquitte ainsi dans une faible mesure des extraordinaires sacrifices que les hommes ont faits pour tous ceux qui ont lutté contre la domination pernicieuse du nazisme. Car cette époque va la hanter à tout jamais. « La guerre, dira-t-elle une fois, m'a légué une profonde connaissance des souffrances humaines et j'espère que de nombreux autres jeunes ne les connaîtront jamais. Les choses que j'ai vues pendant l'occupation m'ont rendue très réaliste envers la vie et je le suis restée depuis lors. N'écartez rien, ajoutera-t-elle, de toutes les atrocités que vous pouvez entendre ou lire sur les nazis. C'était pire que tout ce que vous pouvez imaginer. Je suis sortie de la guerre, reconnaissante d'être en vie et consciente que les relations humaines sont la chose la plus importante, bien plus que la richesse, la nourriture, le luxe, la carrière ou toute autre chose que vous pourriez citer. »

Lors de son travail dans la maison de repos, Audrey accepte en cadeau la nourriture et du chocolat que ses patients reconnaissants lui offrent. Comme elle a été privée de nourriture pendant longtemps, elle dévore un jour sept barres d'affilée. Le résultat ne se fait pas attendre : elle en tombe malade. La phase de réadaptation n'est pas finie. D'autres contrariétés l'attendent. Grâce à un ami de la famille, Audrey apprend qu'elle a obtenu une bourse pour la célèbre Rambert School of Ballet, l'antenne de la compagnie renommée Marie Rambert. Cette danseuse polonaise a donné des leçons au grand Nijinski pour les rythmes difficiles du *Sacre du Printemps* de Stravinsky. Fondée en 1930, son école est aujourd'hui la plus ancienne compagnie de danse d'Angleterre. Le chorégraphe Frederick Ashton, dont le ballet *Horoscope* a été représenté à Arnhem à la veille de l'invasion nazie, passe pour sa principale révélation et pendant plusieurs années, Alicia Markova en a été la vedette principale. Sa bourse n'étant pas suffisante, Audrey doit hélas renoncer momentanément à cette offre.

Pendant l'occupation, les nazis ont détruit de nombreux biens fonciers des van Heemstra. Quant aux propriétés situées en dehors d'Arnhem, elles ont été démolies sous les feux croisés des troupes. Bien que la baronne dispose toujours de domaines en Belgique et en Hollande, il lui est impossible de les vendre. Les seules possessions qui peuvent être vendues consistent en quelques bijoux. Au lieu de rester à Arnhem et d'essayer de tout reconstruire, la baronne décide qu'il vaut mieux changer d'horizon. Après le retour de Ian des camps, la famille, maintenant réunie, déménage à Amsterdam.

Entre-temps, Audrey s'est mise à penser à son avenir. Sa détermination à devenir danseuse, soutenue par sa mère, semble plus forte que jamais. Bien que ruinée, la baronne ne se laisse pas démonter et elle obtient un emploi de cuisinière-gouvernante dans une famille hollandaise nantie. Les van Heemstra s'installent ainsi dans l'appartement en sous-sol. Avec le peu d'argent qui rentre, Audrey peut chaque semaine continuer ses cours de danse à Amsterdam. Au cours des trois années suivantes, elle y adopte un « style européen », l'allure et la façon de travailler inculquées par son professeur de danse russe, la très stricte Olga Tarassova.

« Je suivais les cours pendant deux ou trois heures d'affilée, racontera l'élève des années plus tard. Et même si ma figure était cramoisie et que j'étais trempée de transpiration, elle criait : "Debout, van Heemstra, tenez-vous droite !" Cela m'a donné la force. » « Chez Audrey, confessa en privé Madame Tarassova à la baronne, danser est aussi naturel que boire de l'eau. »

Sous l'autorité dictatoriale de son professeur russe, la jeune fille fait des progrès. Le travail exigeant ne l'empêche pas de devenir une jeune femme rêveuse et sensible en quête d'amour. Elle n'a cependant guère de temps à consacrer à d'éventuels petits amis. « D'une certaine manière, se plaindra-t-elle plus tard, mon monde restait hermétiquement clos. »

Seule distraction qu'elle s'autorise : la musique. « Pour moi, s'enthousiasmait-elle, la joie suprême était la possibilité d'aller au concert. C'est étrange comme certaines choses restent gravées dans la mémoire. Je me revois donc clairement marcher péniblement vers le Concertgebouw d'Amsterdam, tenant fièrement une carte d'abonnement pour une série de concerts. »

Un jour, assiste à la classe de danse le réalisateur hollandais Charles Huguenot van der Linden. Audrey est occupée à perfectionner de *grands battements* avec Madame Tarassova. Sur le point de commencer le tournage d'un film intitulé *Nederland in 7 lessen* (*Le néerlandais en 7 leçons*), van der Linden est en mission de dernière minute pour trouver une jolie jeune femme qui jouerait le petit rôle d'une hôtesse de l'air. Cet emploi demande essentiellement un maintien digne et un peu de sophistication. Le réalisateur est rejoint par le producteur associé, H. M. Josephson, et les deux hommes s'asseyent tranquillement dans un coin du studio tapissé de miroirs. A une ou deux reprises, ils parlent d'une fille ou d'une autre avec Madame Tarassova, mais ils discutent essentiellement entre eux. A la fin du cours, ils semblent tomber d'accord. « C'est donc cette grande fille mince avec *ces yeux*, dit van der Linden à Josephson. Allons lui dire un mot. »

Cet après-midi-là, Audrey a l'impression de ne pas rentrer assez vite chez elle pour rendre compte à la baronne de sa chance. Elle a décroché un petit rôle dans un nouveau film, et va devoir travailler trois jours à partir du mardi suivant. « Ils veulent que je *joue*, dit fièrement Audrey. Tu t'imagines : je suis hôtesse de l'air dans un avion ! N'est-ce pas merveilleux ? » La baronne sourit : « Oui, c'est vrai. »

Audrey a donc dix-huit ans lorsqu'elle fait son entrée dans le monde cinématographique. Van der Linden revendiquera toujours, avec raison, l'honneur d'avoir découvert celle qui va devenir l'enfant chérie d'Hollywood.

L'année suivante, après la levée du contrôle des changes en Europe, et le départ de Ian et d'Alexandre pour une vie d'aventures dans les Indes orientales néerlandaises, Audrey persuade la baronne de se rendre en Angleterre et d'accepter la bourse à la Rambert School of Ballet. Pour partir, il faut cependant affronter « d'épouvantables tracasseries » avec les ambassades hollandaise et britannique à cause des antécédents belgo-irlando-hollandais d'Audrey. Finalement, les visas requis sont accordés et bien que la baronne ne soit toujours pas parvenue à vendre ses propriétés de Hollande et de Belgique, elle a économisé suffisamment pour le voyage.

Les billets payés, les deux femmes quittent le pays avec 35 livres en poche.

Une nouvelle vie commence. Celle que l'on nomme encore « Edda » l'aborde avec un brin d'inconscience. « J'étais éperonnée par nos difficultés, dira-t-elle plus tard. Rétrospectivement, je suis heureuse que l'époque ait été dure. Autrement, je n'aurais pas osé aller de l'avant. J'ai toujours été plus introspective qu'extravertie ; mais, quand il le fallait, je pouvais sortir de moi-même pour faire face. J'évaluais mes chances de façon très optimiste parce que l'inverse aurait simplement été trop déprimant. En réalité, je ne savais vraiment pas dans quoi je m'embarquais en persuadant maman de partir à Londres. En revanche, j'étais sûre que j'augmenterais mes chances en modifiant mon nom. Edda en avait déjà trop bavé. »

Elle devient à jamais Audrey. Fin 1948, la baronne van Heemstra et sa fille – dix-neuf ans et demi – arrivent donc à Londres par un ferry. Elles s'installent dans un hôtel des environs de King's Cross. Londres, tout comme Amsterdam, sort à peine de la guerre, et l'atmosphère y est encore celle des privations. Les dégâts des bombardements sautent aux yeux.

La baronne, qui a déjà prouvé ses capacités d'adaptation, s'adonne à une série de petits métiers pour subvenir à leurs besoins. Elle commence par un emploi de fleuriste (très « *My Fair Lady* »), puis par celui de cuisinière, d'esthéticienne et de vendeuse de produits à domicile. Quelques mois plus tard, elle devient gérante d'un immeuble de Mayfair et peut ainsi y louer une chambre au mois pour un prix raisonnable.

« Ma mère était ravie d'être à Londres, se souviendra Audrey. Nous partagions la même chambre. Et nous avions une telle impression de liberté... Pouvoir acheter une paire de chaussures si l'on en a envie ou prendre un taxi... Cependant, nous nous déplacions toujours en métro ou en bus. » Lavant et reprisant de bon cœur leurs deux paires de bas, aérant soigneusement leur maigre garde-robe pour limiter les frais de teinturerie, les deux femmes envisagent l'avenir avec optimisme.

Mais la principale raison de la venue à Londres d'Audrey, les cours de danse de Madame Rambert, réservent des déceptions. Brune, sèche et mince comme un fil, portant toujours des collants noirs et un chapeau cloche voilé, la légendaire et excentrique Madame Rambert a soixante ans. Généreuse et gracile, elle est à la fois une femme cordiale et sensible qui exige une discipline rigoureuse : tout manquement est immédiatement puni par un coup de baguette sur les doigts. Elle ne se sépare jamais de cet instrument dont elle se sert pour souligner une remarque ou assener un reproche en le claquant contre le plancher de la salle de danse.

Malgré son assiduité aux cours, Audrey commence à déchanter. « Ma technique ne faisait pas le poids en face de celle de filles qui avaient bénéficié de cinq ans d'enseignement avec le Sadler's Wells, aux frais de leur famille, et qui avaient toujours eu de quoi se nourrir convenablement et rester à l'abri des bombes, devait-elle confier bien plus tard, un peu amère. J'avais aussi le sentiment d'être très grande... » Audrey, selon l'expression imagée qu'elle donnera une autre fois, a l'impression d'être « une amazone qui dépassait tout le monde de plusieurs têtes »... Son physique la gêne énormément. « J'ai tout essayé pour en faire un atout : plutôt que de travailler l'allegro, j'ai pris des cours supplémentaires dans l'adagio, pour utiliser mes lignes longues à leur avantage. »

Elle suit ses cours de danse de dix heures du matin jusqu'à six heures du soir et travaille avec un zèle absolu. Mais, lucide, Madame Rambert finit par penser qu'Audrey ne réussira jamais comme ballerine. « Madame Rambert ne me fit pas de remarques, se souviendra

Audrey, et je lui en ai toujours été reconnaissante. Je sentais que je n'étais pas tout à fait à la hauteur, mais elle ne souligna jamais mes points faibles. Certes, elle me tapait bien sur les doigts quand mes dépliés ne montaient pas assez haut – et elle faisait mal ! Mais nous étions toutes logées à la même enseigne et ce genre de punition ne choquait personne dans un milieu consacré à une discipline aussi exigeante. Elle ne se répandait pas en commentaires. J'aurais été anéantie si elle m'avait annoncé que je n'avais pas l'étoffe nécessaire. En s'abstenant de me décourager, elle me permit d'arriver moi-même à la bonne conclusion. Et cela vint en son temps, après que j'eusse trouvé un autre but dans la vie. Plus tôt, cette révélation aurait eu un effet dévastateur. Imaginez-vous : avoir persuadé votre mère de quitter son pays, de trouver du travail et un logement dans une ville étrangère, de sacrifier sa vie pour sa fille et vous rendre compte que c'était une erreur ! J'aimais passionnément la discipline artistique, mais je n'étais pas payée de retour ! »

Marie Rambert, célèbre pour sa conception peu orthodoxe de la danse et des rapports avec les élèves, comprend qu'Audrey est une élève passionnée, mais que de sa présence irradie trop d'énergie pour qu'elle puisse s'intégrer dans un ensemble. Quoi qu'elle fasse, celle-ci ne se fond jamais dans le corps de ballet. Les regards se focalisent toujours sur elle. Son appartenance à l'école donne le privilège d'assister aux répétitions en costume, qui ont lieu dans un petit théâtre, le Mercury Theatre.

Le monde de la scène, les coulisses et l'atmosphère du théâtre commencent à la fasciner. Si elle se consacre encore entièrement à la danse, Audrey s'intéresse à d'autres activités artistiques. Elle débute une petite carrière de mannequin afin de gagner suffisamment d'argent pour subvenir à ses besoins. Elle ne cherche nullement à satisfaire des caprices qu'elle n'a jamais eus (même plus tard, quand elle deviendra riche, elle continuera à garder un style de vie simple et discret), mais la guerre lui a laissé un profond sentiment d'insécurité. Son besoin de sécurité matérielle guidera ses choix importants tout au long de sa vie. « Ella et moi allions retrouver, lentement mais sûrement, une indépendance financière, se souviendra Audrey. Je remplissais mes obligations chez Madame Rambert, puis je me précipitais vers le West End afin de passer des auditions. Maman échangea son petit studio contre un véritable appartement dans l'immeuble dont elle avait la charge. Je crois que nous n'y serions pas arrivées sans ce soutien réciproque. Nous nous épaulions mutuellement. »

Audrey a vingt ans lorsqu'elle renonce à son rêve de danseuse étoile. « J'avais découvert que ma haute taille constituait un sérieux obstacle à une carrière de danseuse. Il aurait fallu que je travaille jusqu'à l'épuisement pendant de longues années encore avant d'obtenir un succès limité. Mais moi, je ne pouvais pas attendre des années ; j'avais trop besoin d'argent. »

Or, étrangement, au moment précis où elle découvre cette vérité, une troupe régionale l'invite à se joindre à elle. En même temps, on lui annonce, à sa grande surprise, qu'elle est l'une des dix choristes choisies parmi trois mille postulantes pour un rôle dans la comédie musicale de Julius Styne, *High Button Shoes* (*Des Bottines à Boutons*). Elle s'est en effet présentée à une audition pour une comédie musicale importée de Broadway où elle fait fureur, *High Button Shoes.* La jeune danseuse ignore tout des formes et des techniques de la comédie musicale. « Je me rappelle être rentrée à la maison, après l'audition, et m'être écroulée en larmes sur mon lit. Je ne connaissais rien des pas du modern jazz et j'étais restée raide comme un manche dans mon effort pour suivre le mouvement. Je n'aimais même pas ce que je faisais ! Cela n'avait rien à voir avec l'art du ballet. [...] J'ai pleuré parce que j'étais sûre de n'avoir aucune chance d'être choisie. »

Mais la grâce qui émane d'Audrey et son charme ont fait miracle. Le coproducteur Jack Hylton saisit l'essence de sa personnalité. Après l'audition, il note : « Nulle comme danseuse, mais beaucoup de verve. »

Le 22 décembre 1948, *High Buttton Shoes* débute au London Hippodrome Theatre où elle tiendra l'affiche pendant 291 soirées. Avec une partition musicale de Jule Styne et une chorégraphie de Jerome Robbins, ce n'est pas un spectacle simple pour un corps de ballet. L'intrigue est centrée sur les aventures d'un escroc des années 20, et les numéros s'inspirent des danses de l'époque, comme le charleston, ainsi que des personnages comiques du cinéma muet comme les Keystone Kops et les Bathing Beauties de Mack Sennett.

Quelques semaines après le début de la comédie musicale, l'impresario anglais Cecil Landeau assiste à une représentation. Il est « captivé par une fille qui traversait le plateau. C'est difficile à expliquer. Ce n'était pas grand-chose : juste deux grands yeux noirs et une frange flottant à travers la scène », dit-il.

Audrey n'a jamais oublié sa première réplique : « Lou Parker se tenait au milieu de la scène que je traversais en courant. Je tenais une autre fille par la main et je lui demandais : “Ils sont tous partis ?” Et croyez-moi, j'avais les nerfs en pelote chaque soir. Je me répétais la phrase sans arrêt avant de faire mon entrée. »

L'un des danseurs, Nickolas Dana, assurera « qu'Audrey était la plus jolie fille du spectacle ! ». La modestie de sa partenaire l'intrigue cependant : « Elle n'avait qu'une jupe, un chemisier, une paire de chaussures et un béret, mais elle possédait quatorze foulards. Ce qu'elle pouvait faire avec ces foulards, une semaine sur l'autre, vous ne le croiriez pas. Elle portait son petit béret sur l'arrière du crâne, d'un côté, de l'autre – ou encore le pliait en deux, ce qui lui donnait un aspect très curieux. Elle avait un don, un flair pour s'habiller. »

Tous ceux qui voient Audrey dans ses premières apparitions sur scène ont la même réaction. « C'est un vrai fil électrique, une gazelle aux longues jambes et au grand sourire, qui exsude la bonne éducation, avec un effet irrésistible que chacun ressentit et qui séduisit tout le monde. »

« La vie de choriste fut une révélation, se rappellera Audrey. Nous étions dix filles qui partagions la même loge et, pour la première fois de ma vie, je me découvris des talents de pitre. J'adorais imiter les gens avec toutes sortes d'accents et mes camarades se tordaient de rire. Quand j'étais libre, je posais pour des réclames de savons et je me liai d'amitié avec ma camarade de chorus, Kay Kendall, la future épouse de Rex Harrison. C'était merveilleux. »

La vie d'Audrey se poursuit à un rythme soutenu : en plus de sa participation au spectacle, elle continue à poser pour des séances photographiques, fréquente un cours de formation d'acteurs et poursuit ses exercices à la barre. Elle commence également à prendre des leçons avec l'acteur Felix Aylmer, l'interprète de Polonius dans la version cinématographique de *Hamlet* de Laurence Olivier. Aylmer donne des leçons de diction à Audrey qui louera plus tard son enseignement : « Il m'apprit à me concentrer efficacement sur ce que je faisais et me fit comprendre que tout acteur a besoin d'une méthode pour qu'il lui soit possible de travailler de manière professionnelle. »

Audrey quitte l'école de danse de Madame Rambert en mai 1949, alors qu'elle vient de fêter ses vingt ans. Les représentations londoniennes de *High Button Shoes* s'achèvent au cours du printemps et Audrey renonce à participer à la tournée du spectacle. Elle ne demeure pas longtemps inoccupée.

Le producteur Cecil Landeau lui propose un rôle dans *Sauce Tartare*, sa nouvelle revue de 1949, et elle accepte avant même de demander ce qu'elle doit y faire. Impresario au flair infaillible, celui-ci rassemble une distribution internationale composée d'artistes venant de tous les pays situés entre la Russie et l'Afrique du Sud. On y trouve des Norvégiens, des Espagnols, des Hollandais et des Belges, ainsi qu'un orchestre au complet qu'il fait venir de Trinidad. La vedette du spectacle est la chanteuse noire Muriel Smith, qui s'est rendue célèbre à Broadway dans *Carmen Jones*.

Dès la première, le spectacle jouit d'un énorme succès, mais Audrey est trop exténuée pour s'en réjouir. Elle va, pendant toute sa carrière, abuser parfois de ses forces jusqu'à l'épuisement pour bien faire. Le jour de relâche, elle dort toute la journée, prétendant ensuite l'avoir passé à faire des emplettes. D'autant qu'après *Sauce Tartare*, elle enchaîne dans une revue du même producteur et de la même veine : *Sauce Piquante*.

L'un de ses partenaires dans les deux spectacles, Bob Monkhouse, se souvient de l'impression laissée par Audrey : « En matière de danse, le niveau de *Sauce Piquante* était… supérieur, mais celui d'Audrey était le plus bas de tous. Si elle avait été bonne danseuse, les autres filles ne l'auraient pas aussi mal pris. […] Elles l'aimaient toutes à la ville, mais la détestaient sur scène, parce qu'elles voyaient bien que même si Audrey s'était contentée de sautiller sur place, le public aurait quand même été conquis. Ce que communiquait Audrey dans *Sauce Piquante*, et ce qui l'a servie tout au long de sa carrière, c'était un sentiment énorme, exagéré de "Je suis sans défense j'ai besoin de vous". Face à cela, les gens réagissaient au quart de tour, peut-être sans même comprendre pourquoi. Et Audrey avait cette qualité-là à revendre. [...] Chaque spectateur se disait : “Comme j’aimerais prendre cette petite Audrey sous mon aile.” Elle donnait l’impression d’être trop jolie, trop innocente, inconsciente du danger. C’était tout à fait étonnant. Ce sourire espiègle avait l’air d’aller d’une oreille à l’autre. Elle paraissait incroyablement rayonnante, parce qu’à l’époque c’était incontrôlé. Ses lèvres se retournaient complètement et ses yeux prenaient une expression un peu toquée, comme un personnage de Walt Disney. C’était tellement adorable qu’on retenait son souffle. Par la suite, elle a appris à en faire un peu moins. »

Le photographe à la mode, Anthony Beauchamp, est l’un des premiers spectateurs de *Sauce Tartare.* Celui qui au cours de sa carrière a photographié des beautés aussi célèbres que Vivien Leigh et Greta Garbo tombe sous le charme de cette grande fille aux yeux noirs. Il n’arrive pas « à croire qu’elle est réelle, se souvient-il. Ce visage était un tel tissu de contradictions ! Mystère et pureté ; profondeur et jeunesse ; immobilité et vivacité. J’avais photographié la plupart des grandes stars, y compris Greta Garbo. Mais j’ai eu la sensation d’avoir fait une véritable découverte quand j’ai trouvé Audrey. Elle était d’une telle fraîcheur, d’une beauté immatérielle. En tant que danseuse, elle manquait de souplesse, mais elle était tellement étonnante qu’on y faisait à peine attention. Elle avait l’air très nerveuse, quand je l’ai rencontrée dans les coulisses, après le spectacle. A cette époque, j’ai eu l’impression que beaucoup de messieurs, et pas toujours des gentlemen, devaient lui faire toutes sortes de propositions. Quand je me suis présenté et que je lui ai exprimé mon désir de la photographier, elle a plaidé la pauvreté. Je lui ai répondu que tout l’honneur serait pour moi. Je la voulais absolument dans mon dossier. Après la première séance, elle m’adressa un mot de remerciements de jeune fille bien élevée, accompagné d'une boîte de chocolats. Elle a été l'un de mes merveilleux modèles. »

Quand ses photos paraissent dans le *Vogue* anglais, d'autres magazines se mettent à demander le visage d'Audrey pour leurs couvertures. C'est ainsi que la jeune actrice commence à devenir familière aux lectrices des hebdomadaires et mensuels britanniques.

Audrey connaît pourtant ses points faibles. « J'aurais bien aimé être moins plate. J'étais trop maigre et je n'avais pas de poitrine digne de ce nom. Faites l'addition : tout ça peut donner de gros complexes à une jeune fille. » La silhouette d'Audrey provoque l'ironie amusée de la troupe : « J'ai les plus beaux nichons sur scène, clame en coulisse Aud Johanssen, une Scandinave gâtée par la nature, et tout le monde zyeute cette fille qui n'en a même pas ! ».

Des complexes injustifiés aux yeux d'un des acteurs de la troupe : le Français Marcel Le Bon. Leur petite love-story commence le jour des vingt et un ans d'Audrey, quand ce chanteur à la Maurice Chevalier lui envoie un spectaculaire bouquet de fleurs dans sa loge. Ils finissent par sortir ensemble au grand dam de leur producteur. « C'était très innocent de ma part, se rappellera Audrey. Marcel me laissait de délicieux billets doux, des petits bouquets, des gerbes de fleurs, des poèmes. Il fut le premier homme à me combler de ces attentions et, au début, je fus séduite plus par elles que par lui. Cela dit, il était adorable. Nous avons passé de merveilleux moments ensemble, mais Cecil Landeau, le producteur de *Sauce Piquante*, redoutait que les histoires d'amour sèment le trouble dans son équipe. Il était fou ! Croiriez-vous qu'il introduisit une clause de non-mariage dans mon contrat ? »

A la fin des représentations de la revue, Cecil Landeau reprogramme ses artistes dans une version écourtée du spectacle donnée au Ciro's, l'un des nightclubs huppés de Londres. Audrey est engagée, mais Landeau prend soin d'en écarter Marcel Le Bon, à la grande satisfaction également de la mère d'Audrey. Car aux yeux de la baronne qui couve toujours sa fille, Marcel Le Bon n'offre aucune sécurité. La carrière de sa fille passe avant tout.

La presse de l'époque commence à remarquer Audrey, tel l'hebdomadaire *Picturegoer* qui assure en 1950 « qu'elle est une jeune fille capable de donner des palpitations cardiaques, avec un style bien à elle, un réel talent d'actrice et une photogénie qui lui vaudra de figurer en bonne place dans la presse ». Richard Attenborough, lui aussi, la remarque : « Chacun se rendait compte qu'il y avait chez elle quelque chose d'absolument remarquable et qu'elle deviendrait tôt ou tard une vedette de cinéma de première importance. »

Audrey multiplie les petites apparitions à la télévision et les séances de pose. En scène comme à la ville, son style et son charme insouciant reflètent sa personnalité. Dans ses tailleurs de bonne coupe, avec de petits chapeaux et d'impeccables gants blancs, Audrey incarne la jeune fille parfaite dont rêve tout parent. Cette sorte d'innocence comporte son propre sex-appeal : « Elle est le fruit défendu, la femme inaccessible », estime la journaliste Diane Maychick.

« Elle était vraiment délicieuse, se souvient l'un de ses partenaires au Ciro's. Non seulement jolie, de l'élégance dans le moindre geste, mais pleine d'égards pour ses partenaires. » L'expression gamine d'Audrey séduit les producteurs. Sa beauté androgyne supplante les images standards de silhouettes à taille pincée qui emplissent les magazines.

William Holden, qui deviendra bientôt son partenaire et en tombera amoureux, analyse avec justesse le style d'Audrey dans les années 50 : « La popularité évolue au gré des époques, selon l'humeur du temps. A la fin des années 20 et au début des années 30, de grandes stars, comme Norma Shearer et Joan Crawford, répondaient au besoin d'élégance et de sophistication du public. Puis sont venus la guerre, le chaos politique, les bouleversements économiques... Une atmosphère dans laquelle le cinéma a beaucoup plus mis en valeur le physique et la sensualité. Longtemps, la popularité d'une actrice est allée de pair avec les dimensions de sa poitrine... Aujourd'hui, je crois que les gens ont envie de quelque chose d'autre. Je ne voudrais pas faire reposer un tel fardeau sur les épaules d'Audrey, mais je pense qu'elle est devenue un symbole de dignité, qu'elle représente ce qu'il y a de bon et de juste en chacun d'entre nous... Et je pense qu'il faut que le monde revienne à ces valeurs, que c'est là un besoin profond. Des femmes comme Grace Kelly et Audrey Hepburn symbolisent ce besoin... Audrey y parvient parce qu'elle est naturelle et franche, qu'elle a un jugement sûr, un goût parfait et possède dans son métier une remarquable aptitude à se concentrer. »

Audrey « ensorcelle » presque tous ceux qui l'approchent. L'acteur australien John Mac Callum qui vient la voir au Ciro's se souvient de la « Magie Audrey » : « Nous avions choisi une table à côté de la scène, et au bout d'un moment, je me rendis compte que je ne parvenais pas à quitter des yeux l'une des danseuses. Le ballet n'offrait rien de particulier mais cette fille – Audrey Hepburn – était différente. Elle avait d'immenses yeux de biche et l'aspect d'un elfe. Mais ce qui la différenciait des autres, c'était un certain *élan* très particulier, indescriptible, qui dégageait un magnétisme irrésistible. » Selon Bob Monkhouse, « elle était extraordinaire. Il lui suffisait de faire un sourire, son sourire à elle, qui semblait infini, plein de malice et de sympathie, et son visage s'illuminait, il devenait radieux... ».

Tous ces compliments ne tournent pas la tête d'Audrey. Au contraire, elle privilégie les choix de son cœur. Alors que le directeur de l'Associated British Pictures (ABC) convainc le metteur en scène Mario Zampi d'engager Audrey pour son prochain film, la jeune femme décline l'offre. « J'ai laissé mon cœur prendre le pas ! expliquera Audrey. Je laisse souvent mon cœur prendre le pas ! » En l'occurrence, Marcel Le Bon l'a suppliée de collaborer avec lui à un numéro de cabaret. « Il me faisait mal au cœur. Rien ne marchait dans sa carrière et j'ai pensé que je pourrais l'aider. J'avais déjà commencé à travailler ce petit numéro quand on m'a proposé le film. Alors j'ai écrit une de mes gentilles lettres de jeune fille bien élevée – "Merci, mais, non, merci" », expliquera Audrey à Diana Maychick. « Je voulais travailler avec Marcel, dit-elle. Tout était simple. Nous allions faire ce brillant numéro de cabaret, puis nous allions nous marier, être heureux et avoir beaucoup d'enfants. Voilà. C'était naïf. Je ne savais pas grand-chose du cinéma, pas assez en tout cas pour me rendre compte que je refusais une chance intéressante. A cette époque, les occasions fusaient, l'une après l'autre, et je ne faisais guère le tri. Si j'en refusais une, autre chose se présenterait. C'est ainsi que je voyais ma carrière. Mais la réalité s'en mêla. Sans l'intermédiaire de Cecil Landeau, les cabarets auraient abusé de nous. Nos engagements tombèrent à l'eau et je fus confrontée à la réalité : les gens mentaient ! Ce fut un choc ! L'humeur de Marcel s'en trouva affectée et il s'en prit à moi dans sa déception. Nous nous sommes disputés ; il a bouclé ses valises et il est parti aux Etats-Unis. »

Audrey, pas orgueilleuse pour deux sous, se précipite alors chez le metteur en scène et lui demande : « Si le rôle n'est toujours pas pris et si vous n'êtes pas trop furieux, je serais ravie de le prendre. » Hélas, il l'a déjà promis à Beatrice Campbell. « Le seul qui ne soit pas encore attribué est un petit rôle de vendeuse de cigarettes, lui répond-il. En voulez-vous ? »

Rires au Paradis (*Laughter in Paradise*), une comédie très anglaise, sortira sur les écrans en 1951. Même si la jeune femme ne prononce que quelques mots dans deux scènes du film, elle campe une si adorable petite vendeuse de cigarettes que les studios ABC lui offrent immédiatement un contrat de sept ans. Audrey travaille alors régulièrement dans des films anglais. Elle campe une silhouette de réceptionniste dans un hôtel dans le film *One Wild Oat* de Charles Saunders, où un avocat qui cherche à décourager sa fille d'aimer une crapule, se retrouve victime d'un chantage. Puis, on la retrouve dans le film *Young Wive's Tale* (*Histoire de jeunes femmes*) d'Henry Cass, où une pensionnaire timide s'amourache d'un homme marié qui vit dans le même hôtel meublé qu'elle. Selon le metteur en scène : « Audrey était belle, mais sans expérience. Je n'étais pas sûr qu'elle réussirait en tant qu'actrice, mais quel que soit l'angle sous lequel elle apparaissait à l'écran, elle avait toujours de l'allure et de la séduction. Même chose dans la vie. Aucune différence ».

Sa partenaire dans le film, Joan Greenwood, se souvient qu'« Audrey était absolument charmante. J'ai tout de suite eu la certitude que son succès n'était qu'une question de temps. Elle avait... une voix superbe, légèrement voilée et une distinction à la limite de l'affectation ». Puis Audrey, en septembre 1950, enchaîne avec un petit rôle dans *The Lavender Hill Mob* (*De l'Or en Barres*), où un terne petit employé travaillant dans la navigation met au point et exécute, avec l'aide d'un copain qui vit dans la même pension de famille que lui, un plan génial pour voler une fortune en or à ses employeurs. Dans ce film, joue Alec Guinness qui remarque la jeune actrice : « Elle n'avait qu'une demi-réplique à dire, et je ne pense pas qu'elle l'ait jouée de façon spécialement intéressante. Mais elle avait une beauté de jeune faon et une présence remarquable. » L'acteur britannique a tant remarqué Audrey qu'il finit par la recommander au célèbre réalisateur Mervyn Leroy. « Je ne me rappelle pas avoir vu Alec Guinness recommander qui que ce soit, avant ou depuis. Certains acteurs sont toujours en train de mettre des gens en rapport. Ce n'était pas le cas d'Alec Guinness. De plus, il déclara qu'il n'était même pas sûr qu'elle soit capable de jouer, mais qu'elle était tellement belle, tellement exquise que cela n'avait aucune importance. Venant d'un acteur accompli comme Guinness, le compliment ne passait pas inaperçu : "Cela n'a pas d'importance qu'elle ne sache pas jouer !" J'ai eu envie de voir cette créature hors série ! »

Bientôt, la maison de production « Ealing Studios » décide de l'engager pour un film dramatique, *Secret People*, réalisé par Thorold Dickinson. Dans ce premier grand rôle, Audrey incarne la sœur de Valentina Cortese. Le scénario raconte l'étrange destin de deux sœurs – une réfugiée d'Europe centrale à Londres et son innocente sœur cadette, danseuse de ballet – impliquées dans une violente conspiration politique après l'assassinat de leur père. « C'était mon plus grand personnage, à cette date, racontera Audrey, et j'étais très impressionnée. Bien sûr, le sujet m'était plus que familier. J'étais passée par là. Cela soulageait ma nervosité. Autre coup de chance, Nora était une ballerine. Au fond de ma tête, je me disais que, si tout se gâtait et que je n'arrivais pas à me rappeler une réplique, je pourrais toujours m'en tirer avec une pirouette sans sortir du personnage ! »

Avant le tournage, les répétitions sont dures et d'autant plus difficiles à supporter qu'elles ont lieu dans des endroits exposés au froid ; le tournage prévoit en outre un grand nombre de scènes de nuit en extérieurs, généralement filmées sous la petite pluie fine et glacée qui n'en finit pas de tomber en ce mois d'avril de l'année 1952. Audrey doit faire appel à toutes ses forces physiques et psychiques. « Il y faisait une température polaire. Comme beaucoup de gens maigres, j'ai toujours eu une circulation sanguine médiocre ; et il est vraiment difficile de danser avec les doigts et les orteils paralysés par le froid. Avec les jeunes du corps de ballet, nous recourions à toutes sortes de trucs pour évaluer la température. Un verre d'eau gelait au cours de la nuit. Je portais trois jambières de laine par-dessus mes collants et, à chaque pause, je me réchauffais avec un radiateur électrique. Je commençais à me dire que faire du cinéma était à peu près la même chose que de se cacher dans une cave. Le comble, c'étaient les répétitions en costumes, pendant lesquelles nous ne portions que nos collants et tutus. »

Heureusement, entre la volcanique Valentina Cortese et la douce Audrey, s'installe une relation chaleureuse que l'actrice évoquera en 1980 : « Nous allions à Londres le soir, sapées comme des reines. Une fois, nous avons dîné dans un restaurant très chic et fumé le cigare toutes les deux. Nous avons ri comme des petites idiotes. Pourquoi pas ? Je l'adorais. »

Mais Audrey s'acharne au travail pour être digne de ce premier grand rôle. « C'est le premier film que j'aie vraiment voulu tourner ; les autres n'étaient que de la mousse sur des verres de bière. » Lors d'une scène où elle doit pleurer, elle fait un tel blocage que le réalisateur lui suggère une méthode connue de concentration. « Je me suis assise dans un coin isolé, expliquera Audrey, et j'ai revu tout ce qui s'était passé à Arnhem comme un film se déroulant devant mes yeux. En fait, la réalité avait été bien plus horrible que le film inspiré à Richard Attenborough par cet épisode de la guerre. Et j'y avais été impliquée directement. Au lieu de bloquer ces images, je les ai laissées m'envahir, me pénétrer. Contrairement à la redoutable impression que j'avais éprouvée, elles ne m'ont pas tuée, et j'ai employé, pour ma scène, l'émotion qu'elles ont suscitée. Ce conseil m'a été plus profitable que tous les cours d'art dramatique que j'ai pris, avant ou depuis. Il m'a appris tout ce que je sais sur la concentration et, aussi, à m'en remettre à l'authenticité de mes sentiments. » Même si le film n'obtient pas de succès commercial, Audrey y gagne ses premiers galons de vedette.

Le début des années 50 constitue l'une des périodes les plus libres et insouciantes de la vie d'Audrey. Pour la première fois, elle peut se permettre de s'amuser sans inquiétude. Elle habite encore avec sa mère à South Audley Street, mais un nouveau soupirant entre dans sa vie. James Hanson, natif du Yorkshire et âgé de vingt-neuf ans, est le fils d'un riche homme d'affaires qui a fait fortune dans les transports. Lui-même s'occupe, en Angleterre et au Canada, d'affaires commerciales qui vont engendrer un véritable empire industriel. Ce pur produit de la haute bourgeoisie anglaise, qui a déjà été le boy-friend de la comédienne Jean Simmons, est un coureur de jupons. « Je me souviens qu'il m'a demandé d'où me venaient ces yeux-là, racontera Audrey. Je lui ai répondu qu'ils faisaient partie du lot. "J'en achèterais bien un plein carton en échange des yeux de taupe que je vois tous les jours. Si seulement tout le monde avait des yeux comme les vôtres ! Voir deviendrait quelque chose de tellement important !", avait-il répliqué. Naturellement, j'ai cru que j'étais amoureuse. »

On parle vite de fiançailles. Audrey est sensible au style décontracté de James, amateur de voitures rapides et de sorties nocturnes. Elle aime son charme débonnaire et l'impression de solidité et de détermination qu'il dégage. Mère protectrice, la baronne van Heemstra se montre d'emblée hostile. Elle pense qu'il est bien trop tôt pour sa fille de penser au mariage et elle n'arrive pas à se représenter Audrey dans un rôle d'épouse mariée à un gentilhomme campagnard dont la vie serait rythmée par les battues de chasse, les parties de pêche et le tir au pigeon. Il y a surtout qu'aux yeux de la baronne, Hanson ne lui semble pas devoir faire un mari fidèle. Elle l'a vu flirter avec les camarades d'Audrey du Ciro's et son culot l'a estomaquée. Elle pousse sa fille à le quitter.

Audrey se retrouve partagée entre ce fiancé si séduisant et sa mère si protectrice. La jeune femme se sent aussi déchirée entre ses désirs profonds et ses véritables passions. D'une part, elle tient à aller au bout de ses ambitions professionnelles, mais de l'autre, elle éprouve un immense besoin d'amour et de stabilité affective, bien qu'elle partage les doutes de sa mère.

Cependant James Hanson, devenu le multimilliardaire Lord Hanson, tient à nuancer ces tiraillements familiaux : « J'appréciais énormément Ella. Il est absolument faux de dire que mes relations avec elle étaient difficiles. Elle nous a toujours encouragés, Audrey et moi. Elle trouvait que notre différence d'âge (six ans environ) était la bonne et qu'un homme qui se trouve à la tête d'une affaire sérieuse convenait pour quelqu'un ayant des penchants artistiques. Sa fille devrait épouser un homme qui ait les pieds sur terre, plutôt qu'un personnage issu du monde du spectacle avec toutes ses incertitudes. Nous en avons souvent parlé. Nous avions déjà mis les choses au point : Audrey devait faire un film par an avec l'option de pouvoir jouer dans une pièce chaque fois qu'elle le désirerait – ce qui était à peu près son rythme de toute façon. Cela en partie parce qu'elle voulait aussi avoir une vie d'épouse. Nous avons formé une "famille" très heureuse pendant nos deux années ensemble. J'ai passé beaucoup de temps avec Ella. Elle nous trouvait bien accordés. Le fait que je sois dans les affaires et qu'Audrey soit actrice ne l'inquiétait aucunement. Ella n'aimait pas particulièrement les gens du show-business. J'ai beaucoup fait pour elle, comme pour une future belle-mère. Je me suis efforcé de développer une relation et ça a marché. »

Mais une offre de travail contrecarre les relations d'Audrey et de « Jimmy ». ABC recherche une jeune actrice bilingue pour un film dont les extérieurs doivent être filmés à Monte-Carlo. Comme elle parle français couramment, Audrey semble la personne idéale. Il s'agit d'un rôle mineur, mais la tentation de séjourner sur la Côte d'Azur et d'y passer des vacances au soleil est trop forte. Même James Hanson ne peut rien faire pour retenir Audrey. « J'ai accepté le rôle pour mes raisons habituelles, racontera Audrey. Je devais jouer la vedette de cinéma et les costumes étaient fabuleux. Il y avait une robe de Dior dont on me dit que je pourrais la garder – raison numéro un. La deuxième était que le film devait être tourné sur la Côte d'Azur. La troisième raison fut que le tournage du film que je voulais vraiment faire venait d'être repoussé juste assez loin pour me permettre de tourner aussi celui-là. »

Ce départ pour le sud de la France sonne provisoirement le glas des illusions de James Hanson. Mais le destin qui veille sur Audrey va lui faire rencontrer un personnage porte-bonheur sur le tournage monégasque : Colette ! La vie d'Audrey prend son envol !

IV

DE *GIGI* À *VACANCES ROMAINES*

La nuit précédant son départ pour Monte-Carlo, Audrey rencontre la célèbre journaliste américaine du show-business, Radie Harris, lors d'un dîner donné en son honneur au club privé le plus en vogue de Mayfair, « Les Ambassadeurs ». Radie, que la starlette ne connaît pas, va rapidement devenir sa plus proche amie et confidente. Font également partie de la fête l'Américaine la plus en vue des films des années 40, Faye Emerson, venue passer quelques jours auprès de Radie, ainsi que Humphrey Bogart, John Huston, Sam Spiegel et Lauren Bacall. Les amphitryons de la journaliste sont James et John Woolf des Romulus Films.

Audrey, qui n'a travaillé jusque-là qu'avec des acteurs britanniques de pure souche, semble littéralement coite à l'idée de voir Humphrey Bogart qu'elle a toujours admiré. Elle n'a jamais rencontré de légende, du moins pas une star d'Hollywood, et si quelqu'un lui avait dit qu'un jour elle deviendrait la partenaire de Bogart, elle aurait rétorqué : « Absurde ! Je ne serai jamais de la même trempe que lui. »

Néanmoins, l'actrice en herbe commence à être remarquée dans les lieux où il faut par les personnes qu'il faut. Radie a tôt fait de découvrir l'irrésistible charme d'Audrey et la fait parler en lui posant toute une série de questions. Audrey, à son tour, paraît reconnaissante de l'intérêt que lui porte la journaliste et répond avec la chaleur confiante d'une vieille amie. « Dans ma vie, tout ce qui s'est produit d'important s'est fait merveilleusement et de manière inopinée, comme le voyage à Monte-Carlo que je fais demain ! dit-elle à Radie. J'ai toujours eu très envie d'aller sur la Côte d'Azur, mais je n'ai jamais pu me le permettre. Puis, ce film, *Monte-Carlo Baby*, est arrivé. Je n'y joue qu'un rôle secondaire, mais je n'avais jamais imaginé que j'aurais ne fût-ce que cela. Le jour où le producteur m'a convoquée pour l'entretien était un de ces jours où tout allait mal. J'ai mis un temps fou à trouver des bas non filés. La fermeture à glissière s'est prise dans ma robe et lorsque je suis finalement arrivée au bureau de mon agent, l'entretien a pris en tout et pour tout une minute et demie ! J'étais sûre de l'avoir raté. J'ai essayé de me consoler en racontant à ma mère que si j'allais à Monte-Carlo pour ce petit rôle, je risquais d'en laisser passer un plus grand à Londres. Et que de toute manière, un jour j'aurai assez d'argent pour que nous puissions toutes deux aller sur la Côte d'Azur à mes frais. Puis, tout à coup, le téléphone a sonné et j'ai entendu ces quatre mots qui composent la musique la plus douce au monde pour une actrice : "Vous avez le rôle !" »

Monte-Carlo Baby (*Nous irons à Monte-Carlo*), une petite comédie musicale légère, très Riviera, est dirigée par l'un des réalisateurs français les plus prolifiques, Jean Boyer, qui, l'année suivante, va diriger Brigitte Bardot dans son premier rôle. Il est sonorisé en deux versions, française et anglaise, et a pour vedettes un comédien américain aux yeux tristes, Jules Munshin, qui a été l'un des trois matelots (les deux autres étant Gene Kelly et Frank Sinatra) dans le film *On the Town* de la M.G.M., et la comédienne Cara Williams, alors en passe de se marier avec John Barrymore Jr.

Audrey joue le rôle d'une jeune femme pendant sa lune de miel. Bien que de nombreux ouvrages de cinéma placent son nom en tête du générique, et en fassent donc implicitement la vedette, elle n'y apparaît en réalité que quelque douze minutes. Ce n'est qu'un petit rôle de plus, même s'il semble davantage « mis en vedette » que les précédents.

Le planning de tournage est serré, car Audrey doit jouer des scènes en français d'abord, puis en anglais, et ce double enregistrement l'oblige à se maintenir dans la même humeur – autrement dit, à faire un travail soutenu d'actrice. Elle passe ainsi de longues journées au milieu des ors du pompeux Hôtel de Paris, au centre de Monte-Carlo, sous la chaleur des projecteurs.

Un après-midi où elle tourne une scène dans le hall de l'hôtel, elle remarque une femme assez âgée poussée dans un fauteuil roulant, au cours d'un essai caméra. Cette femme exhibe des frisettes rousses et un rouge à lèvres extrêmement voyant. « Pendant tout le temps que M. Boyer me parlait, dira Audrey, je regardais cette vieille dame donnant ses ordres à un homme un peu plus jeune qu'elle. Et je me disais que c'est bien joli de rire, mais que cette femme-là ne souriait sûrement guère pour démontrer qu'elle passait un bon moment. » L'intrigant Ray Ventura prend Audrey à part. « Sais-tu qui c'est ? », demande-t-il. Audrey remua la tête. « Colette, confia-t-il, la romancière française. » « Quand j'eus compris qui elle était, j'en fus pétrifiée, dira Audrey. Les écrivains et les artistes ont toujours eu beaucoup plus de prestige à mes yeux que les acteurs. J'avais lu des livres de Colette et j'avais toujours aimé le style dépouillé dans lequel elle traduisait tant d'émotions. Et elle était là ! L'idée qu'elle allait m'observer, parce que le hall de l'hôtel était bouclé pendant le tournage de la scène, me rendit très nerveuse. »

Colette, alors âgée de soixante-dix-huit ans et traversant l'ultime lustre de sa vie, est la femme écrivain la plus en vue de son époque. En ces mois d'automne aux reflets dorés de 1951, elle est pratiquement immobilisée et le fauteuil roulant demeure son seul moyen de locomotion. Son mari, Maurice Goudeket, de dix-sept ans son cadet, a organisé leur hiver à Monte-Carlo pendant cinq années de suite. C'est au moment où elle regagne son hôtel, alors que l'équipe de cinéma est au travail, qu'elle demande à Maurice de la rapprocher de la scène, et d'Audrey.

La romancière paraît si captivée par l'actrice qu'après deux jours elle insiste pour la rencontrer. Maurice s'informe de son domicile – à l'Hôtel de Paris – et lui fixe un rendez-vous. Il apprend à Audrey qu'Anita Loos, l'auteur américain de *Gentlemen prefer Blondes* (*Les Hommes préfèrent les Blondes*), a adapté *Gigi* pour la scène new-yorkaise et que Gilbert Miller, impatient de la produire rapidement, a envoyé une équipe chargée de sillonner Broadway, Hollywood, Londres et l'Europe afin de découvrir une jeune actrice inconnue ; celle-ci devra avoir assez de talent pour faire de la femme-enfant à la volonté de fer créée par Colette un personnage crédible, et non une curiosité théâtrale. « Nous avons beaucoup de difficultés à trouver une vedette pour la production de Broadway, dit-il à Audrey. Nous cherchons depuis deux ans. Ma femme pense que vous pourriez être celle qu'il nous faut. »

Audrey a du mal à croire qu'il est sérieux. Toutefois, lorsqu'elle rend enfin visite à « Madame Colette », l'écrivain lui sourit : « Très chère, je viens d'envoyer un câble à New York pour leur dire d'arrêter de chercher une Gigi. Je l'ai trouvée. » Elle jette un coup d'œil à Maurice. « Lorsque je vous ai vue jouer dans le hall de l'hôtel, j'ai tout de suite dit à mon mari : "Voilà notre Gigi pour l'Amérique." Savez-vous, ma chère, que je ne pouvais détacher mon regard de vous. » Audrey ne sait si elle doit rire ou pleurer, car elle pense honnêtement ne pas être la personne idoine. « Qu'est-ce qui ne va pas, mon enfant ? s'enquiert la romancière, ne pouvant ignorer les appréhensions manifestes d'Audrey. Vous n'aimeriez pas incarner Gigi à Broadway ? – Je suis désolée, Madame, mais je n'en serais pas capable, répond timidement Audrey. Je n'ai pas les compétences pour interpréter un rôle principal. De ma vie, je n'ai jamais prononcé plus d'une ou deux lignes sur scène. J'ai tenu de petits emplois dans des films, bien sûr, mais je ne considère pas cela jouer. » Colette insiste : « Vous avez été danseuse, dit-elle fermement, vous savez travailler dur. J'ai confiance en vous. » Audrey capitule et retourne à Londres ce week-end-là.

« J'étais médusée, rapportera Audrey. Quand j'y repense, je n'étais pas du tout enthousiaste mais plutôt terrifiée. J'aurais préféré qu'ils ne m'aient pas vue. Je croyais que j'allais au-devant d'une terrible humiliation. J'en ai discuté, ce soir-là, avec James Hanson – qui abonda dans mon sens. Je me suis souvenue que, de toute façon, sa seule envie était de me voir rester à la maison ; son opinion était donc partiale. Mais j'étais moi-même convaincue que je n'étais pas de taille pour ce rôle. Nous eûmes ce soir-là, ma mère et moi, la plus longue et la plus bruyante dispute de notre vie. Naturellement, elle était enchantée de la tournure des événements. Non seulement j'irais à New York où, d'après elle, je deviendrais une vedette ; mais cette proposition avait le mérite supplémentaire d'éliminer James Hanson. Ce jour-là, tout le monde semblait avoir des idées derrière la tête, sauf moi. Tout ce que je voulais, c'était finir le film et aller à la plage. »

Le producteur Gilbert Miller et la dramaturge Anita Loos ne partagent pas d'emblée l'enthousiasme de Colette. Cependant, bien que ces deux vétérans du septième art et de la scène soient pleinement conscients des limites dramatiques d'Audrey, ils ne peuvent ignorer la conviction imposante de la romancière française. Elle considère que cette fille a *quelque chose*, une étincelle divine qui permet de discerner aisément les vedettes des acteurs. Miller signe donc son contrat. Il racontera plus tard : « Nous avons désigné pour notre Gigi une jeune actrice que nous n'avions jamais vue sur scène ; en réalité, une jeune actrice dont les deux années d'expérience se limitaient à de petits rôles dansants dans des revues. »

« Colette fit tout ce qui était en son pouvoir pour me donner confiance, se souviendra Audrey. J'ai toujours la photographie qu'elle m'offrit à l'époque. » Ainsi dopée, Audrey se sent vite capable de jouer sur scène Gigi et d'être capable de traduire la palette des sentiments qui transforment une apprentie courtisane en une jeune femme amoureuse. Dès lors, les événements se succèdent à une cadence effrénée.

La presse londonienne parle tant de cette actrice pratiquement inconnue, sur le point de devenir une vedette de théâtre, que deux ou trois films d'Audrey sont reprogrammés. La vie de la jeune actrice se met à tourbillonner. Il y a des interviews avec les journalistes, trois voyages en avion à Paris pour les essayages des robes, les formalités légales à accomplir… et des nuits de discussions avec Jimmy Hanson où il est de nouveau question de mariage. On décide de le reporter à nouveau. La publicité fait d'Audrey une petite célébrité et on lui demande de se montrer au public de temps en temps. Sa première sortie officielle en tant que vedette est pour une fête dont elle est nommée la marraine. En chemin, elle se tourne vers son agent publicitaire, John Newnham, et s'exclame : « S'il vous plaît, mettons au point ce que je dois dire. Je suis terrifiée. Je n'ai jamais parlé en public avant ! » Ils répètent donc son discours.

Newnham est assis près d'elle lorsqu'elle se lève pour inaugurer la fête. Au bout de quelques secondes, il se rend compte que le discours soigneusement répété s'est effiloché : Audrey a sauté toute la première partie. « Je ne pense pas qu'une seule personne présente se soit rendue compte qu'Audrey était morte de trouille, dira plus tard Newnham. Elle s'est reprise, a improvisé et a rendu le discours bien plus agréable que ce qu'il aurait été. Ce qui était encore plus remarquable, c'était que quelques mois plus tard Audrey était sur la route de Broadway pour devenir une vedette du jour au lendemain. Personne, à part elle, n'aurait osé s'attaquer à un tel travail avec si peu d'expérience, mais Audrey était toujours prête à tout essayer. »

Hollywood entre bientôt dans le tourbillon. Les studios américains commencent à s'intéresser à sa personnalité dès juillet. Les négociations vont durer un certain temps, car Audrey est sous contrat avec ABC.

Au milieu des années 40, Ian McLellan Hunter et Dalton Trumbo ont écrit une histoire originale sur une jolie princesse qui, lors d'une visite dans un pays étranger, échappe à sa suite pendant vingt-quatre heures et fait une fête endiablée avec un journaliste américain. Cette œuvre, *Roman Holiday* (*Vacances Romaines*), a été acquise par le réalisateur italo-américain Frank Capra pour sa société Liberty Films, et, lorsque Liberty est achetée par la Paramount en 1948, il est convenu que le film serait tourné par Capra. Elizabeth Taylor et Cary Grant sont contactés pour y jouer, mais comme la Paramount impose un petit budget, Capra se désintéresse du projet. Au début de l'année 1951, le réalisateur William Wyler, auteur de *Wuthering Heights* (*Les Hauts de Hurlevent*), a vent du scénario. Il exprime son profond intérêt s'il peut être tourné en extérieurs à Rome. Les studios semblent d'accord : ils ont une quantité de lires en réserve en Italie.

Tout à fait par hasard, Gregory Peck fait savoir à ce moment-là qu'il désire s'essayer à la comédie. L'acteur prend connaissance du scénario et annonce qu'il en aime l'histoire, bien qu'il ne soit pas ravi que la comédienne principale se taille la part du lion. Le nom d'Elizabeth Taylor est de nouveau cité, ainsi que celui de Jean Simmons, bien qu'en l'occurrence aucune des deux actrices ne soit disponible. « Je n'ai pas besoin d'une vedette pour jouer le rôle principal, martèle Wyler. Je veux une fille qui n'ait pas l'accent américain et qui possède la classe d'une princesse. C'est ma principale exigence. » Wyler part pour l'Europe chercher sa perle rare.

A Londres, il reçoit plusieurs postulantes, dont Audrey (il a vu un rush de *Secret People* et la jeune actrice l'impressionne énormément). Puis, il s'entretient avec le chef de production londonien de la Paramount, Richard Mealand, qui, à son tour, envoie le 9 juillet 1951 à son bureau de New York une lettre ainsi libellée : « J'ai une candidate pour *Roman Holiday* : Audrey Hepburn. J'ai été frappé par son interprétation d'un second rôle dans *Laughter in Paradise*... » New York câble : « Prière envoyer par avion rapport et photos actrice Audrey Hepburn. »

Entre-temps, Wyler expédie ses propres rapports. Richard Mealand ne perd pas de temps à fournir des détails sur Audrey : « Elle a vingt-deux ans, mesure 1,80 m * et a des cheveux brun foncé. Elle est un peu maigrichonne... mais très attrayante. Il n'y a aucun doute quant à son talent et elle danse très bien. Sa voix

* Elle mesure en réalité 1,76 m.

est claire, jeune, dépourvue d'accent extrême. Elle fait plus continentale qu'anglaise. » Le câble répond : « Studio très intéressé par Hepburn. Impatient de la voir le plus vite en film. »

L'appétit de la Paramount s'éveille et les télégrammes se font toujours plus intéressés. Quelques jours plus tard, Mealand reçoit toutefois ce message : « Demander Hepburn si d'accord changer de nom pour éviter conflit avec Katharine Hepburn. » Audrey se montre alors inflexible : « C'est hors de question. Si vous me voulez, vous devez aussi prendre le nom. » Les câbles, lettres et messages téléphoniques continuent à traverser l'Atlantique à une régularité accrue, mais à la fin de la journée, la Paramount ne veut pas prendre d'engagement avant d'avoir vu un essai. Finalement, un télégramme est envoyé de Londres à New York : « Essai arrangé Pinewood Studios, 18 septembre 1951. Producteur : Thorold Dickinson. Autres acteurs : Lionel Murton et Cathleen Nesbitt. Deux scènes du scénario de *Vacances Romaines* et un entretien. »

Lorsqu'il a été question de faire un essai, Audrey a demandé que Dickinson en soit le réalisateur. Elle admire cet homme et lui fait confiance. Coïncidence, Wyler, à l'insu d'Audrey, a déjà demandé à Dickinson de diriger l'essai. Le producteur britannique expliquera plus tard : « Nous avons préparé une séquence de *Secret People* et fait quelques scènes du scénario de *Vacances Romaines.* Et comme la Paramount voulait connaître la vraie personnalité d'Audrey, j'ai enregistré un entretien avec elle... Pendant toute la guerre et le raid sur Arnhem, Audrey est restée cachée dans la ville. Nous avons donc parlé de cela. Nous avions chargé trois cents mètres sur la caméra et chaque mètre reprenait cette conversation. » « Thorold a effectué beaucoup de gros plans sur Audrey, dira Sidney Cole, présent lors de l'essai. Elle est restée tout le temps très détendue. Elle aurait fait tout ce que lui aurait demandé Thorold à ce moment-là : elle avait une confiance absolue en lui. »

Audrey se révèle excellente dans cet essai, en particulier quand, ignorant que la caméra tourne encore, elle cesse d'être sur ses gardes. Elle est assise sur le bord du lit quand Dickinson lui signale que l'essai est terminé et qu'elle peut disposer. Audrey lui fait alors un clin d'œil et lance : « Je n'ai entendu personne dire : "Coupez !" » Tous ceux qui ont vu l'essai affirment que c'est à cet instant qu'Audrey décroche le rôle ; son charme, son enjouement et son respect inné des usages jouent à plein.

Mené dans le meilleur esprit, ce tour de passe-passe verbal se révèle être le premier exemple enregistré où Audrey demande à être traitée suivant les « règles ». Elle agit avec les autres avec respect et elle attend la même courtoisie en retour. Et l'homme qu'elle vénère plus que tout autre sur le plateau est Dickinson, et il est la seule personne dont elle accepte les ordres. « Elle était très consciencieuse, connaissait son texte sur le bout des doigts lors des répétitions, et acceptait volontiers les indications », confirmera l'acteur canadien Lionel Murton. Il venait de tourner *Monte-Carlo Baby* et Dickinson lui avait confié pour l'essai le rôle du « maigre jeune homme passionné » qui sera en fin de compte campé par Gregory Peck. Lionel Murton, qui se trouve derrière la caméra, se met aussi à sourire : « Cette charmeuse aux yeux de biche est une petite maligne, pense-t-il. Elle sait parfaitement que la caméra tourne toujours et elle joue le grand jeu. » La bobine dans sa valise, Don Hartman, le chef de production de la Paramount, prend le premier vol pour Hollywood, où Gregory Peck est le premier à la visionner. Il est enthousiaste, comme tout le monde. Un câble part immédiatement pour Londres : « Félicitations. Admirable essai Hepburn. Tous ici, Meiklejohn y compris, la trouvons sensationnelle. »

Meiklejohn est alors chef du service Talents de la Paramount. Il envoie immédiatement une lettre dans laquelle, sous le titre « Audrey Hepburn » (souligné en rouge), la Paramount propose : « Prenez l'option sur cette actrice. L'essai est certainement l'un des meilleurs qui aient été faits à Hollywood, New York ou Londres. Sincères félicitations au nom de la Paramount. Signée Balaban, Freeman et Hartman… »

Ces marques d'approbation ne peuvent émaner d'un niveau plus élevé. En portant les noms de Barney Balaban comme président, Frank Y. Freeman comme vice-président et Don Hartman comme chef de production, le câble est signé par les trois cadres supérieurs de la Paramount. Se rendant compte qu'elle peut disposer d'une fantastique actrice, la Paramount est impatiente qu'Audrey signe un contrat d'exclusivité. Hélas, celle-ci est toujours tenue légalement par celui d'ABC (un film par an). Audrey ne veut négocier qu'un contrat à court terme pour deux films. Avec son impresario, elle sait ce qu'elle fait et refuse de se soumettre aux nababs du cinéma habillés de cuir et bronzés, parlant rudement et mâchonnant leur cigare. Audrey obtient finalement la part financière qu'elle réclame et gagne donc sur tous les tableaux.

Elle réussit même à introduire une clause qui lui permet de jouer au théâtre. Les discussions sont plus tendues sur son insistance à vouloir travailler pour la télévision. « Pas de télé, grogne la Paramount au cours des négociations. – Pas de télé ? s'enquiert Audrey. Dans ce cas, pas d'Hollywood. » L'actrice est tout à fait au courant des énormes cachets offerts par les chaînes de télévision américaines et elle veut sa liberté. Les chefs de films avalent leur cigare avec indignation, mais sont forcés de fléchir. Paramount, Wyler et Peck devront attendre près d'un an avant de commencer à travailler sur leur bébé de deux millions de dollars, le temps qu'Audrey achève les représentations de *Gigi* à Broadway. Le studio décide de ne pas rendre public le contrat avant la première de *Gigi.* Dans une lettre adressée à Richard Mealand, le directeur du film à Londres, qui l'a aidée à traiter avec Hollywood, Audrey griffonne quelques mots de sa grande écriture vigoureuse : « Que le Ciel m'aide à me montrer à la hauteur de tout ceci ! », dit-elle. Et la future star de commencer ses valises pour le Nouveau Monde.

Embarquant le 15 septembre 1951 sur un transatlantique qui relie Southampton à New York en dix-huit jours, Audrey fait de déchirants adieux à sa mère et à James Hanson. A vingt-deux ans, elle quitte pour la première fois l'Europe, sans son chaperon de mère et sans son « fiancé ». La longue traversée doit lui permettre d'apprendre son rôle de *Gigi,* mais aussi de faire le point sur sa vie. Sous pression, autant sur le plan personnel que professionnel, la jeune femme se rend compte qu'elle n'a encore jamais été seule, hormis pendant la guerre. Les dix-huit jours à bord du bateau, face à l'océan, constituent donc une occasion unique. Audrey a le cœur battant à l'idée des nouveaux défis qui l'attendent. « A cette époque, dira-t-elle plus tard, je me rendais compte que les metteurs en scène ou responsables de la distribution croyaient en moi. Ma mère aussi. Elle parlait souvent de mes talents gaspillés. Je ne voulais rien gaspiller. Mon attitude était : "Je devrais essayer ; tout le monde pense que c'est ce que je devrais faire." » Et tandis que le bateau vogue sereinement vers New York, Audrey fait aussi le point sur ses sentiments pour James Hanson. « Naturellement, je m'inquiétais à cause de James. Pour être honnête, je n'étais plus du tout sûre de vouloir l'épouser, mais je ne voulais absolument pas rompre non plus ! Je ne voulais pas le lui dire. Je ne voulais rendre personne malheureux ! »

Arpentant sans relâche le pont supérieur du bateau,

Audrey est surtout consciente d'être alors la seule actrice engagée simultanément pour une pièce par Broadway et un film par Hollywood, sans aucune expérience dans ces deux domaines. Elle tente donc de contenir son impatience et son excitation à l'approche des côtes américaines.

Lorsque, le 3 octobre 1951 à 3 heures du matin, son bateau accoste à New York au quai 90, tout est sombre et noir. Personne, hormis un vague chargé de publicité de Broadway, n'est là pour l'accueillir. L'histoire d'amour d'Audrey avec New York commence pourtant. Dès l'amarrage du bateau dans les docks d'East River, tandis qu'elle se tient debout contre la balustrade, avec cette sensation d'émerveillement qui étreint tous ceux qui regardent pour la première fois les gratte-ciel de New York, c'est le coup de foudre. Audrey n'oubliera pas cette première impression : le grand paquebot, les appels des remorqueurs, les accents des porteurs, les rues qui commencent à s'éclairer et sa voiture qui glisse le long de Central Park comme une musique de Gershwin. Une sensation délicieuse !

On la conduit au Blackstone Hotel, où son voisin n'est autre qu'un jeune comédien anglais : David Niven. Le lendemain de son arrivée, Audrey se rend au bureau du producteur de *Gigi*, Gilbert Miller, au Rockefeller Center. Quand celui-ci la voit, il comprend immédiatement qu'il devra résoudre un problème inattendu : le poids. Il a dit au revoir à Londres à une mince jeune femme gauche, à l'air adolescent ; or devant lui maintenant, à New York, se tient une personne légèrement grassouillette.

En effet, au cours de la traversée, Audrey s'est goinfrée de pâtisseries, de crèmes et de chocolats. Selon Gary Carey : « Le jeune elfe que Miller avait engagé à Londres s'était transformé en un petit tonneau. » Miller est horrifié et ordonne à Audrey de se mettre immédiatement au régime le plus strict. Le producteur va même jusqu'à donner des instructions strictes au maître d'hôtel et aux cuisinières de Dinty Moore, le restaurant-show-business où Audrey prend ses repas : qu'on ne lui serve que des steaks tartares et de la salade verte ! Son programme de travail est aussi strict que son régime. Chaque jour Cathleen Nesbitt, sa partenaire dans la pièce, lui fait répéter son rôle. Mais ses premières tentatives pour dire ses répliques, avec un minimum d'aisance et de sensibilité, sont humiliantes. Audrey sent que ses jours sont comptés. « Pendant les premières journées de répétitions, on ne m'entendait pas au-delà du premier rang, dira-t-elle. J'ai travaillé jour et nuit. Chaque soir je rentrais chez moi et là je prononçais chaque mot nettement et fortement. » Elle finit par réussir. « Enfin, on m'entendit. » Même Cathleen Nesbitt applaudit.

Gilbert Miller ne veut prendre aucun risque devant le manque de confiance que montre Audrey dans ses talents. D'ailleurs, le metteur en scène français du spectacle, Raymond Rouleau, n'est pas content de « sa Gigi ». Elle a certes l'énergie de l'héroïne : il n'y a aucun doute à cet égard. Mais la façon dont elle prononce les dialogues semble trop approximative, le tempo trop animé ; elle bredouille souvent, et elle manque de sentiment. Les souvenirs laissés par la veuve du metteur en scène sont clairs : « Pour Raymond, les premiers huit jours de travail avec Audrey furent vraiment terribles ; Audrey n'avait pas la moindre idée de ce qu'elle était en train de faire. Elle jouait extrêmement mal, elle ne comprenait rien au texte... A la fin, le huitième jour, mon mari ne pouvait pas supporter cette situation une heure de plus. Il la prit à part et lui dit clairement qu'elle devait absolument se corriger, s'améliorer, sinon il valait mieux qu'elle s'en aille immédiatement. Elle devait se concentrer sur son travail avec beaucoup plus d'application, dormir suffisamment, manger correctement et faire sien le texte – en un mot, il fallait qu'elle se comporte en véritable professionnelle ; dans le cas contraire, il déclinait toute responsabilité quant à sa carrière à Broadway et son rôle dans le spectacle. Il fut très sévère avec elle… »

Audrey, en effet, fait trop souvent la fête. James Hanson l'a rejointe. Sa famille possède la boîte de nuit El Morocco, et tous deux s'y retrouvent vers minuit. Les remontrances de Raymond Rouleau font leur effet : « Le lendemain, nous vîmes arriver une nouvelle Audrey sur scène. Elle avait parfaitement compris tout ce que Raymond lui avait dit. A partir de ce moment, elle ne cessa de progresser, jour après jour, tenant compte de toutes les suggestions que Raymond lui avait exprimées… elle se transforma subitement en la grande professionnelle qu'elle restera tout au long de sa carrière. »

Néanmoins, le stress des répétitions et son strict régime alimentaire fragilisent tant Audrey qu'elle semble proche de la dépression nerveuse. Kitty Miller, la femme du producteur, est appelée à la rescousse pour veiller à rétablir un équilibre. « Elle m'a simplement laissée tranquille, se rappellera Audrey. A plusieurs reprises, elle me prit la main par-dessus la table. Je n'ai aucun souvenir de ce qu'elle a bien pu me dire mais, ce jour-là, j'ai réussi à manger un peu de steak et je me suis sentie nettement mieux après. En très peu de temps, j'avais perdu presque neuf kilos et, quand j'y réfléchis, je suppose que je me punissais de ne pas être la meilleure actrice qui soit montée sur une scène. Après avoir mangé, je me sentais moins critique vis-à-vis de moi-même. A partir de là, j'ai réussi à me concentrer et à dire mes répliques convenablement. Ma nervosité s'est un peu calmée et, petit à petit, j'ai pu offrir le meilleur de moi-même. »

Les séances de photos viennent d'ailleurs accroître la tension des répétitions. Le producteur s'adresse aux photographes Irving Penn et Richard Avedon pour réaliser les photos publicitaires du spectacle. Audrey collabore ainsi d'emblée avec deux futures stars de la photo. C'est pendant ces séances avec Avedon qu'elle apprend à masquer ce qu'elle considère comme ses défauts : la ligne de sa mâchoire paraît trop fixe, sa figure semble trop carrée vue de face. Avedon lui montre comment on corrige ces imperfections pour la lentille de la caméra. Ainsi, le profil de trois quarts, la tête très peu oblique de manière à ce que les pommettes saillantes affinent la partie inférieure de sa figure, vont caractériser les poses d'Audrey. La séance avec Avedon anticipe étrangement la scène qu'elle jouera cinq ans plus tard dans *Funny Face*, quand Fred Astaire (jouant un photographe de mode nommé Richard Avery et nettement inspiré par Avedon) rassure une Audrey dubitative devant sa figure « funny, funny ». Un autre grand photographe, pour qui Audrey pose plus tard, Philippe Halsman, a dit : « Sa figure a de telles facettes, de tels changements d'expression, qu'on a toujours peur d'être en retard. Elle ne cesse pas d'échapper à l'appareil. »

Dans ses mémoires, David Niven se souvient qu'à cette période « Audrey était seule quand James Hanson était absent, et je crois qu'elle en souffrait beaucoup... même si elle était probablement plus détendue que moi, sans doute parce qu'elle savait qu'elle allait vers le succès. De toute façon, nous étions tous les deux très nerveux et en proie à un trac fou. Elle était toujours divine à regarder, et elle donnait l'impression d'une grande vulnérabilité ».

A part le temps passé avec James, Audrey se concentre au maximum sur elle-même, continuant à suivre les leçons de Cathleen Nesbitt. Elle préserve son énergie pour le spectacle imminent. Elle adopte une ligne de conduite qu'elle va suivre pendant le reste de sa carrière en évitant systématiquement les salons mondains et en n'entretenant des rapports avec la presse que d'une manière générale, quand cela s'avère indispensable.

A un journaliste qui l'interviewe avant la représentation de rodage à Philadelphie, Audrey avoue : « En ce moment, je ne vis que pour la première de *Gigi*. C'est toute ma vie. » A un autre, avec une candeur touchante, elle confie : « J'ai peur. Je n'ai absolument aucune expérience de la scène. Alors que les autres y passent une vie avant de parvenir à quelque chose... Mais moi, il va me falloir agir par intuition en attendant d'avoir appris assez. »

En fait, Audrey est si tendue et si nerveuse que l'affiche du spectacle montre presque une jeune fille avec des poches sous les yeux. David Niven se rappelle la petite fille abandonnée, aux yeux de biche, dans la chambre contiguë de son hôtel : « Nous frémissions de terreur à mesure que nos débuts approchaient inexorablement. »

L'avant-première a lieu à Philadelphie et le producteur redoute les commentaires des critiques. Il est sûr qu'ils vont éreinter Audrey. Mais elle se sort de cette première avec brio, à son propre étonnement. Elle réussit même, dans la scène clef de la pièce, à repousser le séduisant Gaston avec autorité au lieu de la pétulance pleurnicharde qu'elle a montrée pendant toutes les répétitions. Le personnage de Gigi s'est enfin confondu avec Audrey.

Sans l'encenser, la critique de Philadelphie est globalement positive. La générale à Broadway a lieu le 24 novembre 1951. Mauvais présage : Audrey souffre d'un mauvais rhume. Au second acte, la jeune femme rate quelques répliques dans la dernière scène. Mais la soirée s'avère un triomphe public. Et la critique se montre au diapason. Walter Kerr, dans le *New York Times*, écrit : « Elle apporte une innocence candide et une intelligence de garçon manqué à un rôle qui aurait pu aller de travers. » Le gourou de Broadway, Brooks Atkinson, note dans ce même *New York Times* : « Elle développe un personnage entier, à partir des gaucheries ingénues du premier acte jusqu'à l'apogée émouvant de la dernière scène. C'est un superbe exemple de drame soutenu, qui est spontané, lucide et captivant. » *Esquire* va jusqu'à nous donner une image de son jeu sur scène : « Elle crie, elle claque les portes, elle court adroitement autour des meubles. Elle donne une représentation sportive qui couvrirait de honte une réunion d'athlètes. Audrey Hepburn a l'air d'un gamin qu'on a nourri de lait et de légumes et à qui on a défendu de traverser la rue seul. » Quant au *Herald Tribune*, il souligne que « Miss Hepburn a la fraîcheur, la pétulance et la vivacité d'un jeune chiot insoumis. Elle apporte une candeur délicieuse et une innocence impertinente à un rôle qui pouvait devenir embarrassant et équivoque. Sa prestation nous arrive comme une bouffée d'air frais en pleine canicule ». Du jour au lendemain, Audrey devient une célébrité et le spectacle se joue à guichets fermés. Quelques jours après la première, l'enseigne au néon qui annonçait :

GIGI
avec
Audrey Hepburn

se transforme en :

AUDREY HEPBURN
dans
Gigi

Même pendant sa semaine de triomphe, Audrey n'oublie pas les bonnes manières. Elle écrit ainsi à Richard Mealand, le représentant de la Paramount à

Londres : « Mes genoux tremblent, mais maintenant de bonheur au lieu de terreur ! » De même Sidney Cole, metteur en scène de *The Secret People*, qui lui a envoyé des fleurs le soir de la première (Cole, un homme dont il n'est pas dans la nature d'exprimer des sentiments poétiques sur les vedettes de cinéma, décrira toujours Audrey comme ayant « la sérénité d'une rose blanche »), reçoit une lettre de remerciements. Dans sa lettre touchante, elle ajoute entre parenthèses, après sa signature, le nom de « Nora », de peur qu'il ne l'ait oubliée parmi les membres plus distingués de la distribution de *The Secret People*.

Audrey garde le triomphe modeste. « Je croyais qu'il serait enivrant et sublime de voir mon nom illuminé en néon. Ce n'était pas la même chose qu'avoir du succès dans un chœur. Là, les autres membres de la production peuvent vous aider. Quand on joue le premier rôle, ce n'est plus pareil. On sent que tout dépend de soi. Etre une vedette, c'est ne plus avoir le droit de se sentir fatigué, jamais. Je croyais qu'être célébré à Broadway voudrait dire qu'on se mettait debout pour lever son verre de champagne en votre honneur. Mais personne n'a jamais fait ça. Pour moi, je croyais que cela voudrait dire entrer dans des restaurants complets et obtenir une table immédiatement, rien qu'en souriant au maître d'hôtel... » Et Audrey d'ajouter : « James, lui, ne prenait pas de risques. Il réservait toujours une table à l'avance... »

Ce qu'on ne doit jamais oublier à propos d'Audrey Hepburn, c'est qu'en dépit de son sens pratique, elle va rester une romantique incorrigible : parfois même presque « gamine ». Quand on l'interroge sur la lecture préférée de son enfance, elle mentionne toujours les contes de fées classiques – *Cendrillon*, *La Belle au Bois Dormant*, *Hansel et Gretel* – à cause de leurs fins heureuses. C'est l'un des éléments importants de sa séduction. Son éducation entre aussi pour une part dans cette philosophie :

la baronne a inspiré à sa fille la conviction que les déconvenues et les déceptions ne sont que des retards temporaires, et que tout finit bien. Happy End garanti !

Pour comprendre pourquoi son histoire d'amour avec James Hanson ne lui a laissé qu'un souvenir nostalgique, il suffit de penser au romantisme profond d'Audrey. Le millionnaire jeune et beau commence à se faner comme le Prince charmant quand la célébrité vient courtiser Audrey. Un homme comme Hanson, obligé de réserver à l'avance une table dans un restaurant chic, perd son éclat en comparaison d'un homme qui n'a qu'à sourire au maître d'hôtel pour être emmené à la meilleure table de la salle. Celui évidemment dont rêve Audrey. Après le début de *Gigi*, les journalistes s'aperçoivent que la photographie de James Hanson dans son cadre d'argent a disparu de la loge d'Audrey. Elle donne une explication peu convaincante : « Tant de personnes me demandent comment il s'appelle... Ma vie privée n'appartient qu'à moi. Comment puis-je tourner ces questions en plaisanteries sans paraître impolie ? »

Or, le 4 décembre 1951, le *Times* de Londres donne l'annonce si longtemps retardée des fiançailles entre « James, fils de Mr et Mrs Robert Hanson, de Norwood Grange, Huddersfield, Yorkshire, et Audrey Hepburn, fille de la baronne Ella van Heemstra, de 65 South Audley Street, London, W1 ». Qui est à l'origine de cette annonce officielle ? Les Hanson l'ont-ils faite avec l'assentiment de la mère d'Audrey ? Certains biographes supposent qu'Ella s'y serait opposée, hostile à ce mariage, car elle aurait été convaincue que Jimmy n'était pas près de s'assagir et voulait que sa fille évite la faute qu'elle avait commise elle-même deux fois. Ce point de vue n'est pas partagé par les proches d'Ella van Heemstra. Ils affirment que celle-ci avait donné son accord. Mais pour Audrey, l'affaire n'est pas conclue pour autant. Si elle est bien fiancée, le mariage n'est pas pour demain.

James Hanson sent qu'elle lui échappe et fait l'impossible pour la reconquérir. Mais la vie professionnelle d'Audrey finit par prendre le pas sur sa vie privée. Ses efforts sont sans effet. L'indécision semble être l'humeur d'Audrey à cette époque. « Je suis à mi-chemin de devenir danseuse et actrice, dit-elle dans une interview après le début de *Gigi.* Je dois encore apprendre. » Elle n'a d'ailleurs pas abandonné le ballet : elle suit des cours dans une académie de danse de Manhattan. Mais elle se trouve maintenant sous les ordres très stricts de Paramount Pictures, qui prépare *Vacances Romaines* pour l'écran et qui couve la jeune star comme une vraie princesse royale.

Audrey suit scrupuleusement les instructions du studio sur son régime alimentaire et veut se montrer digne des canons de la beauté hollywoodienne. Son profil est parfait : poitrine plate, taille extrêmement mince, hanches sveltes, longues jambes souples. Seule rébellion : d'épais sourcils qu'elle refuse de faire épiler en dépit des canons de beauté hollywoodiens de l'époque.

Pendant les représentations de *Gigi*, Audrey rencontre Edith Head, l'une des principales dessinatrices d'Hollywood, pour choisir le costume de la princesse Ann dans *Vacances Romaines*. Elles se mettent d'accord sur un ou deux ensembles : une robe de bal somptueuse pour la première scène où la princesse s'irrite des restrictions du protocole avant d'ouvrir le bal ; et une robe de journée « officielle » pour la conférence de presse quand les regards qui lient la princesse et le journaliste soulignent la déchirure romantique entre l'amour et le devoir, l'aristocrate et le roturier. Au cours des essayages, Audrey et Edith Head se découvrent rapidement des goûts similaires : lignes simples, sobriété des accessoires, tissus de qualité. Audrey expose honnêtement ce qui lui apparaît comme ses défauts physiques et la couturière note ainsi : « Bras rachitiques, pas de poitrine, un cou qui n'en finit pas. » « Elle savait exactement comment mettre en valeur ses meilleurs atouts, racontera Edith Head. Elle était au mieux dans les rôles d'orpheline sophistiquée. Mais ce qui me plaisait particulièrement chez elle, c'était qu'elle calculait chaque décision comme un homme d'affaires, en donnant cependant toujours l'impression de tout ignorer de ce domaine. »

Audrey a un instinct inné de ce que doit porter son personnage. Pour *Vacances Romaines*, elle veut un brocart lourd, une ceinture royale avec un soupçon d'insignes enrubannés, une tiare et des gants blancs – accessoires requis pour les personnes royales d'Europe à cette époque. Ils feront un vif contraste avec sa jeunesse et son innocence. Edith Head décide d'incorporer le propre style d'Audrey – tailleurs et petits cols ronds – à la garde-robe « ordinaire » de la princesse pendant son escapade. Pourtant, les vêtements quotidiens d'Audrey ne sont guère à la mode. L'actrice se sent surtout à l'aise dans une chemise d'homme, dont elle tire les pans de devant autour de la taille. « Ces chemises sont si merveilleuses, dit-elle même dans une de ses premières interviews à Hollywood. Tout ce qu'on doit faire, c'est les laver, les repasser. – Vous-même ? demande le journaliste. – Moi-même ! », assure candidement Audrey.

Pour l'escapade de la princesse dans Rome, Edith Head adapte cette apparence insouciante en y ajoutant une jupe évasée très campus américain et des socquettes blanches, uniforme de la jeunesse américaine, porté avec des chaussures plates. Ce costume « civil » est un mélange inspiré. Il définit le style d'Audrey ainsi que celui de son personnage ; et il crée une mode facile à imiter pour toute jeune fille ayant un peu d'argent de poche. Audrey elle-même a proposé la large ceinture en cuir qui enserre sa taille déjà mince encore plus étroitement. C'est sur ce genre d'éléments précis et insaisissables que la célébrité se construit. Edith Head fixe ainsi le style de la princesse Ann du film, et l'instinct d'Audrey le transfigure.

Gigi termine ses 217 représentations le 31 mai 1952. Audrey n'a pas le temps de se reposer avant le début du tournage de *Vacances Romaines*, si ce n'est quelques heures dans son hôtel new-yorkais. Elle s'envole dans un TWA Constellation pour Rome. Elle en descend dans la fournaise de l'été italien et on la conduit illico à une conférence de presse à l'aéroport. C'est sa première expérience avec les médias italiens (les journalistes de Broadway semblent des gentilshommes en comparaison des prédateurs de Rome) :

– Vous avez vingt-trois ans, n'est-ce pas ?

– Oui !

– Alors, pourquoi n'êtes-vous pas mariée ?

– Je vais me marier !

– Est-ce que Signor Hanson et vous vous marierez avant le film ou après ?

– Après !

– Pourquoi attendez-vous ?

Aucune réponse.

– Est-ce que votre amour n'est pas assez fort ?

Aucune réponse.

Effectivement, Audrey a proposé à son fiancé de remettre leur mariage à la fin du tournage, juste avant la tournée américaine de *Gigi*. Cette décision pèse maintenant sur sa conscience. Car chaque pas qu'elle fait dans le monde de la célébrité semble l'éloigner de l'autel. Elle voudrait concilier deux éléments incompatibles : la renommée et le bonheur personnel.

Puis Audrey, escortée par l'équipe de la Paramount, quitte l'aéroport, poursuivie par une meute de paparazzi. Ils empruntent l'autoroute pour Rome, traversent les faubourgs de Magliana et de Portuense, longent le Tibre, passent devant le Colisée et rejoignent enfin le centre de la capitale et l'hôtel Excelsior. Audrey est d'emblée émerveillée par la ville. De la terrasse de l'hôtel, tandis qu'elle s'apprête dans la soirée à rencontrer pour la première fois Gregory Peck, la ville étincelle. En contrebas, la place d'Espagne et ses marches, noires de monde : un grouillement de gens qui vont et viennent, tandis que de petits groupes de policiers en uniforme veillent discrètement. Plus bas, de vieilles rues étroites convergent vers la place du Peuple, dominée par les tuiles orangées des palais abritant logements, boutiques, et petits hôtels, jusqu'à la bande noire du Tibre. On voit plus loin encore à droite le dôme illuminé de Saint-Pierre. Un lieu rêvé de villégiature pour un premier tournage en tant que vedette.

Le soir même, Audrey rencontre Gregory Peck. Il a alors trente-six ans. Vedette depuis 1945, son physique et son allure franche lui donnent une rayonnante force morale et physique. Il traite tout de suite Audrey avec tact et gentillesse. Il saisit sa petite main dans la sienne, sent une sorte de timidité dans son étreinte modeste, et dit comme s'il répétait leurs rôles en badinant : « Votre Altesse Royale. » Elle réplique : « J'espère que je ne vais pas vous décevoir. » Elle a la grâce d'un jeune faon.

Dans ses souvenirs, William Wyler idéalise le tournage de *Vacances Romaines*, en évoquant une troupe et une distribution unies comme une grande famille. En repérage, il passe des journées merveilleuses à découvrir les trésors de la Ville éternelle. En effet, il décide d'y tourner entièrement le film. Filmer en extérieurs n'est guère dans les usages de Hollywood, et personne, même William Wyler, ne soupçonne l'enfer que devient Rome pendant l'été. Or, l'été 1952 va rester dans les annales de la cité comme l'un des plus chauds du siècle. L'humidité transforme la ville en un bain de vapeur.

Chaque fois que l'équipe technique se déplace sur un lieu, elle doit faire des prodiges pour supprimer le bruit, les problèmes de circulation, les paparazzi et éloigner les admiratrices de Gregory Peck. Rome semble avoir été conçue pour pousser à bout la patience d'un réalisateur. William Wyler doit faire fermer des rues, dévier la circulation, clôturer par des cordes certains monuments publics malgré les protestations des touristes, donner des pots-de-vin à beaucoup de gens en position de soi-disant autorités. Les contraintes sont si nombreuses que le réalisateur doit se limiter à un petit nombre de prises. Pour Audrey, c'est une aubaine. Sur chaque tournage en studio, Wyler est si exigeant qu'il insiste pour que les acteurs répètent leurs scènes maintes et maintes fois. Si on avait tourné *Vacances Romaines* en studio, ses exigences auraient pu être calamiteuses pour Audrey, qui donne le meilleur dans les premières prises.

De plus, on tourne le film en noir et blanc. La couleur aurait été trop chère à cette époque-là. Cela lui évite un côté documentaire. Pour la grande majorité des spectateurs américains, les lieux touristiques que visitent Audrey Hepburn et Gregory Peck sont encore peu connus dans les années 1950. Seul *Le Voleur de Bicyclette*, tourné en extérieurs, a été montré aux Etats-Unis avant la sortie de *Vacances Romaines*.

Mais plus que les monuments de la Ville éternelle, Audrey Hepburn constitue l'attrait principal du film. Se souvenant des leçons du tournage de *Secret People*, elle parvient à conserver son énergie sur le plateau, ne parle à presque personne, boit seulement un verre de champagne au déjeuner, et se concentre avant de paraître devant la caméra, afin de dégager une véritable émotion et d'oublier le théâtre. Elle s'accroche à l'idée que la caméra doit capturer « la vérité ». Il faut six jours pour tourner la célèbre promenade en scooter avec Gregory Peck, qui ne dure que quelques minutes, mais nulle trace des interruptions interminables ne paraît à l'écran. Tout semble facile, naturel, joyeux et touchant.

Quand Audrey erre dans les rues comme la princesse inconnue, goûtant les plaisirs simples des gens ordinaires, on se rend bien compte que c'est une vedette qui fait elle aussi sa première excursion. Ni elle ni la princesse Ann ne serait heureuse avec plus d'innocence. Il y a une identité complète entre le rôle et l'actrice. Ce qu'Ann fait est très simple, mais parce que le spectateur connaît sa véritable identité, sa plus petite action, son plus petit réflexe sont chargés de signaux. Et le fait que le photographe de Gregory Peck (joué par Eddie Albert) prenne des vues furtives de « Son Altesse Royale », communique du suspens aux événements les plus banals.

Il n'y a qu'un seul moment curieux mais puissant qui rompt le charme engendré par l'innocence de la princesse – et par celle d'Audrey. Il se place juste avant que l'héroïne ne quitte le journaliste dans un taxi, la nuit, devant la barrière de l'ambassade, où elle va disparaître à jamais. Juste avant qu'elle ne le quitte, Audrey dépose un baiser très sensuel sur les lèvres de Gregory Peck. La façon dont cette scène est prise, en demi-silhouette et avec le désir peint sur les deux visages, ajoute soudain des années à la vie d'Audrey et suggère la gamme de rôles que pourra bientôt tenir cette vedette débutante.

De ce tournage, Audrey Hepburn se souviendra toujours comme d'un moment privilégié : « J'ai gardé de ce film tourné à Rome un souvenir émerveillé. On parlait français avec William Wyler, qui est né à Mulhouse, et à qui sa femme a donné un fils durant les prises de vues. » Une seule scène lui laissera un mauvais souvenir : celle de la fin, où la princesse dit au revoir au journaliste. « Je ne sais pas dire au revoir, dit-elle. Il ne me vient aucun mot. – N'essaie pas », lui répond le personnage de Gregory Peck, et la musique monte. Cela ne paraissait pas sorcier, mais, dira Audrey : « Je n'avais aucune idée de la manière de faire jaillir ces larmes. Il commençait à se faire vraiment tard et Willy attendait. Tout à coup, sans prévenir, il m'est tombé dessus et s'est mis à m'engueuler : "On ne va pas rester là toute la nuit. Tu ne peux pas pleurer, bon Dieu ?" Pendant tout le film, jamais il ne m'avait parlé comme ça, jamais. Il avait été si doux et gentil. J'ai fondu en larmes, il a filmé la scène, et voilà. Après il m'a dit : "Je suis désolé, mais il fallait bien que je trouve un moyen de te le faire faire." »

Lorsque le film sort sur les écrans, en 1953, le grand public découvre enfin Audrey Hepburn. Assise en amazone sur une Vespa, jupe large et ballerines plates, foulard autour du cou, entourant de ses bras son chauffeur, Gregory Peck, elle se grave dans les mémoires comme l'image emblématique des années cinquante. L'actualité princière d'alors n'est pas étrangère au succès du film. Le scénario, qui conte l'histoire d'une princesse en visite officielle à Rome, faisant une escapade de vingt-quatre heures incognito avec un journaliste américain, ressemble fort aux démêlés sentimentaux de la princesse Margaret, amoureuse de Peter Townsend. Oui, juchée sur le scooter de Gregory Peck, la gracile Audrey entre dans la légende du 7e Art, et pendant plus d'une décennie, elle sera l'alternative la plus imitée, la plus charmante, la plus pétillante aux pin-up en tout genre.

Le public est saisi par la grâce d'Audrey, son élégance et surtout son visage, totalement nouveau pour l'époque. Un visage dévoré par d'immenses yeux bruns, souligné par d'épais sourcils. Associés à une frange de collégienne, ceux-ci vont créer une nouvelle mode, un nouveau look. Avec cette princesse made in Rome, nimbée de mystère et de mélancolie, Audrey Hepburn crée l'immense succès de *Vacances Romaines*. Le monde entier a le coup de foudre pour elle.

V

SABRINA...
UNE LOVE-STORY ET UN PRINCE CHARMANT

ALORS que se termine le tournage de *Vacances Romaines*, la rumeur d'une liaison entre Gregory Peck et Audrey Hepburn se répand bientôt chez tous les correspondants de la presse étrangère à Rome. Une once de vérité sert à propager l'histoire : Gregory Peck traverse bien une crise matrimoniale et il est sur le point de quitter son épouse Greta, non pas pour Audrey, mais pour une journaliste française, Véronique Passani (aujourd'hui encore son épouse).

La presse attribue toutefois le divorce imminent de Gregory Peck à Audrey. Peut-être se montre-t-elle trop enthousiaste pour son partenaire dans ses interviews : « Il est si parfait, plein d'une vraie simplicité, tout à fait gentil pour tout le monde. » De telles louanges ne sont pas interprétées comme la marque d'une bonne entente professionnelle ; on y voit quelque chose de plus chaleureux, de plus intime.

On retrouve cette sorte d'intimité à propos de Gregory Peck dans l'interview qu'elle accorde à *Elle* en 1988. Interrogée sur le séducteur qui l'a le plus impressionnée, Audrey avoue : « Gregory Peck, mon partenaire de *Vacances Romaines*, a, dans mon cœur, une place à part. Peut-être parce que c'était la première star que j'ai connue ? Et c'est, aussi, un homme extraordinairement gentil. »

Mais ces rumeurs infondées de liaison avec Gregory Peck créent une tension dans ses relations avec son fiancé James Hanson. Celui-ci, sans doute averti des commérages sur Audrey et Gregory, tente une ultime pression en annonçant leur mariage pour le 30 septembre 1952. Il invite 200 personnes à la cérémonie dans une église paroissiale de Huddersfield. Sharon Douglas, fille de l'ambassadeur Lewis Douglas, doit même jouer le rôle de demoiselle d'honneur. Les cadeaux arrivent déjà quand on annule brusquement la cérémonie : le tournage de *Vacances Romaines* dépasse le planning initial !

En dépit des coups de fil désespérés de James Hanson, Audrey met de côté la robe de mariée qui trône dans sa garde-robe et l'assure que leur mariage ne peut avoir lieu, au grand soulagement (mal dissimulé) de la baronne. Le 15 décembre, on annonce officiellement que « les fiançailles entre monsieur James Hanson et mademoiselle Audrey Hepburn sont rompues ». Audrey fait ensuite une déclaration où elle précise : « Quand je déciderai de me marier, ce sera pour être réellement mariée. » Une manière de signifier que, le moment venu, elle entend être en mesure de se consacrer entièrement et à plein temps à sa vie conjugale.

Audrey vient d'achever son tournage romain et entame dans la foulée la tournée américaine de *Gigi*. « J'ai finalement renoncé à ce mariage, dira-t-elle plus tard. Je n'étais pas le genre d'épouse que James désirait, au moins à ce stade grisant de ma carrière où tout arrivait tellement vite. Je me suis laissée prendre par l'exaltation ambiante. Le film commençait à avoir pour moi plus d'importance que mon futur mariage. Je savais donc que quelque chose n'allait plus. Et puis le studio m'a fait part de mes obligations quant à la promotion du film. C'était aussi important que le tournage lui-même, me disait-on. J'ai pensé que je ne pouvais pas les laisser tomber et je ne savais pas combien de temps prendrait ce "service après-vente". »

La suite était logique. « Puisque nous n'allions pas nous marier, il semblait raisonnable de ne pas rester fiancés... Si nous avions été mariés, nous ne nous serions pas vus davantage et j'ai décidé que ce n'était pas l'idéal pour une vie de couple normale. » Exit donc James Hanson. Mais ces fiançailles brisées (qui évoquent tellement la solitude de la princesse royale qu'elle vient d'interpréter dans *Vacances Romaines* ou la *Gigi* en attente de mariage qu'elle joue au théâtre) attirent l'attention des médias.

Audrey se trouve déjà prise dans le tourbillon hollywoodien. Avant même la sortie de *Vacances Romaines*, Paramount lui propose un nouveau film. C'est *Sabrina*, une adaptation de la pièce de Samuel Taylor, *Sabrina Fair*. Audrey a lu le texte avant d'entreprendre la tournée de *Gigi* et a suggéré à Paramount d'acheter les droits cinématographiques.

C'est le conte de fées moderne qui séduit particulièrement Audrey dans l'histoire. Sabrina est la fille d'un chauffeur au service d'une riche famille de Long Island. Son père dépense tout son salaire pour l'envoyer dans une école à Paris, où elle est changée en « princesse ». A son tour, elle va transformer le fils revêche de la maison, qui doit être joué par Humphrey Bogart.

Le choix de Billy Wilder comme metteur en scène est perspicace. Celui-ci voit tout de suite dans la pièce des réminiscences des comédies d'Ernst Lubitsch, où l'on traite l'amour comme le passe-temps des frivoles et des riches. *Sabrina* est l'une des dernières satires de la *high society* parmi les films américains d'après-guerre. Si le film peut sembler un peu naïf à cet égard, cela tient sans doute au choix d'un personnage féminin tellement charmant qu'on ne peut que lui souhaiter de vivre à tout jamais un conte de fées.

Edith Head dessine encore une fois les costumes d'Audrey – à une exception près : toute la garde-robe portée par Sabrina après son séjour à Paris est confiée à un couturier parisien. La couturière paranoïaque qui ne parvient jamais à calmer Audrey, qui éclate de rire à tout propos et s'assied par terre pour écouter ses directives, le prend comme une rebuffade personnelle.

En effet, pour les séquences de *Sabrina* à Paris, et pour son retour à la propriété de Long Island, Audrey va être habillée par le couturier français Hubert de Givenchy. Elle est tombée amoureuse de son style quand elle est allée en France tourner *Monte-Carlo Baby.* Givenchy s'apprête alors à quitter Schiaparelli pour ouvrir sa propre maison.

Audrey propose qu'il dessine ses costumes pour *Sabrina.* Premières manifestations de son goût et de sa détermination croissante à contrôler la manière dont on la présente au public. Gladys de Segonzac, femme du chef de la Paramount à Paris, préférait Balenciaga. Mais l'Espagnol est en pleine période de pré-collection, et personne n'ose le déranger. Audrey insiste donc sur le nouveau venu : Hubert de Givenchy.

Ils vont se rencontrer pour la première fois en 1952, dans le salon du couturier, au 8 rue Alfred-de-Vigny. Une collaboration et une complicité légendaires vont naître. Le couturier se souvient : « C'est elle qui est venue me trouver. C'était en 1952, à Paris. J'avais vingt-six ans et j'étais alors jeune couturier à la veille de faire un défilé. On m'avait annoncé la venue d'une actrice hollywodienne et j'ai pensé qu'il s'agissait de Katharine Hepburn. En voyant arriver cette petite jeune fille très mince aux yeux immenses, j'ai d'abord été surpris... presque déçu ! A l'époque, Audrey n'était pas encore très connue à Paris. Elle voulait absolument essayer mes robes. J'étais réticent. Mais elle savait être très persuasive. “Laissez-moi en essayer une”, me dit-elle. C'était exactement sa taille, comme la pantoufle de vair dans *Cendrillon* ! Ensuite, tout s'est enchaîné très vite. *Sabrina* raconte d'ailleurs l'histoire d'une Cendrillon moderne. Pour l'occasion, j'étais allé à Hollywood rencontrer les producteurs et le réalisateur. Comme elle était assez maigre, je devais faire très attention à ne pas dessiner de robes trop échancrées. “Surtout, cachez son décolleté !”, m'avait dit Wilder. Audrey, elle, s'en fichait complètement. Je faisais donc des croquis qui étaient soumis ensuite à la production. Mais Audrey aussi avait son mot à dire. »

Entre la toute jeune fille en pantalon de vichy, avec un simple T-shirt et un chapeau de gondolier à ruban rouge, et le grand couturier, c'est le coup de foudre ! Entre la fille de la baronne van Heemstra et le comte de Givenchy, tous deux protestants, c'est la rencontre de deux personnages complémentaires qui ne se sépareront plus et associeront leurs mutuels triomphes.

Et le couturier de se souvenir : « Ma magie était la sienne. Elle apportait aux vêtements la grâce qu'elle avait en elle. A l'époque, j'habillais également Elizabeth Taylor et quelques autres stars d'Hollywood. Mais rien de durable comme Audrey. C'était une femme extrêmement loyale. Avec elle, le travail devenait une joie. On s'amusait, on dansait ! Il y avait quelque chose d'extraordinaire entre nous, une complicité permanente. On se téléphonait trois ou quatre fois par semaine. En un sens, oui, elle fut ma muse. Audrey n'était pas une enfant gâtée. Elle savait qu'elle avait du talent, mais elle n'était pas grisée par sa réussite. Pour moi, c'était un ange aux yeux de biche. »

Entre eux, c'est donc une grande histoire d'amour platonique. De sa première rencontre, Givenchy écrit : « La douceur de son regard, ses manières exquises m'ont séduit sur-le-champ. » Et quarante ans plus tard, dans une poésie en prose qu'elle a écrite pour célébrer la contribution de Givenchy à la mode française, Audrey parle ainsi de lui :

« Les racines de son amitié
toujours profondes et puissantes.
Les branches solides de son affection
abritent ceux qu'il aime. »

Elle évoque elle-même les robes que Givenchy lui dessina pour *Sabrina* : « L'une était une robe du soir très classique, presque sévère, avec un petit papillon effronté placé en haut sur l'épaule, ce qui lui donnait la légèreté et l'humour que j'aime. Il a dessiné aussi une robe superbe d'organdi blanc avec une broderie noire, que Sabrina porte dans la scène du jardin d'hiver où William Holden, le frère play-boy de Bogart dans le film, m'accompagne dans une danse lente et sensuelle. »

Givenchy a même baptisé un tissu spécial « Sabrina », en l'honneur d'Audrey. Six ans plus tard, il sortira un parfum, *L'Interdit* *, qu'il lui dédiera. Il ira jusqu'à engager un mannequin parce qu'elle ressemble à Audrey. Audrey a réellement été la muse inspiratrice de Givenchy. En retour, il fera d'elle le symbole de la jeunesse et de l'élégance.

Dans le Hollywood des années 50, éclatante de fraîcheur, d'espièglerie, de peps, la drôle de frimousse d'Audrey Hepburn apparaît en Cinémascope, à une

* Il lui dédia ce parfum au nom révélateur de *L'Interdit* car, apprenant que « son » parfum allait être commercialisé, Audrey se serait écriée : « Mais c'est mon parfum, je vous l'interdis ! » *L'Interdit* est une très belle harmonie de violette, rose et jasmin, de poivre et de girofle sur un fond d'encens.

époque où le balconnet pigeonnant de Martine Carol, le buste de Jayne Mansfield, les avantages de Sylvana Pampanini occupent une place considérable dans les fantasmes des producteurs. Comme le remarque *Elle*, « avec sa silhouette androgyne, la toute jeune actrice démode les formes pleines qui, sur les écrans d'après-guerre, symbolisent un retour à l'abondance. Mince à se briser, de frêles épaules, un *cou* de cygne, mais les hanches rondes et de longues jambes musclées de danseuse, Audrey préfigure en fait, avec une génération d'avance, les grands top models que populariseront les magazines de mode ». Sur le tournage de *Sabrina*, Billy Wilder tient ce propos prémonitoire : « Cette fille va peut-être réussir à elle seule à rendre les seins démodés. »

Selon l'écrivain français, Roland Barthes, l'engouement que suscite Audrey, contrairement à Rita Hayworth ou à d'autres stars de l'époque, vient de la particularité de son physique et de son style très personnel, qui ne doit rien aux studios hollywoodiens. Héritière d'un certain raffinement aristocratique, Audrey Hepburn ne se fait remarquer que par son talent, sa générosité et sa détermination. Aux antipodes des frasques des Jane Mansfield et autres Marilyn qui entament parfois leur crédit de sympathie par des attitudes provocantes et dépourvues de grâce. Dans la légende d'Audrey, il y a aussi les ballerines signées Salvatore Ferragamo qu'Audrey choisit de porter autant pour leur beauté que parce que sa taille (1,76 m) lui fait préférer les talons plats. Son port de tête, la manière dont elle bouge, l'élégance de ses mouvements achèvent d'idéaliser un personnage qui, en toute occasion, trouve la tenue qui le montrera le plus à son avantage.

En fait, grâce à Givenchy, la silhouette qu'Audrey va désormais se composer, à la ville comme à l'écran, exprime sa manière d'être et constitue le prolongement immédiat d'un jeu, d'une attitude, d'un goût cohérent, authentique et droit, au diapason des personnages qu'elle incarne dans ses premiers films hollywoodiens. Car le délicieux mélange de dignité royale et d'exubérance inauguré dans *Vacances Romaines* se retrouve intégralement dans *Sabrina* et conforte l'image d'Audrey auprès du grand public. Surtout qu'après Gregory Peck, l'actrice tourne avec deux stars du box-office : Humphrey Bogart et William Holden.

Pourtant, Audrey détonne dans cet Hollywood des années 50. Son naturel, son expérience, sa vitalité jurent dans la Mecque du cinéma. A Hollywood, il n'existe pas de vie populaire, aucune animation pittoresque. Seules défilent d'opulentes automobiles transportant des gens dignes, pressés, aseptisés. On a parfois comparé la ville à un asile de grand luxe pour retraités fortunés, à un immense sanatorium distribué en de somptueux pavillons. Vitesse, rendement, correction, précision, obéissance et conformisme y sont les caractéristiques essentielles de l'existence. Tout comme la peur. (« Elle imprègne le moindre rapport, ici. Quand je dis à un maquilleur de la Paramount : "Pas trop de rouge, s'il vous plaît, il tremble. – Le directeur peut voir les scènes, il peut se demander ce qui s'est passé avec le rouge ; il faut que vous en parliez au metteur en scène." »)

Les habitants de la ruche hollywoodienne ne se rencontrent guère que dans des réunions quasi officielles dont tout le monde est informé. Un filtrage minutieux préside au choix des invités et ces réceptions déterminent, mieux que tout, le rang social et la notoriété de ceux qui y participent. Quelle consécration pour l'heureux élu de passer d'une soirée à une autre, telle l'ascension des degrés d'un temple, la laborieuse approche des étoiles au firmament.

Mais il y a l'envers du décor : les fourmis. Celles-ci, écrasées par le travail, la course à l'argent, la jalousie et l'avidité, emploient le peu de temps qui leur reste à des intrigues de palais, au jeu des préséances, où clans, coteries et hiérarchies ne cessent de rivaliser. Les artisans du cinéma sont les véritables esclaves d'une *étiquette* rigide et d'un implacable snobisme. Audrey y fait l'apprentissage du protocole : « Lorsque j'y travaillais, il y avait au studio de la Paramount une salle à manger pour les directeurs, une pour les acteurs, une autre pour les techniciens, etc. Nous n'aurions jamais eu l'idée d'aller déjeuner les uns chez les autres, de nous mélanger comme cela arrive dans les studios français. Sur le plateau, seules les stars avaient droit à un fauteuil à leur nom. Les autres restaient debout. Même la question d'argent prenait une importance protocolaire. Les gens qui gagnaient de gros salaires ne se mêlaient jamais, même dans leur vie privée, à ceux qui n'avaient que de modestes émoluments. Même chez les machinistes, les habilleuses et les accessoiristes, le protocole était très strict... » Comme à la Cour de Louis XIV, à Versailles, où les duchesses se disputaient les tabourets.

Mais la machinerie d'Hollywood n'a qu'une seule loi : le *box-office.* A sa manière, il détermine le talent , la recette est proportionnée à la puissance d'attraction d'un nom, d'un visage, et peu importent les procédés...

Le Hollywood des années 50 se caractérise également par l'incroyable influence qu'exercent les *columnistes* (les « commères ») : la redoutable Louella Parsons et sa consœur encore plus perfide, Hedda Hopper. Ces femmes font la pluie et le beau temps dans la vie hollywoodienne et terrorisent producteurs, metteurs en scène et acteurs. Deux vieilles sorcières aigries, jalouses et injustes, se fichant comme d'une guigne du mal qu'elles peuvent faire avec leurs potins. Mais Hedda Hopper est un peu désarmée face à Audrey Hepburn.

Pourtant, son histoire familiale pourrait lui causer du tort. Aucun chroniqueur ou intervieweur hollywoodien ne mentionne, au moment de la sortie de *Vacances Romaines*, les liens du père d'Audrey avec le fascisme. L'absence de Hepburn-Ruston dans l'histoire familiale, comme l'a dit Audrey, est due simplement à sa disparition après son divorce. Dans une interview, elle déclare même qu'il a été « fusillé par les Allemands » (une inversion de ce qui aurait pu se passer s'il était resté aux Pays-Bas et avait collaboré avec les nazis hollandais : dans un tel cas, il aurait pu être fusillé par la Résistance). Dans un article publié en septembre 1954, Anita Loos, écrivain imaginatif et source de beaucoup de mythes sur Audrey, révèle que Hepburn-Ruston a « disparu dans les lointaines colonies anglaises. Personne ne sait où il se trouve actuellement et même s'il a jamais su ce qu'était devenu son enfant magique ». C'était exact – il se trouve alors en Irlande – mais vague. Phyllis Battelle, journaliste pour l'*International News Service*, reste la seule à remettre les choses au point. Dans une série publiée simultanément dans plusieurs journaux en 1954, elle fait allusion à l'adhésion de Hepburn-Ruston aux « chemises noires ». On peut imaginer la stupeur que cette révélation a dû causer parmi les directeurs de la Paramount pour qui Audrey représentait un investissement important. Car si Audrey porte les stigmates du fascisme avec ses connotations antisémites à cette époque marquée par les atrocités des camps de concentration, sa carrière peut se briser, même si la jeune star n'est pour rien dans les agissements de son père.

Heureusement, l'allusion de Battelle, faite en passant, ne provoque aucune réaction. D'autres écrivains, qui auraient pu comprendre l'allusion, se taisent prudemment. A cette époque, les studios hollywoodiens possèdent le pouvoir d'interdire aux écrivains qui se sont attirés leur mécontentement de rencontrer les vedettes.

Aucun d'eux ne semble donc intéressé au fait que le père d'Audrey a été emprisonné par les Anglais pendant toute la guerre.

Tout cela ne ternit pas la sortie de *Vacances Romaines.* Le 7 septembre 1953, Audrey fait la couverture du très convoité *Time Magazine.* C'est bien la première fois que ce magazine accorde sa consécration suprême à une vedette juste après la sortie de son premier grand film aux Etats-Unis. Le texte est même plus exubérant que d'habitude. « Derrière l'étincellement des strass, le feu d'un diamant », précise la légende. L'illustration faite par Boris Chaliapin montre Audrey dans son costume royal, avec sa tiare, tandis que son envie de fréquenter le monde des roturiers est suggérée par l'envoi d'un énorme cornet de glace à la fraise contre le fond de l'architecture baroque de Rome. Le commentaire est dithyrambique : « Une actrice aussi mince qu'un fil, aux yeux immenses et limpides et au visage en forme de cœur... mêlant délicieusement une espièglerie bouillonnante et la dignité d'une reine. » Pour justifier la légende lapidaire de la couverture, le texte continue : « Dans l'étincellement des strass, la nouvelle vedette de la Paramount brille de tous les feux d'un diamant finement taillé. Impertinence, hauteur, regret, rébellion et fatigue se succèdent rapidement sur son visage changeant d'adolescente. » (Elle a maintenant vingt-quatre ans – « pas si jeune », dira Audrey elle-même.)

On annonce déjà son prochain film, *Sabrina,* dont le metteur en scène, Billy Wilder, est cité : « Depuis Garbo et Ingrid Bergman, y a-t-il quelque de chose de semblable ? » Ni l'une ni l'autre de ces actrices d'ailleurs ne constitue une menace pour Audrey, car Garbo vit désormais en recluse et Bergman s'est couverte de honte aux yeux de l'Amérique par son adultère avec Rossellini ; on prépare le chemin de celle qui va leur succéder. Sur un ton plus léger, Wilder louera Audrey pour son intelligence ainsi que pour sa beauté : « Elle a l'air de savoir écrire "schizophrénie". »

Vacances Romaines ne récolte que des compliments. Les critiques américains félicitent Audrey pour « son adresse et son charme ». Les mêmes substantifs se retrouvent dans tous les journaux et continueront « ad vitam aeternam » : charme magique, beauté éthérée, grâce féline, style malicieux, classe et verve, port de tête et chic parfait : le lexique Audrey Hepburn tout au long de sa carrière... Les revues dans la presse européenne rivalisent avec l'enthousiasme des foules devant les cinémas. Ingrid Bergman voit le film à Rome et en sort en larmes :

– Pourquoi pleures-tu ? demande Rossellini à sa compagne. C'est une tragédie ?

– Non, répond Ingrid Bergman, je pleure pour Audrey Hepburn, elle m'a bouleversée !

Les critiques britanniques, moins facilement émus, saluent Audrey, mais trouvent le film « un peu trop long ». Ce qui n'empêche pas le public de se précipiter en foule voir *Vacances Romaines.* En 1953, la Grande-Bretagne est la proie de la vague italienne : motocyclettes Vespa et Lambretta, chaussures pointues, pantalon sans revers pour les hommes, et les nouveaux bars expresso pour les teenagers. Désormais Audrey lance les modes.

L'actrice, elle, très modestement, s'installe dans un petit appartement sur le boulevard Wilshire, près de Westwood Village à Los Angeles. Le magazine *Life* fait six pages de photos dans son numéro du 7 décembre 1953, qui montrent bien qu'on est toujours en train de fabriquer son image. « Qu'est-ce qui fait le charme d'Audrey ? », demandent les gros titres. La réponse de *Life* suggère une nature complexe : « Elle échappe à toute définition. Elle est en même temps une enfant abandonnée et une femme du monde. Elle est sympathique d'une manière désarmante, mais étrangement hautaine. » Les illustrations attirent l'attention sur sa solitude. Elle est montrée comme une gamine endormie qui attend le chauffeur du studio devant la porte de bois de sa petite demeure à 6 h 30 du matin, étudiant son dialogue au cours du trajet telle une enfant sur le point de passer un examen ; mangeant rapidement son petit déjeuner avec les techniciens, une jambe repliée comme une petite fille, l'autre étendue avec la grâce d'une ballerine ; se faisant maquiller les yeux avant les prises et se rendant à bicyclette sur le plateau... Seule concession : dans la première et la dernière photo « pin-up » de sa carrière, on montre Audrey vêtue d'une chemise de nuit courte, où l'on aperçoit, détail émoustillant, le bord de son slip.

L'article n'évoque pas sa vie sentimentale. La qualité principale que *Life* choisit chez Audrey, c'est l'indépendance : « Je serai très contente de passer du temps dans mon appartement entre le samedi soir et le lundi matin. C'est ce que je pense », dit-elle. Il est difficile d'imaginer une autre vedette américaine de cette époque parler ainsi. Et *Life* d'ajouter : « Hollywood parie que le public aimera Audrey pour ces mêmes qualités qui l'élèvent au-dessus des vedettes populaires. »

Question finances, la cote d'Audrey se trouve bien en dessous de celle des vedettes les plus célèbres. Pour *Sabrina,* elle ne reçoit que 15 000 dollars, un peu plus que son salaire pour *Vacances Romaines.* « Vous auriez reçu plus d'argent si vous aviez attendu la fin de *Vacances Romaines* pour signer votre contrat », dit Hedda Hopper, parfaite dans son rôle de conseillère financière. Audrey répond : « Ce qui est important, ce n'est pas l'argent, c'est d'être une bonne actrice. »

Dans ces années 1953-1954, la concurrence est rude à Hollywood ! La Metro Goldwyn Mayer possède un bataillon de monstres sacrés, avec Elizabeth Taylor, Ava

Gardner, Lana Turner, Gene Kelly, Fred Astaire et Clark Gable ; Twentieth Century Fox a sous contrat Marilyn Monroe, Susan Hayward, James Mason et Robert Mitchum ; United Artists couve Gary Cooper, Burt Lancaster, Lauren Bacall et Humphrey Bogart ; Warner contrôle John Wayne, Dean Martin et Montgomery Cliff, tandis que Paramount s'est assuré l'exclusivité de James Stewart et James Cagney... Pourtant, nombre de studios ont des difficultés : certains disparaissent ou sont amenés à se restructurer, parfois sous le contrôle de chaînes de télévision. Les baisses régulières de fréquentation des salles ne vont pas empêcher l'année 1954 d'être excellente pour le cinéma. Robert Aldrich réalise un fabuleux western avec *Vera Cruz* ; George Cukor offre à Judy Garland un émouvant retour à l'écran dans *Une Etoile est née* ; Edward Dmytryk tourne pour la première fois avec Humphrey Bogart dans *Ouragan sur le Caine* ; Elia Kazan immortalise James Dean dans *A l'est d'Eden* ; Joseph L. Mankiewicz offre un rôle sublime à Ava Gardner dans *La Comtesse aux Pieds nus* ; Vincente Minnelli imagine une Ecosse féerique pour *Brigadoon* avec le couple Gene Kelly-Cyd Charisse ; Marilyn Monroe fredonne à ravir *La Rivière sans Retour* pour Otto Preminger et Raoul Walsh réalise sa *Brigade héroïque*.

Mais, sur le plateau de *Sabrina*, Audrey va découvrir ce que signifie l'expression « Vendetta de Hollywood », quand elle devient la cible innocente de l'animosité et des injures d'Humphrey Bogart. La vedette qu'elle a tant admirée dans *Casablanca*, un de ses films favoris, se montre en réalité sous les traits d'un tyran. Bogart a une nature destructrice, qui se retourne non seulement contre lui-même mais aussi contre tous ceux qu'il n'aime pas, avec qui il se sent inférieur ou qui, dans son imagination, reçoivent un traitement privilégié. Et l'innocente Audrey constitue sa première cible.

Le problème est simple : Bogart ne veut pas du tout jouer son rôle dans le film, celui du frère aîné vieux jeu, tandis que William Holden interprète un rôle plus romantique. Le tournage de *Sabrina* se déroule dans une atmosphère de tension. Le responsable en est Humphrey Bogart. Son caractère difficile est notoire ; il s'adonne à la boisson et semble doté d'une inquiétante personnalité à la « Docteur Jekyll et Mister Hyde ». Biographes et chroniqueurs ont avancé un certain nombre d'hypothèses pour expliquer la farouche aversion qu'il manifeste d'emblée pour le scénario, le réalisateur et les interprètes de *Sabrina* : son ressentiment d'avoir été engagé pour remplacer Cary Grant, la déplorable opinion qu'il a d'Audrey, selon lui une petite arriviste sans la moindre expérience et l'ombrage qu'il a pris de la grande complicité existant entre William Holden et Wilder, amis de longue date.

Tandis qu'Audrey contrecarre l'agacement de Bogart par son indifférence, le ressentiment de ce dernier se change en hostilité ouverte. Il commence à imiter sa voix de jeune fille. Billy Wilder intervient et Bogart dirige son agressivité vers lui, singeant le fort accent allemand du metteur en scène, exigeant même « une traduction en anglais ». A la différence d'Audrey, Wilder riposte. Se retournant vers Bogart, il lui aboie : « Je vous regarde, Bogey, et sous le salaud apparent, je vois le salaud véritable. » La tension croît. Audrey remarque que Bogart exige qu'on lui apporte sur le plateau un verre de whisky à cinq heures précises. Comme il le boit à petites gorgées entre les prises, il devient encore plus revêche. Parfois Audrey, vexée, s'empêtre dans ses dialogues. Alors, la joie de Bogart se lit sur son visage : voici une petite dilettante anglaise qui a une réputation excessive. Chaque jour, à la fin du tournage, Wilder a l'habitude d'inviter Audrey, William Holden et le scénariste Lehman dans son bureau pour trinquer, mais pas Bogart. Se sentant frappé d'ostracisme, ne réussissant pas à mettre Audrey en colère, il dirige ses sarcasmes sur Holden : « Jim souriant », l'appelle-t-il, ridiculisant sa belle mine, laissant entendre qu'il est davantage un acteur idolâtré par les femmes qu'un véritable homme.

Rude baptême hollywoodien pour Audrey ! D'autant que, toujours aussi peu gentleman, Humphrey Bogart la dénigre bientôt dans la presse, trouvant qu'elle n'a pas le moindre talent et que sur le tournage, elle ne donne un travail convenable qu'après une bonne soixantaine de prises. Ce qui est évidemment faux ! Bogart considère Audrey comme un poids plume, obsédée par le désir de mieux faire, sans beaucoup de talent pour y parvenir. Et il ne se gêne pas pour le faire savoir, partageant son intense antipathie avec tous ceux qui veulent bien l'entendre.

Heureusement, William Holden est là pour la consoler. Et une idylle naît bientôt entre eux. Cavaleur, Holden est, à trente-quatre ans, un séducteur... Surnommé « Golden Boy », il a l'aplomb d'un homme qui n'a pas souvent essuyé de refus. Il semble embellir avec l'âge, et son jeu d'acteur jouit de la même fortune. Au moment où la carrière de séducteur de Holden retombera, au début des années 60, Billy Wilder l'engagera pour jouer dans *Sunset Boulevard* et *Stalag 17*, qui lui vaudra un Oscar, et il continuera à jouer merveilleusement jusqu'à sa mort en 1981, notamment dans *La Horde sauvage* et *Network.*

Devenu alcoolique, il va mourir d'ébriété. Il s'ouvrira le crâne en tombant, à l'âge de soixante-trois ans. Mais la boisson n'est pas encore un danger visible chez lui lorsqu'il s'éprend d'Audrey. Ce n'est pas non plus un problème pour lui d'être marié avec l'actrice Ardis Ankerson Gaines (connue sous le nom de Brenda Marshall pendant une brève carrière à l'écran). « Audrey et Holden ont entamé une affaire de cœur pendant le tournage de *Sabrina,* se rappelle Ernest Lehman. Une affaire discrète, très *sotto voce,* mais très déterminée. Cela nous a étonnés. Tout le monde croyait connaître Audrey. » Une fois, Lehman entre dans la caravane d'une des vedettes – il ne se souvient pas de laquelle –, et pour lui « il n'y a aucun doute sur la nature de leurs liens ». L'acteur John Mc Callum, qui connaît Audrey depuis ses débuts londoniens, assure que « quand elle et Holden se trouvèrent face à face sur le plateau, leurs regards se rencontrèrent et ne se quittèrent plus. Quelque chose de magique s'était déclenché que rien ne pouvait empêcher.

« C'est essentiellement de son regard que naît le charme attirant d'Audrey. C'est là que commence son sex-appeal. Peut-être est-ce souvent le cas, mais la plupart du temps, on ne le remarque pas parce qu'il n'y a pas beaucoup d'yeux comme ceux d'Audrey. Au cinéma, un gros plan sur les yeux d'une femme attirante est infiniment plus “sexy” qu'un gros plan sur des seins nus. On dit parfois que c'est au visage des femmes que les hommes font l'amour et, avec Audrey, c'était certainement vrai. Je crois que William Holden fut perdu à la seconde où il plongea les yeux dans les siens. »

William Holden commence en général ses love-stories avec l'air nonchalant d'un homme qui frotte une allumette. Il s'est fait faire une vasectomie * pour minimiser les risques, et, comme beaucoup d'hommes dans ce cas, il se met dans des situations de plus en plus risquées pour compenser sa peur profonde d'une insuffisance sexuelle. Il emmène même Audrey, pour dîner, chez lui. La femme d'Holden semble résignée aux escapades de

---

* Section du canal déférent, destinée à provoquer la stérilité masculine.

son mari, mais Audrey se sent coupable pendant tout le repas. Plusieurs années après, dans son autobiographie, Holden se rappellera : « Parfois, la nuit, j'emmenais un tourne-disque portable et nous allions en voiture à la campagne, dans une petite clairière. Nous écoutions de la musique de ballet… Audrey dansait pour moi au clair de lune. Ces moments-là étaient magiques. »

D'autres moments sont plus réels. L'intérêt que porte Audrey aux hommes est intermittent et prudent. Elle préfère ceux qui font le premier pas, qui ont de l'assurance, voire un peu machos, et – pensent quelques observateurs – beaucoup moins romantiques qu'elle et incapables d'apprécier sa nature rare. De tels observateurs s'étonnent de la tolérance d'Audrey vis-à-vis des habitudes de ses amants, de leur brusquerie et de leur langage parfois grossier : exactement le contraire de sa nature placide. C'est là peut-être qu'elle trouve un attrait. Le tempérament irlandais robuste et même belliqueux du père d'Audrey semble se refléter dans quelques-uns des amants qu'elle choisit, mais pas nécessairement dans les hommes avec qui elle se mariera.

Sur le tournage de *Sabrina*, sa vie est totalement perturbée par sa passion pour William Holden. Cette liaison l'exalte d'autant plus qu'elle est clandestine. Audrey ne mange plus, elle ne dort plus et passe des heures à se remémorer les instants volés qu'ils ont passés ensemble dans sa loge. Elle rumine ses conversations avec lui, essayant d'en déduire s'il est ou non prêt à quitter sa femme pour elle. Elle ne veut pas le mettre au pied du mur avant d'être sûre de sa réponse.

Audrey, en fait, ignore tout de la vasectomie irréversible de l'acteur et comme le cite Bob Thomas, le biographe d'Holden, Audrey assure qu'« elle veut faire de superbes bébés avec lui ». Car elle nourrit déjà le profond désir d'avoir des enfants et semble prête à briser le mariage d'Holden. Mais lorsque l'acteur lui avoue qu'il ne peut pas créer une nouvelle famille, qu'il n'aura plus jamais d'enfant, Audrey tombe de haut et renonce à toute velléité de mariage. Son envie d'enfants est trop impérative. Elle rompt sur-le-champ avec lui. William Holden dira un jour qu'« Audrey a été l'amour de sa vie », mais il se console quelques mois plus tard en entamant une liaison avec Grace Kelly.

Très marquée par sa rupture, Audrey se réfugie chez elle sitôt la fin du tournage de *Sabrina*. Dans une interview de l'époque, elle déclare : « J'ai besoin de solitude. C'est même ma seule possibilité de reconstituer mes forces. » Pas un mot, bien sûr, sur sa rupture sentimentale récente. Audrey assume ses problèmes personnels, de telle sorte qu'ils n'influencent jamais son comportement public et professionnel. Et, tandis que William Holden continue épisodiquement, mais en vain, de la relancer, Audrey tombe amoureuse d'un autre comédien : Mel Ferrer.

De leur histoire, Audrey dira : « Je l'ai rencontré, il m'a plu, je l'ai aimé... tout simplement. » En fait, au cours de l'été 1953, elle se trouve à Paris et court voir trois fois le film *Lili*. La vedette féminine lui ressemble étrangement : le même visage de gamine, la même silhouette svelte, le même air d'enfant abandonné. Leslie Caron a deux ans de moins qu'elle et, comme elle, a été danseuse de ballet ; son père et sa mère viennent de pays différents (Amérique et France). La ressemblance entre la carrière de Leslie Caron et celle d'Audrey, à cette étape de leurs vies, paraît proche.

Pourtant, ce n'est pas la beauté de Leslie Caron qui attire Audrey dans le film. Elle craque davantage pour Mel Ferrer, le marionnettiste, celui qui touche le cœur de l'orpheline et gagne son amour. Cet acteur mince et beau rappelle à Audrey les princes des contes de fées qu'elle a dévorés pendant son enfance et qu'elle lit encore. Ferrer est certes un acteur gracieux et énergique, mais pas encore une vedette. Son charme est réel mais un peu trop calculé, un peu trop narcissique.

Elle finit par le rencontrer en chair et en os à Londres, au cours de l'été 1953, dans une réception où Gregory Peck fait les présentations. Mel Ferrer se trouve à Londres pour la première de *Lili*, et pour jouer le roi Arthur dans *Les Chevaliers de la Table Ronde*, un film américain qu'il tourne en Grande-Bretagne. A l'âge de trente-cinq ans, il est l'aîné d'Audrey de douze ans. Non seulement elle le trouve beau, mais il est cultivé et possède maints talents : auteur de livres pour enfants, metteur en scène de théâtre, de films et de radio ; un homme qui semble connaître tout le monde à Hollywood et à Broadway. Il a beaucoup de cordes à son arc. Radie Harris, l'amie d'Audrey, se rappelle qu'entre eux l'attraction fut tout à fait réciproque : « Pas étonnant que Mel soit tombé amoureux fou d'une créature aussi ensorcelante. Il avait toujours été attiré par les femmes séduisantes et menant bien leur carrière. Mais je comprends aussi qu'Audrey ait succombé au charme de Mel, un des rares hommes américains avec qui une femme se sente vraiment une femme. »

Pourquoi une telle attraction, un tel coup de foudre ? La réponse n'est pas difficile. Mel et Audrey ont beaucoup de choses en commun. Comme Audrey, Mel Ferrer a commencé sa carrière au théâtre en tant que danseur. Son professeur a été Clifton Webb, l'un des meilleurs danseurs de Broadway, qui lui a enseigné la technique des claquettes. Mel a contracté la polio et a passé trois ans dans un sanatorium, mais la maladie l'a laissé avec un bras à moitié paralysé qu'il soigne en faisant de l'escrime. Audrey admire toujours ceux qui ont la volonté et la force de surmonter leurs handicaps. Comme Audrey, Mel est polyglotte. Enfant, il a parlé français avec sa mère et espagnol avec son père, un médecin important de New York d'origine cubaine. Il se sent autant chez lui en Amérique qu'en Europe. Comme Audrey, il a souvent l'air mal nourri : en effet, des photographies d'eux ensemble suggèrent parfois qu'ils sont frère et sœur, et non pas mari et femme. Mel est un bourreau de travail, jamais à son aise. Là où Audrey est assidue, il est obsédé. Mais Audrey comprend sa nervosité parce que son père était comme cela, toujours à la recherche de nouveaux projets. Mel a également des relations compliquées avec les femmes. Trois mariages et un divorce imminent.

Le profil de Mel, écrit par Charles van Deusen, donne une impression exacte de sa personnalité hyperactive : « Comme metteur en scène, il donne le vertige à ses collègues par ses constantes acrobaties ; comme acteur, il les relègue au second plan, jusqu'à la furie. Sa téléphonite aiguë est pire que celle d'un adolescent, et dans les boîtes de nuit il fait toujours signe de la main à quelqu'un de l'autre côté de la salle, ou bien il change constamment de table. Je me demande souvent ce que Mel trouve pour s'occuper quand il dort. Probablement ses rêves. »

Cette rencontre avec Audrey est sans doute comme voir son rêve prendre chair et os. Il lui affirme, bien entendu, combien il l'a appréciée dans *Gigi*. Et elle lui rétorque qu'elle serait ravie de faire du théâtre avec lui, si les tournages de ses films le lui permettent et s'il peut trouver une bonne pièce. C'est aussi simple et aussi soudain que cela. Mel doit bientôt jouer le roi Arthur. Audrey doit repartir pour Hollywood. Les intrigues dans cette cour-là, ses jalousies, ses romances, parfois son enchantement ne vont pas lui faire oublier Mel Ferrer. Au contraire…

VI

MADAME MEL FERRER

A CETTE étape de sa carrière, à Hollywood, Audrey semble être en position d'attente, en *stand-by*. Sa valise est toujours prête. Elle n'a avec elle qu'une seule robe de Givenchy, une de celles qu'elle portait dans *Sabrina*. « Elle a déjà beaucoup voyagé, bien sûr, mais pour moi elle est divine. » « Divin » est un mot qui revient fréquemment dans les interviews d'Audrey. Un mot facile à placer et qui convient aussi bien à une robe qu'à celui ou celle qui partage la vedette avec elle. Elle en fait un usage abusif.

Ses nouveaux amis sont, eux aussi, divins. Ainsi le couple Jean Simmons et Stewart Granger. Ce sont les premiers vrais amis d'Audrey à Hollywood. Quand elle n'a rien à faire, elle passe ses matinées chez les Granger, étendue au bord de leur piscine – très rarement dans l'eau, car elle déteste nager, et ne ressent pas le besoin de faire de l'exercice, sauf quand elle s'échauffe à la barre dans le studio de danse.

Elle ne conduit pas : elle fait du vélo. Beverly Hills est calme et sûr, en 1954. Voir une jeune vedette en pantalon corsaire rose et en chemise d'homme, les pans liés autour de la taille, roulant à toute allure sur son vélo, est très surprenant pour la petite communauté de vedettes. A Joan Crawford qui loue le style d'Audrey, Hedda Hopper – ne voulant pas que Crawford soit l'arbitre du bon goût de Hollywood – répond : « J'ai une nouvelle pour vous, Joan... La "jeune dame" est arrivée dans mon bureau ce matin, vêtue d'un pantalon de matador rose criard, d'une chemise étroite en coton rose léger et de chaussures avec une seule lanière. » Audrey fume aussi, modérément c'est vrai, mais des cigarettes extrêmement fortes – des Wills'Gold Flake – qu'elle se fait envoyer d'Angleterre et qu'elle consume dans un long fume-cigarette.

Consciente qu'elle manque de connaissances sur les us et coutumes de la jungle hollywoodienne, Audrey tente de se préserver de ses pièges en passant la plupart de ses week-ends seule à l'intérieur de son petit appartement. Dans cet univers implacable, sa fraîcheur ne passe pas inaperçue. Billy Wilder, le metteur en scène de *Sabrina*, note même : « Après le défilé de serveuses de cafétéria et de petites vendeuses de ces dernières années, quel bonheur de voir une jeune femme cultivée qui a de la classe, qui connaît l'orthographe et peut sans doute jouer du piano ! C'est une petite chose gracile, mais quelle présence ! Nous n'avons rien vu de tel depuis Greta Garbo – à l'exception d'Ingrid Bergman, peut-être. »

Tous ceux qui rencontrent Audrey à cette époque, « une jeune femme autonome », relèvent sa vraie simplicité. Elle manque sans doute un peu de maturité, mais son regard sur les choses est romantique : des qualités précieuses dans une entreprise et une ville qui les ignorent. « J'ai toujours voulu des épaules tombantes, dit-elle à Hedda Hopper, pas des épaules qui paraissent rembourrées. »

Car la nouvelle vedette d'Hollywood continue à penser

que son visage est décidément trop large, ses dents mal implantées, que son physique n'a rien d'extraordinaire. Quant à son jeu, elle fait tout ce qu'elle peut pour apprendre mais, en réalité, elle sent que jouer *vraiment*, c'est autre chose.

Sa modestie paraît sincère. Son détachement apparent et son implacable détermination à conquérir le succès cachent des peurs, des incertitudes et une anxiété dévorante. Elle est aussi chaleureuse et possède une intelligence très vive.

Séparée de James Hanson et de William Holden, Audrey feint d'apprécier son indépendance et préfère laisser l'océan entre sa nouvelle vie à Hollywood et sa mère restée à Londres. « Ma mère et moi, nous ne nous ressemblons pas », avoue-t-elle quand on lui demande pourquoi la baronne préfère Londres au lieu d'habiter chez sa fille. Audrey s'empresse d'ajouter : « Nous nous entendons très bien », mais on devine que leur entente est d'autant meilleure que la distance est grande. « Et des amants ? » C'est la question que la presse se pose. « N'y a-t-il pas quelqu'un d'autre depuis vos fiançailles brisées avec James Hanson ? » Elle ne répond pas.

Personne donc dans sa vie ? Oui, pour l'instant, en attendant que Mel Ferrer revienne en scène. Ce dernier a pris très au sérieux le souhait d'Audrey de jouer avec lui. Il finit par porter son choix sur une pièce de Jean Giraudoux : *Ondine*. C'est une fable qui reprend la légende médiévale d'Ondine : une naïade quitte son élément natal et passe sans autorisation sur le territoire étranger des humains. Là, elle s'éprend d'un chevalier captivé par sa beauté magique. Mais comme tous les êtres vivants dans le monde des hommes, il est volage. Leur union se termine dans la trahison, la mort de son amant et le retour de la naïade au royaume des eaux. Cette pièce de théâtre est empreinte de fatalisme mélancolique, typique par sa préciosité de l'écriture d'avant-guerre et du théâtre français d'alors. Mais c'est aussi un commentaire moderne sur l'amour humain et ses risques. A Paris, elle est interprétée par Madeleine Ozeray et Louis Jouvet.

Mel Ferrer se rend bien compte à quel point Audrey lui est déjà attachée, mais il sait aussi qu'ils doivent être réunis pour mettre leurs sentiments à l'épreuve. Pour cela, il a un plan. Il adresse à Audrey un exemplaire d'*Ondine*, lui laissant entendre qu'ils pourraient jouer la pièce ensemble, et s'assure les services d'Alfred Lunt, célèbre metteur en scène de Broadway, en promettant qu'Audrey jouera le rôle d'Ondine (la participation de Mel Ferrer étant incluse dans le marché). Pour concrétiser son projet, fin 1953, il débarque à Los Angeles pour plaider sa cause auprès d'Audrey.

C'est peut-être une coïncidence, mais son remariage avec sa première femme vient d'être dissous par un divorce rapide à Juarez, au Mexique. Il est donc libre pour devenir le partenaire d'Audrey sur scène, mais aussi dans la vie. Leur liaison prend très vite un tour intense, après le moment où Audrey a donné son accord pour la pièce. Certes, au début, elle tente de tenir leur relation dans un caractère uniquement professionnel, craignant que des liens affectifs ne viennent perturber la préparation d'*Ondine* à Boston, puis à Broadway. Mais elle ne peut longtemps dissimuler ses sentiments.

Audrey déménage à New York et loue un appartement à Greenwich Village dès le début des répétitions. L'actrice Marian Seldes, qui fait partie de la distribution, a laissé un témoignage contrasté de la préparation du spectacle : « Audrey était merveilleuse. J'adorais la voir répéter et jouer. Comme elle arrivait à donner aux autres l'impression d'être beaux ! C'était sa magie, à l'écran et dans la vie. Et comme elle suivait scrupuleusement les indications de M. Lunt ! On ne pouvait pas en dire autant de Ferrer. Le bruit courait dans la troupe que depuis qu'elle était tombée amoureuse de lui, il lui donnait des directives de son cru après les répétitions. Ça me semblait impensable. [...] Certes, il ne réagissait pas aux indications de mise en scène comme Audrey ; par moments, il se montrait désagréable devant toute la troupe envers Lunt pourtant plus âgé que lui, mais la production d'*Ondine* était en grande partie son idée, et il aurait été ridicule de sa part de saboter la pièce en donnant à Audrey des instructions contradictoires. » Par ailleurs, selon l'épouse du metteur en scène, « la domination que Ferrer exerçait sur Audrey, en profitant de ses sentiments, faillit mettre en péril la production de la pièce ».

En ce mois de décembre 1953, tandis que les répétitions se poursuivent, Audrey est de plus en plus amoureuse de Mel. Ils passent tout leur temps libre ensemble. Audrey est persuadée d'avoir enfin rencontré l'homme qui saura l'aimer et la protéger, et dès qu'il s'agit de lui, elle perd tout jugement. L'absence totale d'attitude critique à l'égard de ses compagnons est un trait caractéristique de son comportement : elle refuse de voir leurs erreurs et les défend envers et contre tout, même quand elle souffre de leur comportement.

Côté professionnel, Audrey doit résoudre des dilemmes d'ordre plus féminin. Pour rendre crédible le côté surnaturel d'Ondine, elle se plonge totalement dans les plus petits détails des costumes et du maquillage et, avec l'encouragement de Mel, contrôle chaque facette de son rôle. Valentina, la modiste, a la responsabilité du costume-résille d'Ondine (Audrey paraît nue, malgré les quelques morceaux d'algues placés adroitement). Seule une personne aussi irréprochable qu'Audrey peut se permettre une telle audace (rare au théâtre à cette époque), sans être accusée d'exhibitionnisme. En effet, ce costume minimaliste – élaboré sur un body couleur chair – est dessiné par Audrey, inspirée par ses souvenirs des illustrations des contes signés Hans Christian

Andersen. Le metteur en scène est ravi de l'effet, mais lui et Audrey se disputent sur la coiffure de la naïade. En quête d'une apparence étincelante, de vif-argent, Alfred Lunt lui demande de faire teindre en blond lumineux sa chevelure naturellement châtain. Elle refuse. Alfred Lunt suggère : « L'eau salée ne peut que blanchir la chevelure d'une naïade. » Audrey riposte : « La logique n'a rien à faire avec ça, Alfred. C'est de la mythologie. » Elle sent bien qu'une couleur blonde lui siérait mal. Mel Ferrer la soutient dans ce conflit avec leur metteur en scène.

La discorde continue jusqu'à la première de la pièce à Boston, quand finalement Audrey, morte de trac et déconcertée par cette querelle, cède et fait les changements quelques heures avant le lever du rideau. Un regard dans la glace, et elle le regrette aussitôt. Audrey blonde, c'est une catastrophe. Paniquée, elle accepte la perruque couleur champagne que Lunt a eu la prévoyance de garder près de lui. Mais la perruque lui déplaît. « Mes cheveux ont l'air mort. Ils sont mal fixés, ils me donnent chaud, ils sont horribles. » Une heure environ avant d'entrer en scène, elle trouve enfin la solution. Elle répand de la poussière d'or sur ses propres cheveux bruns reteints. Ils reflètent la lumière comme les veines d'un minerai précieux. Parfois, quand Ondine pirouette, les particules d'or s'échappent derrière elle comme la queue d'une comète. Comme elle l'a espéré, l'effet est magique. Audrey crée aussi son propre maquillage : une poudre légèrement bleutée pour s'harmoniser avec son costume bleu-vert, un teint blanc pour compléter sa robe crème. Et elle ajoute deux pointes dorées à ses oreilles pour mettre en valeur l'effet surnaturel, sorte de Mr. Spock, vingt ans à l'avance. Le soir de cette première, Mel lui offre une petite guirlande d'algues comme porte-bonheur.

Juste avant la première d'*Ondine*, Audrey reçoit un

coup de téléphone de son agent à Hollywood, Lew Wasserman, lui annonçant que l'avant-première de *Sabrina* a été un grand succès. Elle a besoin de ce genre de bonnes nouvelles, car à mesure que la première à New York approche, elle éprouve de véritables crises d'anxiété. Elle commence aussi à montrer des signes visibles de fatigue, dus à la pression des deux dernières années, ce qui inquiète Mel. Un rhume tenace refuse de céder au traitement. Audrey est un vrai paquet de nerfs. Elle ne garde d'ailleurs de cette première d'*Ondine* à Broadway qu'un souvenir confus : « Je ne me rappelle pas être entrée en scène, avoir dit mon texte, ni même avoir salué, racontera-t-elle. Tout ce que je revois, ce sont les tonnes de fleurs accumulées dans ma loge quand j'y suis retournée. C'était absolument superbe ! un jardin en plein New York ! Je m'en suis délectée. »

Le soir de cette première, comme pour toutes les autres représentations, au moment du rideau et des rappels, Mel Ferrer se tient sur scène au côté d'Audrey. Elle insiste pour qu'il partage les applaudissements. Le public semble surpris de le voir présent aux rappels, mais Mel Ferrer se délecte de baigner dans ce succès. La critique est dithyrambique sur Audrey. « Plus que tout autre personnage, observe *Life,* elle a eu le bon sens de jouer le vieux conte de fées comme si elle en croyait chaque mot poétique. » Le critique de *Time* prononce un jugement auquel la plupart des critiques de New York semblent se rallier : « Si calme que soit le lac, la naïade qui en sort comme une flèche a une sorcellerie distante de vif-argent et d'impétuosité. L'interprétation d'Audrey Hepburn est littéralement mythique. »

Les seuls papiers négatifs concernent le jeu de Mel Ferrer. Le *New York Post* note : « On peut émettre quelques réserves à propos du spectacle, surtout en ce qui concerne l'interprétation que Mel Ferrer donne du chevalier errant... à mon avis, son jeu est ce qu'il y a de plus insignifiant, il manque de vivacité, de style et d'imagination, ce qui est d'autant plus grave que ce sont justement les qualités qui ne doivent pas faire défaut dans un spectacle comme *Ondine.* » *Time* est encore plus cruel qui ironise : « Dans sa mignardise et son manque de vie, il ne suggère pas le magicien de la Cour, mais son confiseur. »

Le duo de Mel et Audrey, sur scène et dans la vie, suscite aussi l'agacement des commères hollywoodiennes. Le spectacle de Mel Ferrer, partageant chaque soir les applaudissements, jouissant d'une gloire usurpée – et le soupçon aussi d'une influence dominatrice –, provoque nombre d'observations méprisantes chez les chroniqueurs. On sent que Mel est possessif et dictatorial. « Bavardage de New York » est le titre qui couronne l'article de Louella Parsons dans le *Los Angeles Examiner* du 3 mars 1954 : « Tout New York parle d'Audrey Hepburn et de Mel Ferrer, dont la relation est non seulement romantique, mais professionnelle. Audrey ne fait ni interview ni photo sans Mel, et vice versa... Mel ne la perd pas de vue même pour cinq minutes, et elle semble fascinée par lui. Audrey n'est pas la première à se laisser prendre au charme de Ferrer. Il est libre actuellement, donc n'importe quoi peut se produire. » Cette dernière observation est une allusion au divorce récent de Mel Ferrer.

Pour compléter le tout, la mère d'Audrey, restée en Angleterre jusqu'à la première d'*Ondine*, arrive à New York. Mais Audrey l'évite et reste dans le petit appartement qu'elle partage avec son secrétaire et les deux caniches noirs que Mel lui a donnés. L'ombre protectrice de son amant veille sur elle. Son numéro de téléphone demeure secret : même son attaché de presse et les directeurs du théâtre ne le connaissent pas. Si nécessaire, c'est elle qui leur téléphone. En fait, Audrey a surtout besoin de calme. Elle a perdu du poids, ce que trahit son costume d'Ondine. On parle d'anorexie. Ses amis, inquiets, mettent son état sur le compte d'une carrière qui est passée trop vite à la vitesse supérieure. Mel a pris soin de convoquer à chaque représentation un médecin en état d'alerte au théâtre. « Ça y est ! disent les échotiers, Audrey Hepburn fait une dépression nerveuse. » Ils ont raison.

Mel Ferrer, qui possède non seulement un tempérament démonstratif mais aussi un talent pour faire des observations mordantes aux dépens de ceux qu'il soupçonne ou déteste, est le « responsable » le plus évident. On ne le croit pas tout à fait, quand il proteste qu'en éloignant Audrey des médias il ne fait que protéger sa santé précaire. C'est la vérité, mais pas toute la vérité. Audrey n'a pas seulement une constitution fragile. Comme la naïade d'*Ondine*, elle est captivée par le chevalier qu'elle a rencontré, qui la veut désormais pour lui tout seul. Mais pourra-t-elle s'adapter au mariage ?

La baronne van Heemstra en doute, surtout devant cet enchanteur de Mel. Celle qui fut autrefois si sensible aux charmeurs, a appris à s'en méfier. Les chroniqueurs entretiennent potins et ragots sur l'annonce imminente des fiançailles entre Mel Ferrer et Audrey. Mais la baronne exige constamment des démentis. Elle refuse catégoriquement de considérer Mel Ferrer, trois fois marié, comme un prétendant acceptable pour sa fille. Audrey, tiraillée entre les deux, fait les frais de leur lutte acharnée.

Elle essaie d'obtenir une amnistie à l'occasion de la soirée des Oscars où elle est retenue pour son rôle dans *Vacances Romaines*. Elle ne peut officiellement se rendre sur la côte ouest pour la cérémonie, jouant toujours *Ondine* à New York. Cependant, le 25 mars 1954, Audrey se hâte de quitter la scène et, vêtue de son costume d'*Ondine*, toujours maquillée, elle se précipite au NBC Century Theater qui retransmet l'émission en direct de la cérémonie des Oscars à Los Angeles. Elle a à peine le temps de se changer pour une robe de soirée blanche de Givenchy, avant de s'asseoir à côté de sa mère dans une assistance composée du tout show-business. Elle est en compétition avec Ava Gardner (nommée pour *Mogambo*), Deborah Kerr (*Tant qu'il y aura des Hommes*), Maggie McNamara (*The Moon is Blue*) et Leslie Caron (*Lili*). A Hollywood, Fredric March déchire l'enveloppe de l'heureuse élue et annonce : « Audrey Hepburn. » A New York, au milieu d'un tonnerre d'applaudissements, ses admirateurs la propulsent vers la scène. Elle s'égare et se retrouve dans les coulisses, une erreur dont elle se remet avec un sourire un peu forcé. Jean Hersholt lui tend la statuette tant convoitée et Audrey prononce les remerciements de circonstance, exprimant sa gratitude envers tous ceux qui l'ont aidée dans sa carrière naissante. Elle conclut : « Je ne me laisserai pas tourner la tête par cet Oscar ni ne permettrai qu'il me détourne de mon ambition première : devenir vraiment une grande actrice. »

Quelques jours plus tard, Audrey reçoit également le Tony Award comme meilleure actrice de théâtre de l'année pour son interprétation d'*Ondine*. Elle est l'actrice la plus récompensée des Etats-Unis, mais elle ne s'est jamais sentie si malade. Pour tout arranger, elle est en plein conflit intime. A tous ceux qui louent ses qualités d'actrice, aux journalistes qui l'encensent, elle réplique : « Comment pourrai-je jamais me montrer à la hauteur ? C'est comme recevoir quelque chose lorsqu'on est enfant – quelque chose de trop grand pour soi et qui nécessite que l'on grandisse encore. » Epuisée par les représentations, elle assure même : « Jouer ne me vient pas facilement. Je dois fournir un travail énorme pour la moindre petite parcelle qui sort de moi. » Elle assume toutes les représentations, mais en mai, son médecin exige qu'elle s'arrête.

Elle n'est pas heureuse. Son asthme a reparu, réaction

évidente aux pressions émotionnelles, peut-être exacerbées par les objections de sa mère envers son mariage avec Mel Ferrer. Les deux femmes se sont fâchées. L'actrice finit par accepter la proposition de ses médecins d'aller se reposer à l'air pur des montagnes suisses. Ce projet convient à Mel Ferrer aussi. Simple coïncidence, il a accepté un rôle dans un film italien, *La Madre*, tourné en Sicile et à Rome. L'Italie n'est pas loin de Gstaad, où Audrey compte se rendre. Pâle et mince, elle part seule pour l'Europe, refusant la proposition de sa mère de l'y accompagner. « Je veux jouir de la vie, pas devenir une épave », annonce-t-elle plaintivement avant de quitter New York. Mais les bruits de son mariage imminent la suivent déjà.

Elle arrive à Gstaad pour retrouver la vénération et la curiosité qu'a connues la princesse de *Vacances Romaines.* Les vitrines des magasins étalent sa photo encadrée, comme une altesse royale. Le cinéma local affiche le film ! Après quelques jours cloîtrée dans sa chambre, prenant ses repas seule et regardant longuement la pluie tomber, elle se sent démolie... A bout de forces, elle téléphone à Mel Ferrer. Il s'arrange pour l'installer dans une résidence à Burgenstock qui domine le lac de Lucerne, entourée de montagnes et de petites fermes. Le propriétaire, Fritz Frey, promet de veiller sur elle. L'ambiance du chalet est gaie et chaleureuse et les intrus sont écartés par des gardes. Fritz Frey ordonne que tous les appels de l'extérieur soient filtrés. Le médecin de l'hôtel prescrit un régime tonique, insiste pour une alimentation régulière. Audrey se retrouve au lit dès huit heures du soir. Bientôt cette hygiène de vie produit ses effets. La tension baisse. L'asthme disparaît.

Audrey profite de ce repos forcé pour faire le bilan de sa vie et des événements qui lui ont apporté des triomphes, mais aussi une dépression nerveuse. L'avenir sans conjoint lui paraît impossible. Elle décide d'accepter la demande en mariage qu'elle a reçue de Mel juste avant de quitter New York. « Sa décision est prise à la fin de l'été », confirmera un ami. C'est presque l'anniversaire des trente-sept ans de Mel. Il tourne toujours son film en Italie. Audrey lui envoie une montre de platine sur laquelle elle fait inscrire « Mad about the boy » (« Folle du garçon ») tiré d'une chanson de Noël Coward. C'est le signal qu'elle accepte.

« Ma plus grande ambition, c'est de faire une carrière sans devenir une carriériste », dit bientôt Audrey. Mel Ferrer lui manque et sa maladie lui a révélé son besoin d'être conseillée. Elle croit que le mariage la rendra capable d'être une femme heureuse pour mener une carrière en même temps. Exactement un mois après l'anniversaire de Ferrer, on fixe la date des noces pour fin septembre 1954.

Mel Ferrer prend un avion de Rome à Genève, le week-end avant le mariage. Il scelle les fiançailles par un baiser. On fait des plans méticuleux pour s'assurer que la cérémonie soit aussi privée que possible. Audrey connaît désormais les inconvénients de la célébrité. Le mariage civil a lieu à Buochs, petite ville située au bord d'un lac, le 24 septembre 1954. Audrey se met en colère lorsqu'un photographe local entre sans invitation dans la salle de la mairie. Une fois unis, Mel et Audrey s'échappent et grimpent dans une voiture qui attend dans la cour.

Le lendemain, le 25 septembre, un groupe de policiers suisses monte la garde devant la porte de la petite église protestante du XIIIe siècle de Burgenstock. Celle-ci est fermée à clef après que les époux et leurs vingt-quatre invités ont pénétré à l'intérieur. Il pleut à verse et Audrey, toute pâle, tient d'une main la jupe de sa robe en organdi blanc au-dessus de la terre humide. De l'autre, elle porte un missel en cuir blanc. Une guirlande de boutons de roses blancs entoure ses cheveux bruns. C'est sir Neville Bland, l'ancien ambassadeur britannique à La Haye, qui la conduit à l'autel. La sœur de Mel et ses deux enfants, Pepa et Mark, sont aussi présents. Les deux demi-frères d'Audrey, Ian et Alexandre van Ufford, ne sont pas venus d'Indonésie. La baronne van Heemstra pleure d'abondance pendant la cérémonie qui se déroule en français. La présence de Richard Mealand, le représentant de la Paramount à Londres, semble un rappel de la surveillance vigilante du studio pendant que le couple prononce ses vœux. « Ce fut le jour le plus heureux de ma vie, dira Audrey. Les rêves et les espoirs placés dans un premier mariage sont énormes, comme tout ce qu'on en attend. Epouser Mel et fonder une famille était la chose la plus importante de ma vie. Si nous n'avions pas eu besoin de mes revenus, j'aurais abandonné le cinéma le jour même de mon mariage. »

Après un court repas de noce dans le restaurant d'un club de golf privé, les nouveaux mariés se hâtent vers leur voiture et partent pour l'Italie – ou bien, est-ce l'impression qu'ils veulent donner ? En fait, ils reviennent par une route secondaire et passent le week-end devant une belle flambée dans le chalet d'Audrey, se livrant avec délices à leur nouveau bonheur et parfaitement ignorants de ce que certains chroniqueurs – ceux, du moins, qui n'ont pas reçu une invitation au mariage – prédisent de leur avenir commun.

En apprenant la nouvelle, les journalistes vont se comporter comme si Audrey ne les avait pas seulement pris de vitesse, mais comme si elle leur avait été arrachée par un homme résolu à la garder pour lui tout seul. Ce ressentiment cristallise le rôle de « gardien » dans lequel Mel est apparu à New York. On prédit donc qu'Audrey va bientôt s'insurger contre une nature aussi manipulatrice. N'est-il pas vrai que ses deux mariages précédents ont rapidement abouti à un divorce ? Et leur différence d'âge – douze ans ? *Ondine*, murmure-t-on sinistrement, contient en filigrane un message pour les hommes comme Mel, qui se marient hors de leur sphère. Si leur mariage n'est pas condamné aussi vite qu'un amour de théâtre avec une naïade, il porte néanmoins en lui la malédiction de deux natures mal assorties. La presse s'en délecte d'avance...

Dès le lendemain, leur célébrité inégale met leurs nerfs à vif. Un tranquille voyage par le train, entre la Suisse et l'Italie, ne les a pas préparés aux hordes d'admirateurs et de photographes qui bombardent Audrey à la gare de Rome. Ferrer désire sincèrement protéger sa jeune épouse, mais il a aussi besoin de protéger son ego. Il souffre de l'absence d'attention qui l'entoure. Son mariage fait maintenant de lui « M. Hepburn ». Marco Schiavo, un témoin paparazzi, décrit la scène d'arrivée à Rome en ces termes : « Comme des braqueurs de banque qui se sauvent, Audrey et Mel sautent dans une voiture du studio, qui s'éloigne en rugissant, suivie par des voitures pleines de journalistes à leurs trousses jusqu'à l'arrière des studios de Cinecittà. La limite de vitesse est dépassée quand ils roulent le long de la Via Appia Antica et entrent dans une grande villa sur les collines d'Albe, près d'Anzio. Les paparazzi rompent le cordon de serviteurs avant que la barrière se ferme. Ils frappent à la porte et secouent les fenêtres avec le désespoir de ceux qui ne veulent pas croire que quelques minutes de pose pour les appareils peuvent faire sentir aux victimes qu'on leur ronge les os. Enfin, les Ferrer cèdent à la férocité du siège et posent pendant quelques moments. »

Deux heures plus tard, tout est redevenu calme. Dans les ténèbres de leur forteresse rurale, Audrey sort respirer l'air pur avant de se coucher. Brutalement, elle se retrouve encerclée par des douzaines de flashes qui crépitent autour d'elle. Les époux Ferrer vont passer un mois dans la péninsule italienne, le temps nécessaire pour boucler le tournage du film de Mel. Dans la maison de campagne dotée d'une immense cuisine, Audrey donne libre cours à sa fantaisie et s'adonne à la confection de plats de pâtes. Quelques reporters réussissent encore à se faufiler et à alimenter la chronique : on découvre ainsi les gestes tendres de Mel, caressant, par exemple, la tête d'Audrey.

Elle se sent heureuse et bien décidée à le rester. Sa plus grande crainte est que son mariage capote comme celui de sa mère, faisant souffrir les enfants qu'elle désire tant avoir. Dès le début, Audrey décide d'adopter une stratégie qui lui permet de privilégier sa relation avec Mel avant sa carrière, évitant les séparations dangereuses auxquelles semblent condamnés tous les couples du show-business. Elle n'a pas l'intention d'abandonner sa carrière pour autant. Elle affirme ainsi son point de vue : « Je crois que le mariage et l'art doivent nécessairement grandir ensemble. Ce qu'il ne faut jamais oublier, c'est que l'un comme l'autre demandent un engagement profond... Quand je me suis mariée avec Mel, j'ai décidé que toutes les fois que je consacrerai, disons trois mois de suite à ma carrière, je devrai en retour dédier au moins trois mois à ma vie d'épouse. Après tout, Mel aussi a ses problèmes, et quel genre d'épouse serais-je donc si, quand il rentre à la maison et qu'il a envie de se confier à moi, j'étais trop occupée par les soucis et les ambitions de ma propre carrière pour parler avec lui de quelque chose qui ne me concerne pas directement ? »

Comme le soulignera cruellement un proche d'Audrey : « L'ennui était que personne ne voulait vraiment de Mel ; mais, par leur mariage, Audrey et Mel étaient devenus un tout. Si vous vouliez l'elfe aux grands yeux, il fallait prendre aussi le Pygmalion à la triste figure. »

VII

GUERRE ET PAIX

DANS les mois qui suivent leur mariage, on évoque à nouveau la domination que Mel Ferrer exercerait sur Audrey Hepburn, affirmant qu'il la pousserait à n'accepter que les films dans lesquels il peut partager l'affiche avec elle. De l'avis de tous, Audrey accède aux moindres désirs de son mari. Un psychologue pourrait dire qu'Audrey a toujours rêvé d'un homme protecteur, d'une sorte de père de substitution. Et Mel correspond assez bien à cet emploi.

Audrey et Mel, chacun de leur côté, réfutent ces racontars dans plusieurs interviews et assurent qu'ils préfèrent suivre deux chemins parallèles au cinéma et au théâtre, plutôt que de les mêler. Cependant, c'est à condition que les distances entre eux ne soient pas trop grandes. Audrey affirme : « Que nous travaillions ensemble ou non, il nous faudra absolument éviter des séparations trop prolongées. Jusqu'à présent, nous ne nous en sommes pas trop mal sortis. » Quant à Mel, il déclare au *Daily Express* : « Audrey et moi, nous devons faire tout notre possible pour passer ensemble le plus de temps possible. Je ne veux pas dire par là que nous devons forcément faire équipe et participer au tournage des mêmes films – et même, je pense que ce serait nuisible à sa carrière. Mais j'insiste sur le fait que nous devons travailler l'un *près* de l'autre, c'est la seule chose sur laquelle je ne transigerai pas. »

Cependant, l'extrême possessivité de Mel à l'égard d'Audrey semble indéniable. Il surveille tout, diligente tout, s'occupe de tout. « Mel avait beaucoup d'influence sur Audrey, particulièrement les premières années de leur mariage, assure l'acteur Robert Flemyng, et il n'y a aucun doute qu'Audrey faisait ce qu'il lui disait. » Un autre comédien, qui a de bonnes raisons de croire qu'il connaît Audrey plus intimement que les autres, a un avis peut-être plus proche de la vérité : « Je crois qu'Audrey permet à Mel de croire qu'il l'influence », dit William Holden, son partenaire dans *Sabrina*.

Le couple n'essuie que des échecs dans ses tentatives pour monter *Ondine* au cinéma, en producteur indépendant. « Je savais que si le public pouvait voir Mel sous son meilleur jour, comme je l'ai vu, il l'aimerait autant que moi. Plus que moi, certainement ! C'est ce que je voulais. Avoir toujours la part du lion me mettait mal à l'aise. Je pensais que, si nous pouvions filmer *Ondine*, Mel serait apprécié à sa juste valeur. C'était aussi mon intérêt : je n'aurais plus été obligée de faire tellement attention à lui ! »

Finalement, le couple finit par accepter l'offre de Dino De Laurentiis pour l'adaptation au cinéma du roman *Guerre et Paix* de Tolstoï, Audrey dans le rôle de Natacha et Mel dans celui du prince André. Le plan de tournage prévoit de commencer les prises de vues pendant l'hiver. Mais Audrey devient enceinte et il faut changer le programme. Elle est tellement heureuse qu'elle paraît toute prête à renoncer au film. « Il n'y a rien de plus important pour moi que d'avoir des enfants, a-t-elle déclaré. Je l'ai toujours pensé. Je sais que cette expérience est différente pour chaque femme et je ne porte pas de jugement. En tout cas, j'essaie. Mais, honnêtement, je n'arrive pas à me représenter que quelque chose – quoi que ce soit – puisse être plus important dans la vie d'une femme que le bébé qu'elle met au monde. Je sais qu'il y a des millions de femmes – avec ou sans enfant – qui ont d'autres priorités. Mais pour moi, je n'ai jamais eu de question à me poser. Je voulais avoir des enfants plus que tout au monde. » Tenant, lui, plus que tout à Audrey, le producteur, Dino De Laurentiis, remue ciel et terre pour reporter le tournage à la fin de l'été 1955. Pendant ce temps, Mel Ferrer s'affaire autour de toutes sortes de projets et tente de tirer son épingle du jeu.

Le réalisateur Michael Powell (l'auteur de *The Red Shoes*) vient passer un week-end près de Rome chez Mel et Audrey. Il note que, sous le contrôle diligent de Mel, Audrey soigne sa santé et ménage ses forces. Mel peut se montrer strict sur la discipline. « Non, chérie, du lait », répond-il à Audrey qui demande un whisky avant d'aller se coucher. Il note même : « Ils pourraient résister à un long siège sans mourir de faim dans leur maison. Des fermes avoisinantes leur livrent de la viande et des œufs frais ; les légumes viennent du jardin d'à côté ; leur propre jardin a des vignes. Audrey apprend à sa cuisinière-gouvernante italienne à préparer du jambon avec œufs et pommes de terre sautées à l'américaine, et en retour celle-ci montre à Audrey la façon de préparer des plats italiens. » Audrey gardera le goût des pâtes tout le reste de sa vie. Du poisson aussi, acheté sur les marchés romains et servi avec du riz au safran et des asperges, complète le régime qui lui assure une taille enviable. Ses accès périodiques d'anorexie disparaissent à mesure que les soucis s'éloignent. Elle se met à fabriquer son propre pain après quelques leçons données par le boulanger du village. « Ils se sentent heureux dans ce cadre campagnard, mais conscients de l'état critique de leurs finances », note encore Michael Powell.

L'amour d'Audrey pour Mel fascine le réalisateur. « Audrey, écrit Powell, fait partie de ces femmes qui donnent tout ou rien. Je ne sais pas comment Mel a allumé cette torche, mais, mon Dieu, comme elle flambe ! » Il observe leur existence manifestement heureuse à la campagne, mais pressent que le caractère de Mel Ferrer risque de tout gâcher. Ferrer n'impressionne pas Powell en tant qu'acteur. « Il n'était ni chaleureux, ni généreux. Intelligent, oui – gentil, non. »

Powell engage néanmoins Mel pour le tournage d'une version révisée d'une manière extravagante de l'opérette de Strauss, *La Chauve-Souris* (*Die Fledermaus*). L'histoire est transférée à Vienne après la guerre, mais toujours sous l'occupation des troupes alliées et rebaptisée *Oh… Rosalinda !* Mel y campe un officier américain qui chante et danse. Il accepte le rôle à contrecœur, car il a absolument besoin d'argent.

Juste avant le nouvel an 1955, le couple arrive à Londres et loue un appartement près de Hyde Park pendant le tournage de *Oh… Rosalinda !* Audrey en profite pour voir longuement sa mère, ce qui agace légèrement Mel. Audrey est heureuse. Star, mariée à un séducteur et bientôt maman. A Noël, le couple échange ses cadeaux : un sweater jaune en cachemire pour lui, une robe blanche brodée d'œillets pour elle. La sortie de *Sabrina* aux Etats-Unis puis en Europe, qui est un vrai succès, comble Audrey*. « La plus délicieuse comédie à l'eau de rose depuis des années », écrit

* Le succès de *Sabrina* reçoit une confirmation ultérieure par une nouvelle nomination d'Audrey pour l'Oscar de la meilleure actrice principale ; mais c'est finalement Grace Kelly qui remporta le prix pour son interprétation dans *Une fille de la Province.*

Bosley Crowther du *New York Times*, dont la critique ressemble à une lettre d'amour : « Une femme si frêle et si délicate, avec une gamme extraordinaire d'expressions sensibles et émouvantes. » Certains, telle la chroniqueuse Dorothy Manners, mettent cependant un bémol : « Après avoir vu pour la deuxième fois Audrey aux yeux limpides, je commence à croire qu'elle n'est pas l'actrice la plus douée du monde. Elle est presque aussi artificielle que l'autre Miss Hepburn... » Mais *Time* remarque : « Ne pas jouer, mais simplement exister. C'est le plus rare des dons, et Audrey le possède. » Marjorie Rosen, du *Chicago Tribune*, note : « Elle éblouit tout simplement par la force de sa joie de vivre et par son physique très personnel... un corps mince et osseux, un port de reine et un visage de lutin. Des yeux de biche au regard intelligent, un nez irrégulier et une bouche large au sourire sensuel, espiègle et totalement sincère. »

Certains sont moins dithyrambiques, tel le photographe Cecil Beaton qui transcrit en artiste mondain : « Bouche immense, traits plats mongoliens, yeux lourdement peints, coiffure de noix de coco, longs ongles sans vernis, taille merveilleusement souple, cou long mais peut-être trop décharné. Tout très simple. »

Le timbre d'Audrey n'échappe pas non plus à la critique de ce témoin : « Avec sa voix traînante et plate, on dirait qu'elle récite des prières, avec parfois des intonations enfantines de doute ou d'immense chagrin », écrit Cecil Beaton, dont l'oreille est aussi aiguë que l'œil. Et un des futurs metteurs en scène d'Audrey, Stanley Donen, remarqua que ce n'était pas seulement la caméra qui l'aimait : « C'est la bande sonore aussi. On n'avait pas besoin de la voir : sa voix est parfaite pour calmer les nerfs. Quel son céleste coule de sa gorge ! Elle a une douceur soutenue par une diction distincte mais jamais pédante, elle embrasse les paroles et les entoure comme le miel. Elle captive même dans le noir. »

Cette voix si particulière d'Audrey (non doublée même dans les chansons de *Drôle de Frimousse*) est un élément important de son succès. Peter Bogdanovich la compare à celle d'un contralto velouté : « L'élégance d'un ronronnement... une voix qui touche à peine aux consonnes, aussi remarquable par son accent que par sa façon caractéristique de s'en servir. » Et Cecil Beaton dit juste lorsqu'il parle d'« une voix absolument unique qui, au début, prend un rythme lancinant semblable à celui d'une berceuse, et puis se fait insidieuse et traînante, et finit en une sorte de lamento infantile diffus, qui vous brise le cœur ».

Audrey a en effet une élocution bien à elle. Non seulement son parler est immédiatement identifiable, mais on peut l'imiter facilement. Comme son apparence. Ses yeux, par exemple ; et sa coiffure de gamine. Leslie Caron a peut-être eu la première cet air effronté, mais quand, dans *Vacances Romaines*, Audrey, princesse qui fait l'école buissonnière, se précipite chez le coiffeur et en sort avec une coupe à la garçonne, ce genre devient le sien. Toutes les photos d'elle prises par la demi-douzaine de grands photographes de l'époque – Avedon, Beaton, Penn, Anthony Beauchamp, Dorothy Wilding, Bob Willoughby – immortalisent « le style Hepburn ».

Au milieu de 1954, le *Los Angeles Times* rapporte que : « La coiffure d'Audrey Hepburn provoque presque une révolution dans les établissements de bains japonais. Les clientes doivent y payer dix yen pour faire laver leur lourde chevelure. Celles qui portent la coiffure raide et courte de Hepburn soutiennent qu'elles devraient bénéficier d'un tarif réduit. » Les femmes occidentales n'osent pas menacer leurs figaros de pareilles exigences, mais beaucoup réclament la coupe Hepburn. Cecil Beaton observe dans *Vogue* que « personne n'avait son apparence avant la Seconde Guerre mondiale... maintenant des milliers d'imitations sont apparues. Les rues sont pleines de jeunes femmes décharnées aux cheveux rongés par les rats et aux visages pâles comme la lune ». La mode de cette coiffure durera longtemps après qu'Audrey l'aura abandonnée. Dans les années 90, les top-models comme Linda Evangelista, Lucie de la Falaise ou Kate Moss s'en inspireront encore.

Certains s'insurgent bien sûr contre cette tyrannie, telle l'historienne du cinéma Nora Sayre : « De nombreuses adolescentes des années 50 se sont laissées abuser par l'image d'Audrey Hepburn. On nous demandait de nous identifier à elle, ou de la prendre pour modèle. Flirteuse et en même temps pratiquement asexuée, Hepburn séduisait les hommes parce qu'elle ne les menaçait pas. L'adulation dont elle faisait l'objet nous donnait à penser qu'une jeune femme doit être bien élevée, soumise et sexuellement neutre – raffinée dans les soirées mondaines sans doute, mais exempte de toute sensualité déplacée. [...] Comment avons-nous pu nous ruer en masse pour choisir une préanorexique hautaine comme modèle, en nous calquant sur elle aussi servilement et pendant tellement longtemps ? »

A l'époque, Audrey n'est guère consciente de son influence. Dans *Vanity Fair*, Dominik Dunne lui demanda un jour si elle s'étonnait de l'émotion qu'elle suscitait : « Absolument, répondit-elle. Tout m'étonne. Je m'étonne que l'on me reconnaisse dans la rue. Je me dis : "Bon, eh bien, je dois toujours me ressembler..." C'est quelque chose que je ne comprends pas. »

Audrey affronte de graves soucis en cet hiver 1955 ; alors qu'elle regagne la Suisse en mars, elle fait une fausse couche. Le coup est dur pour une femme qui veut à tout prix fonder une famille et élever un enfant dans l'amour et la sécurité qu'elle n'a jamais connus dans son enfance. Sa foi vient à la rescousse de sa tristesse. Au lieu de regarder en arrière ce qui aurait pu arriver, elle se concentre sur ce qu'elle va devenir maintenant – une des grandes héroïnes de la littérature, la Natacha de Tolstoï.

Mel réussit à la convaincre que le travail est la meilleure thérapie contre la dépression. D'autant plus que quand De Laurentiis apprend l'infortune de son actrice, il modifie le plan de travail de *Guerre et Paix* pour la troisième fois, de manière à ce que les prises de vues puissent commencer fin juillet. « Je voulais annuler le film ; je voulais annuler ma vie, déclarera Audrey. Mais j'ai continué pour Mel. Il pensait que le tournage du film m'obligerait à sortir de mon chagrin. Et moi je me disais qu'il serait bénéfique pour sa carrière à lui. Je ne suis pas sûre que le film ait permis d'atteindre l'un ou l'autre de ces buts, mais il nous aida à traverser un moment difficile et nous rapprocha l'un de l'autre. »

Entreprise titanesque que ce film d'époque tourné à Rome par le grand King Vidor. Les coupoles de Moscou sont reconstituées le long des quais du Tibre plus vraies que nature et dans les immenses studios de Cinecittà. De Laurentiis engage 15 000 soldats de l'armée italienne, revêtus de copies fidèles des uniformes russes de l'époque napoléonienne. L'entreprise semble ambitieuse : six scénaristes, quatre mille pistolets, six mille fusils, sept mille costumes ayant exigé plus de cent mille boutons, et assez de neige artificielle pour deux blizzards. Les épisodes de batailles entre les Français et les Russes, impressionnants, sont superbement recréés, au détriment des scènes intimistes.

Audrey décrira Natacha comme le rôle le plus dur qu'elle ait jamais joué, ce qui ne l'empêchera pas de le tenir avec son acharnement coutumier. « J'ai fait *Guerre et Paix* vêtue de velours et de fourrures en plein mois d'août, se rappellera-t-elle. Dans la scène de chasse, où je porte une tenue lourde avec un chapeau haut, la famille traversait péniblement un grand champ sous un soleil romain de plomb quand, tout à coup, mon cheval s'est évanoui. On m'a très vite retirée de ma selle et il n'a donc pas roulé sur moi. Les gens disent que je suis aussi forte qu'un cheval, je suis même plus forte. Je ne me suis pas évanouie. Le cheval, si. »

Le défi pour Audrey est de restituer fidèlement le personnage créé par Tolstoï. L'écrivain la décrit en ces termes : « La fillette aux yeux noirs, à la bouche trop grande… pleine de vie, avec ses épaules découvertes d'enfant que sa course rapide avait dégagées de son corsage, ses boucles noires emmêlées rejetées en arrière, ses minces bras nus… son buste à peine ébauché… c'était cela, Natacha : un petit miracle de candeur et de grâce juvénile. » L'acteur Jeremy Brett, qui incarne le frère cadet de Natacha, déclare qu'Audrey possède la fragilité exacte du personnage : « Quand je suis arrivé chez eux, dira-t-il, Mel est venu au-devant de moi. Tout à coup, sous son bras droit, est apparue une petite fille sans aucun maquillage qui avait l'air d'avoir à peu près seize ans – une poupée de porcelaine d'une exquise délicatesse. J'étais ensorcelé. Je me souviens d'avoir été nager avec eux et de m'être cogné la tête contre le rebord de la piscine tellement j'étais occupé à la regarder. »

Pourtant, la fragile Audrey commence à faire quelques caprices de star. Pour la coiffer et la maquiller, elle exige le couple Alberto et Grazia De Rossi qui l'accompagnera tout au long de sa carrière. Selon Alberto De Rossi : « Audrey avait une ossature si belle que ses traits ne demandaient pas un travail énorme. Elle avait une mâchoire forte que, d'une certaine façon, j'escamotais en mettant l'accent sur ses tempes. Ses sourcils étaient épais, et il fallait toujours les alléger. A chaque film que nous avons fait ensemble, j'essayais de les réduire un peu par rapport à la fois précédente, mais sans tomber dans les extrêmes. Elle avait le genre de visage qui a besoin de sourcils. »

Audrey exaspère les costumiers en exigeant systématiquement qu'Hubert de Givenchy donne son accord sur ses vêtements (or, elle en porte vingt-quatre dans le film). Elle avait demandé à ce dernier de faire les costumes de Natacha, mais il s'y était refusé en prétextant que ce type de création pouvait saper son statut nouvellement acquis de leader de la mode contemporaine. Le couturier ne s'en déplace pas moins à Rome plusieurs fois pour approuver les tissus et les couleurs choisis, ainsi que pour vérifier si leurs coupes conviennent à Audrey.

Le tournage souffre du manque d'efficacité et de la manière approximative de travailler des Italiens. Comme tous les autres comédiens, Audrey doit affronter ces pénibles conditions. « J'avais fondé de grands espoirs sur *Guerre et Paix*, se rappellera-t-elle. Mais, dans un film épique, l'importance des personnages est secondaire par rapport au récit historique. Dans de nombreux plans, la dimension humaine se perd dans l'énormité des perspectives. »

Le rôle d'Audrey dans ce film dure bien au-delà des douze semaines stipulées dans le contrat, et cela au prix de sa santé. Élève infatigable, elle veut acquérir toutes les compétences que demande son rôle. Inquiète pour les scènes à cheval, elle s'arme de courage afin d'avoir l'assiette d'une jeune aristocrate sur un poney authentiquement élevé en Russie. Dans les grandes salles des palais russes, recréées aux studios de Cinecittà dans un souci du détail ahurissant, elle apprend les figures compliquées qu'on interprétait aux bals de la Cour impériale au début du XIXe siècle. Elle reste debout pendant des heures au milieu d'une armée de costumiers, qui l'habillent de robes qu'aurait pu porter sa propre arrière-grand-mère lors des fêtes royales aux Pays-Bas.

Face à ce rythme quotidien et intensif de tournage, il n'est pas étonnant qu'Audrey dise non à George

Stevens quand il lui propose le rôle d'Anne Franck. Mais ce refus ne s'explique pas seulement par un programme surchargé. Il y a trop de sa propre vie dans cette histoire. Celle de la jeune fille juive qui ne se laisse pas abattre et dont l'esprit demeure intact à travers les années d'emmurement dans une cachette secrète si près des soldats allemands et des officiers de la Gestapo. Toute l'histoire rappelle trop à Audrey les dangers et les privations de la guerre. En outre, elle éprouve quelques scrupules à jouer une « sainte ». Cette objection ne fait que rendre Stevens encore plus acharné. Mais Audrey ne se laisse pas convaincre. Elle raconte à Stevens qu'elle a lu le journal d'Anne Franck dès 1946, en hollandais, quand un ami lui en a donné une épreuve. Cet ami était le bienfaiteur de sa mère, Paul Rykens. « Je l'ai lu, dira-t-elle à Lesley Garner dans une interview beaucoup plus tard, et cela m'a détruite... Je ne le lisais pas comme un livre, comme des pages imprimées. C'était ma vie... Cela m'a changée pour toujours, tant il m'a émue. »

Un moment viendra où Audrey pourra à nouveau ouvrir le journal d'Anne Franck. Cette fois, elle y puisera des qualités propres à lui inspirer son engagement humanitaire plus fortement que tout autre rôle au cinéma. Mais à Rome, au milieu des années 50, alors qu'elle interprète une héroïne qui voit elle aussi sa patrie, son foyer, sa famille dévastés par la guerre, ce genre de préoccupation est encore lointain. Audrey confie à des amis que si elle avait accepté la proposition de George Stevens, « j'aurais fait une dépression nerveuse ». D'ailleurs, elle n'aspire plus qu'à quitter Rome : « Dès que les scènes avec Mel furent terminées, le film devint ennuyeux pour moi », confia-t-elle.

Dans son autobiographie, King Vidor évoque Audrey Hepburn avec nostalgie : « Dès le début du tournage du film, et peut-être avant même de décider de le faire, aucune actrice ne me semblait aussi parfaite qu'Audrey pour ce rôle... elle se mouvait sur scène avec cette intelligence instinctive des gestes et des tempos qui fait la joie d'un réalisateur. » Et de conclure : « Chaque fois qu'on me pose la question la plus embarrassante qui soit, c'est-à-dire : "Parmi toutes les actrices que tu as dirigées, quelle est celle que tu préfères ?", le seul nom qui me vienne à l'esprit, c'est celui d'Audrey Hepburn. »

Curieusement, le réalisateur réfute les critiques formulées sur Mel Ferrer et sa propension à écraser de sa protection Audrey. « Il est faux que Ferrer ait cherché à intervenir dans la réalisation de *Guerre et Paix*. A l'époque, j'avais entendu pas mal de choses désagréables sur son compte ; moi, je l'ai trouvé fascinant. Il n'a jamais essayé de diriger le film et tout est allé pour le mieux. J'ai toujours pensé qu'Audrey avait besoin d'un homme comme lui, d'un homme capable de décider à sa place. Audrey était quelqu'un de totalement naïf. Elle n'avait pas la moindre idée de la manière dont fonctionnent les affaires, contrairement à Mel qui pensait à tout et négociait toujours à sa place. Il savait ce qui était juste pour elle, combien d'argent elle devait gagner. »

Interrogé plus tard à propos des supposées disputes sur le plateau, King Vidor répondit : « En Italie, n'importe quelle conversation ressemble à une querelle. J'ai tout de suite compris que si tu ne commences pas par hurler, tu n'obtiens rien des Italiens. Alors, moi aussi, je me suis mis à crier. Henry Fonda aussi criait, de temps en temps. » « Et Audrey ? demanda-t-on. – Non, pas elle. Elle laissait Mel crier à sa place. »

Le couple n'aspire plus qu'à quitter Rome et ce tournage interminable. Audrey croule sous les scénarios. Le producteur Hal B. Wallis, lui propose de tenir le premier rôle dans la future transposition cinématographique du drame de Tennessee Williams, *Eté et Fumée* (*Summer and Smoke*, 1962). Il est venu tout exprès à

Rome pour en discuter. Audrey se montre très intéressée par ce rôle de vieille fille triste et frustrée du Mississippi. William Wyler, lui, est impatient de prendre sa place dans la file d'attente, ou plutôt de passer avant son tour. Il a acheté les droits européens de la pièce de Rostand, *L'Aiglon,* et vient persuader la comédienne de jouer le jeune fils de Napoléon et de l'impératrice Marie-Louise, mort de tuberculose avant qu'il ne puisse hériter de l'empire de son père. Né en Alsace, Wyler montre une grande affection pour les dynasties européennes. Il propose de tourner le film au palais de Schönbrunn à Vienne, où le garçon a été élevé après l'exil de Napoléon. Mais ce projet grandiose échoue à cause du refus absolu des patrons de la Paramount de permettre à leur nouvelle star d'apparaître en garçon. Ce genre a disparu avec Garbo !

Il y a aussi un film avec Gary Cooper et Maurice Chevalier que doit diriger Billy Wilder à Paris un an plus tard. Audrey donne son accord lorsqu'elle apprend que Jean Renoir tournera en même temps son film *Elena et les Hommes* où il propose un rôle à Mel. Mais le film de Billy Wilder est finalement retardé et Audrey voit avec appréhension Mel partir bientôt pour Paris. Au bout de deux ans de mariage, Audrey, qui se fait du souci pour l'ego de son mari, doit trouver une solution afin de préserver leur couple.

En deux heures, elle donne à la Paramount son accord sur un projet de comédie musicale avec Fred Astaire. A condition qu'elle soit tournée à Paris. Tels Elizabeth Taylor et Richard Burton plus tard, les époux mettent la Paramount au pied du mur : tourner les extérieurs de *Drôle de Frimousse* (*Funny Face*) à Paris et retarder le film de Renoir de façon à ce que Mel et Audrey se retrouvent ensemble dans la capitale française. Le studio s'incline et réalise le miracle. Le sourire revient sur le visage *funny funny* d'Audrey la capricieuse…

VIII

DRÔLE DE FRIMOUSSE

Au départ, *Drôle de Frimousse* (*Funny Face*) est une pièce de théâtre : *Wedding Day.* C'est l'histoire d'une vendeuse de librairie dans Greenwich Village, à New York, découverte par un photographe de mode lors d'une prise de vues pour un magazine de luxe. On la transforme en modèle et on l'emmène à Paris pour une série de photographies romantiques. Comme Eliza Doolittle, la jeune fille se sent peu appréciée par son mentor ; et lui, de son côté, ne veut pas reconnaître le désir peu professionnel qu'elle lui inspire.

En tout premier lieu, Dore Schary, le chef de production de la MGM, favorise le choix de Cyd Charisse pour tenir le rôle de la jeune fille. Mais Roger Edens, l'adaptateur du film avec Stanley Donen, refuse ce choix pour des raisons de crédibilité, car l'actrice manque d'innocence, une qualité essentielle que possède bien Audrey Hepburn.

Face à la vedette masculine, Fred Astaire, Audrey semble faire le contrepoids idéal. Selon certains biographes, pour emporter l'adhésion de la comédienne, les producteurs lui confient que Fred Astaire n'accepterait de participer au film qu'en sa compagnie. Mais, dans ses mémoires, Fred Astaire affirme que les choses se passent exactement à l'inverse : Roger Edens lui raconta qu'Audrey avait beaucoup aimé le scénario, mais qu'elle n'acceptait d'en interpréter le principal rôle féminin que si on lui garantissait qu'il serait son partenaire.

Dans ce petit jeu, les studios jettent leur grain de sel : la Paramount n'a pas la moindre intention de prêter Audrey à la MGM et n'est pas très convaincue non plus de l'opportunité de lui céder Fred Astaire, qu'elle a sous contrat pour deux films. Comme l'écrit celui-ci dans ses souvenirs : « Il s'agissait d'une véritable guerre. La Paramount n'avait aucunement l'intention de négocier ; quant à la MGM, il était hors de question pour elle de céder ne serait-ce que d'un pouce. On ne voyait pas comment sortir de l'impasse où la situation s'était enlisée. On n'arrêtait pas de me répéter qu'il était impossible d'arriver à un accord entre les deux parties. Cependant, je savais qu'Audrey tenait à faire ce film et qu'on devait donc forcément arriver à un accord, un jour ou l'autre – parce qu'Audrey est une femme qui sait ce qu'elle veut et qui suit le chemin qu'elle s'est tracé. J'ordonnai donc à mon agent d'annuler tous mes autres engagements. Il fallait que j'attende Audrey Hepburn. Elle avait fait part de son désir de travailler avec moi, et j'étais prêt. Cette opportunité était peut-être la seule qui me serait jamais donnée de travailler avec la grande, l'adorable Audrey et je n'avais pas l'intention de la laisser s'échapper. Un point c'est tout. »

Audrey est ravie quand le projet prend enfin tournure. « Je réalise le rêve de ma vie en faisant une comédie musicale avec Fred Astaire », dit-elle au téléphone à Louella Parsons. Elle séjourne alors à Paris où elle est en train de se remettre en forme dans une salle de danse et s'apprête à se rendre à Hollywood pour les répétitions et les enregistrements des chansons à la mi-février 1956.

« Ce qu'elle n'a jamais voulu admettre, dira Stanley Donen, c'est qu'elle était terrifiée. » On le comprend aisément. Fred Astaire est reconnu par Balanchine et Jerome Robbins comme le plus grand danseur du XXe siècle – beaucoup plus tard, Baryshnikov le dira aussi. Cette opinion aurait terrifié tous ceux qui savent ce qu'exige la danse.

Après un long séjour à l'Hôtel Raphaël, Audrey retourne à Hollywood et s'installe à Malibu dans la maison louée au réalisateur Anatole Litvak. La presse fait ses choux gras de sa manière extravagante de voyager (avec parfois plus de cinquante malles ou valises). D'après un reportage, « à la manière d'une altesse royale en exil, où qu'elle aille, elle emporte avec elle des malles où sont emballés ses chandeliers personnels, ses plats en argent, ses livres, disques et tableaux. Elle voyage aussi avec de nombreux objets de sa couleur préférée, le blanc : linge de table et de lit, deux couvertures tricotées à la main, services de table, minuscules cendriers en porcelaine de Limoges et boîtes à cigarettes ». On raconte même que l'actrice étiquette elle-même chaque objet et conserve en permanence un inventaire sur papier libre, afin de pouvoir trouver (puis réemballer) le tout dans le même ordre. Selon Barry Paris, cette habitude vient de sa mère qui, comme toute aristocrate européenne dotée de nombreuses résidences, a voyagé de cette manière au temps glorieux de sa jeunesse.

Pourtant, pas la moindre velléité de caprice sur le plateau du film. Audrey, pendant les essais, reste debout pendant des heures sans jamais se plaindre, sans jamais protester. On voit bien combien elle est fatiguée, mais elle n'en parle jamais. Elle se change avec une vitesse et une précision incroyables, sans un geste superflu.

Une comédie musicale est une épreuve de longue haleine et Audrey en acquiert la discipline. Chaque matin, elle arrive au bureau de Roger Edens pour répéter sa chanson au piano. Puis, elle se rend au studio où Stanley Donen dirige la musique et l'arrange pour la caméra. Après cela, elle termine en salle de répétitions pour travailler les pas de danse.

Enregistrer les chansons prend une semaine : délai étonnamment court vu les arrangements compliqués et la minutie de Stanley Donen, de Roger Edens et de leur équipe. La première chanson est la plus difficile : dans cette séquence comprenant *Bonjour Paris*, Audrey, Fred Astaire et Kay Thompson (cette dernière jouant la sévère rédactrice d'un magazine de luxe, type *Vogue*) arrivent à l'aéroport, puis partent séparément découvrir les merveilles de la capitale française. Chacun est photographié devant un endroit typique de Paris, tantôt séparément, tantôt sur un écran divisé en trois, jusqu'à ce qu'ils convergent à l'improviste sur la plate-forme d'observation de la tour Eiffel – qu'ils ont juré de ne jamais visiter car c'est trop « touristique ». Cette chanson doit durer exactement cinq minutes et mettre en valeur trente-huit extérieurs de Paris.

Audrey et Fred ne disposent que de cinq semaines pour répéter et enregistrer les quatorze séquences musicales du film avant le début du tournage. L'entente entre les deux partenaires est idyllique. Audrey évoquera leur première rencontre : « Je me rappelle qu'il portait une chemise jaune, un pantalon de flanelle grise, une écharpe rouge nouée autour de la taille pour toute ceinture et qu'il avait aux pieds des mocassins qui laissaient dépasser des chaussettes roses. Et surtout, il arborait un sourire irrésistible. » Et de poursuivre : « Un seul regard à ce qui me parut être l'homme le plus élégant, le plus séduisant et le plus distingué que j'aie jamais vu suffit à me transformer en statue de sel, tandis que mon cœur s'arrêtait de battre. Et puis, tout à coup, je sentis sa main autour de ma taille et je pris conscience qu'avec sa grâce inimitable et son incomparable légèreté il m'avait littéralement soulevée du sol. Et c'est ainsi que j'éprouvai l'émotion que toutes les femmes du monde ont rêvé de vivre au moins une fois dans leur vie : danser avec Fred Astaire. »

S'il y a bien de petites frictions sur le plateau, le bon caractère d'Audrey finit par l'emporter. « Dans une scène, se rappellera Stanley Donen, Audrey et moi étions d'accord pour qu'elle porte un pantalon noir très collant, un pull noir et des chaussures noires qui faisaient d'ailleurs partie de ses vêtements habituels. Je ne lui demandais donc rien d'extraordinaire. Mais, au passage, je lui signalai qu'elle devait porter des socquettes blanches, ce qui la sidéra. "Certainement pas ! s'exclama-t-elle. Cela couperait ma silhouette à la cheville !" Je lui ai répondu que, faute de socquettes blanches, elle disparaîtrait dans l'arrière-plan, que tous ses mouvements seraient privés de définition et que son numéro de danse serait morne et plat. Elle éclata en sanglots et courut se réfugier dans sa loge. Au bout d'un moment, elle se reprit, enfila les socquettes blanches, revint sur le plateau et tourna ses plans sans se plaindre. C'était une vraie professionnelle. Quand elle vit la séquence, par la suite, elle m'envoya une petite note : "Vous aviez raison pour les socquettes. Votre Audrey." »

Si Audrey danse dans *Drôle de Frimousse*, elle chante aussi. Un exploit vu son mince filet de voix ! Car tout doit être répété et enregistré à Hollywood devant un orchestre de plus de cinquante musiciens, puis chanté en play-back quand l'équipe se rend à Paris. Roger Edens se souvient des coulisses : « Même pour des artistes expérimentés, il est très éprouvant pour leurs nerfs de faire toutes les prises et les repriscs. J'avais peur qu'Audrey ne puisse y parvenir. » Stanley Donen avait aussi ses propres inquiétudes : « Fred était très bon danseur. De plus, certaines personnes dont George Gershwin, Irving Berlin et Cole Porter, savaient qu'il chantait encore mieux qu'il ne dansait. Je me suis dit : "Oh, mon Dieu, est-ce qu'Audrey peut être à sa hauteur ?" Elle était nerveuse et Fred le sentait. Elle manquait sans cesse une note pendant les trois ou quatre premières prises et nous avons dû nous arrêter, puis nous y remettre plusieurs fois – le genre de choses qui conduit une chanteuse professionnelle à s'effondrer. Fred constatait qu'elle devenait de plus en plus nerveuse à chaque prise supplémentaire. Lorsque Audrey rata la suivante, Fred ne s'arrêta pas, mais tout à coup il chanta une fausse note lui-même, à dessein, et puis il dit : "Je vous prie de m'excuser, Audrey." C'était une petite ruse toute simple et elle le remarqua sans doute, mais ce fut juste ce qu'il fallait pour relâcher la tension et montrer que nous étions tous faillibles. Dès lors tout alla comme sur des roulettes, ou presque. »

« Je suis assez fière de ma voix dans *Drôle de Frimousse*, dira Audrey. Beaucoup de gens ignorent que le film n'a pas été doublé. Kay Thompson m'avait persuadée que je pouvais très bien me défendre et je suis contente qu'elle l'ait fait. J'avais tellement peur de jouer avec Astaire que je ne me sentais vraiment pas à ma place. Mais je passe toujours par de terribles incertitudes, avant de faire quelque chose. Et puis une fois que je suis lancée, mes inhibitions disparaissent. »

L'équipe de *Drôle de Frimousse* se déplace donc à Paris en avril 1956 pour le tournage en extérieurs. Audrey et Mel séjournent à nouveau à l'Hôtel Raphaël qui devient leur foyer pour les quelques mois à venir. Mel commence à travailler au film de Jean Renoir. Margaret Gardner, une journaliste free-lance, se rappelle la surprise qui l'attend lorsqu'elle se rend à l'hôtel dans leur suite. Presque tous les meubles ont été enlevés et remplacés par ceux du couple.

Tableaux, tapis, sofas, couvertures de fauteuils, lampes de table, draps, vases, coussins, argenterie, cristal, nappes, carafes et plateaux : tout provient d'un garde-meuble en Suisse, attendant le jour où Audrey et son mari auraient leur propre foyer (à part le chalet de Burgenstock qu'ils louent toujours à Fritz Frey). Comme si elle éprouvait un besoin grandissant de trouver ses racines, Audrey veut rassembler autour d'elle un monde familier, là où son travail l'oblige à séjourner. Car désormais son mode de vie, c'est cela : grands hôtels, suites élégantes mais anonymes. Seul le cordon protecteur d'objets familiers peut remplir le vide en attendant la venue d'un enfant. Au lieu d'une famille, Audrey transporte donc son foyer avec elle. Dans les interviews données à l'époque, elle admet ressentir un « sentiment d'insécurité... Quelquefois je crois que plus on a du succès, moins on se sent en sécurité. C'est angoissant, d'une certaine façon, vraiment ».

Margaret Gardner constate avec étonnement qu'Audrey est une femme très pratique, capable de changer les fusibles au compteur électrique, les joints défectueux d'un robinet, ou encore de réparer certaines machines en les bricolant. C'est ce qu'elle fait avec son magnétophone lorsque ce dernier tombe en panne en plein milieu de l'interview. Avec Henry Rogers pour attaché de presse, Audrey est très attentive à ses rapports avec les journalistes. Margaret Gardner en témoigne : « Elle était pointilleuse sur chaque fait, pouvait même corriger à la main des parties du texte. Elle avait droit de veto sur la moindre photo. Mais lorsqu'elle accordait une interview, cela n'était jamais à la va-vite. Elle prenait le temps de vous recevoir et le faisait de façon exquise. »

Droit de veto sur les photos ? Audrey éprouve quelques complexes sur son physique, comme elle l'explique à *Cosmopolitan* en octobre 1955 : « Je me suis souvent trouvée assez laide. J'ai souvent été déprimée et profondément déçue par ma silhouette. Je suis même parfois allée jusqu'à me détester. J'étais trop grosse, ou trop grande peut-être, ou simplement trop moche. Je n'arrivais à prendre en main aucun de mes problèmes, ni à m'en sortir avec les gens que je rencontrais. Si on veut faire de la psychologie, on peut dire que ma détermination vient de mes sentiments d'insécurité et d'infériorité. Avec un comportement hésitant, je n'aurais pas pu dominer ces sentiments. Je me suis aperçue que la seule façon d'en venir à bout était d'avancer avec dynamisme. »

Hubert de Givenchy, qui connaît mieux que quiconque les complexes d'Audrey, analyse : « Elle se connaissait parfaitement bien. Ses qualités comme ses points faibles. Je crois qu'elle a été très loyale avec moi parce que je ne lui dissimulais rien et je la laissais être elle-même. Il se trouve que je n'ai jamais pensé que son physique avait beaucoup de défauts, et encore moins sa personnalité. Mais je lui remontais le moral. Pour *Sabrina* par exemple, elle était tourmentée par son absence de poitrine. Je lui ai dit que les gens verraient ses yeux avant tout et que la taille de sa poitrine n'aurait plus aucune importance. Ses yeux étaient tout. Je le pensais vraiment. Et je crois que je l'en ai persuadée aussi. »

Car Audrey avec sa « drôle de frimousse » est devenue irrésistible. Ses yeux de biche, ses hautes pommettes aristocratiques, ses hanches étroites et son maintien royal captivent tous ceux qu'elle rencontre. A commencer par les journalistes. Lorsqu'elle parle d'elle-même – sur n'importe quel sujet, des artichauts aux zèbres –, elle aborde un point après l'autre, sans jamais brûler les étapes ni faire de digression. Lorsqu'elle lit, elle lit ; lorsqu'elle fait un essayage, elle ne fait que cela ; lorsqu'elle parle « fringues », elle parle « fringues » ; et lorsqu'elle se met sous le séchoir à cheveux, elle se contente de rester assise et de faire sécher ses cheveux. « Elle est la seule actrice que j'aie jamais coiffée qui ne jacasse pas, ne lit pas, ne tricote pas, ne se cure pas les dents, et n'avale pas un sandwich aux crudités », confirme son coiffeur de l'époque. A l'évidence, un oiseau rare.

L'actrice, en fait, essaie de contrôler l'intérêt médiatique qu'elle suscite, non sans pertinence. « Partout, c'est stupéfiant. Tous ces gens qui braquent leur objectif sur vous, surtout en Europe. De temps en temps, on perd pied. Toutes ces questions qui vont de "Qu'est-ce que je pense ?" ou "Qu'est-ce que j'aime ?", "Quel effet cela fait-il d'être une star ?", aux grandes questions, parfois politiques... Et me voilà, petite actrice innocente, m'efforçant de bien faire mon boulot : il paraît que mon opinion sur le Moyen-Orient aurait de l'importance ! Ce n'est pas que je n'aie pas d'opinion, mais je doute fort de son intérêt. »

L'insatisfaction d'Audrey va crescendo sur le tournage de son film suivant : *Ariane* (*Love in the Afternoon*) qu'elle enchaîne deux semaines après celui de *Drôle de Frimousse.* Herb Sterne, l'attaché de presse de la production, se souvient que ses exigences ont failli le rendre fou : « Aucun cliché ne pouvait être diffusé sans son approbation, ce qui n'a rien d'extraordinaire ; mais elle refusait aussi presque systématiquement de poser pour quelque photo que ce soit ! Je me souviens qu'il a presque fallu la tenir de force pour en prendre quelques-unes. Pourtant, j'avais apporté toute une garde-robe afin qu'elle puisse y faire son choix. C'était l'horreur. Elle était dans un état épouvantable, elle n'arrêtait pas d'ergoter et de se tracasser. A un moment donné, elle devint obsédée par ses narines, convaincue qu'elles étaient trop dilatées dans certains plans. Elle nous supplia de refaire des prises, naturellement nous ne l'avons pas fait. Mais nous avons essayé de la contenter en lui disant que nous les referions à la fin du tournage. Elle était tellement à bout que nous ne pouvions pas faire autrement. »

Ariane raconte l'histoire de la fille violoncelliste d'un détective qui tombe amoureuse d'un play-boy dissolu sur lequel enquête son père. Audrey, qui a vingt-sept ans, s'éprend de son partenaire, Gary Cooper, âgé de cinquante-cinq ans. Bien que sur le déclin, il est toujours adulé. A Hollywood, on l'aime peut-être plus que tout autre. John Wayne l'appelle « le meilleur homme du monde ». Ses admiratrices l'idolâtrent, et les comédiennes qui l'entourent dans ses films l'adorent aussi. Lauren Bacall déclare que « Coop est un des plus beaux hommes que j'aie jamais vus, avec ses yeux couleur de bleuets », et Audrey ne peut s'empêcher d'admirer ses beaux traits sans être profondément touchée.

A l'écran, Audrey acquiert une véritable spécialité en captivant quelques-unes des stars seniors d'Hollywood : Henry Fonda, Fred Astaire... puis maintenant Gary Cooper. Cary Grant et Rex Harrison suivront. Tous sont fascinés par cette jeune femme aux allures juvéniles, à la voix veloutée qui sait si bien révéler leur vulnérabilité. Gary Cooper est accroché. « Je suis dans le cinéma depuis plus de trente ans, dit-il, mais je n'ai jamais eu une partenaire aussi passionnante qu'Audrey. Elle met plus de vie et d'énergie dans son métier d'actrice que toutes celles que j'aie jamais rencontrées. »

Le tournage du film se déroule dans l'harmonie. Bien que l'accueil du public à sa sortie soit mitigé, *Ariane* reste l'un des films de Billy Wilder les plus riches et les plus personnels ; et de la même façon que Jack Lemmon incarne le héros wildérien idéal, Audrey devient l'héroïne parfaite de Wilder, mélangeant l'innocence et la fragilité avec une résolution et une espièglerie sûres.

Sur le tournage, Maurice Chevalier, qui incarne le père d'Audrey, lui écrit un petit mot qu'elle scotche sur le miroir de sa loge : « Comme je serais fier, et comme je serais plein d'amour, si j'avais réellement une fille comme toi. » Audrey met parfois les bras autour de son cou et l'embrasse doucement sur la joue. « Je ne peux pas te dire, Maurice, combien c'est une joie et un privilège de travailler avec toi », lui souffle-t-elle, élogieuse et ravie. Gary Cooper/Audrey Hepburn/Maurice Chevalier, le trio semble jouer de la musique de chambre dans la plus totale harmonie. Maurice Chevalier note même dans son autobiographie : « Nous sommes comme des musiciens qui accordent leurs instruments. Les acteurs échangent plus que des paroles quand ils font leurs répétitions. Des ombres de sentiments se montrent, qui produiront avec le temps les discours, ou la musique – et, parfois, beaucoup d'autres choses. »

Il apparaît clair au metteur en scène que la crédibilité de l'idylle entre Audrey et Gary Cooper à l'écran risque fort d'être compromise par l'âge du célèbre comédien. Billy Wilder résout la question en le filmant avec des filtres, ou en le reléguant au deuxième plan, ou encore en le baignant dans la pénombre et le clair-obscur raffiné d'une photographie en noir et blanc.

Une seule chose gâte alors le bonheur d'Audrey : Mel n'est pas là et elle doit donc passer son temps libre, seule, à l'Hôtel Raphaël, tandis que son mari tourne dans le Midi de la France. C'est leur première longue séparation. Audrey est triste pendant la semaine, mais tout change le week-end. Chaque vendredi soir, pendant six semaines, Mel saute dans le bolide blanc qu'ils ont emmené avec eux d'Hollywood et se hâte à l'aéroport de Nice pour chercher sa femme. A Saint-Tropez, ils passent deux jours à se dorer au soleil, à nager, à jouer au tennis, à faire des excursions en pédalo, et à trouver de petites auberges de campagne où ils peuvent se cacher. Et le lundi, de retour à Paris, l'actricc reprend sagement son tournage.

Malgré l'ambiance chaleureuse et amicale qu'Audrey suscite sur un plateau de cinéma, elle s'entoure, sans le vouloir, d'une aura de vedette inaccessible. « Aujourd'hui, je déjeune seule dans ma loge, annonça-t-elle à John Maynard de *Photo Play.* C'est une habitude. Seule, je peux recharger mes batteries. De toute manière, il me semblait que j'étais bien généreuse de tout donner au film de cette manière. Et puis voilà qu'un échotier, un de ceux avec qui j'avais pourtant l'impression de bien m'entendre, a écrit : "Qu'est-ce qui prend donc à la hautaine Audrey Hepburn de ne pas déjeuner à la cantine du studio ?" Alors, maintenant, est-ce que je dois m'y rendre uniquement pour apaiser ce journaliste ? Je crains que ce ne soit une lâcheté de ma part. Il m'oblige à m'en tenir à une ligne de conduite donnée. »

Elle aime la solitude, et tout au long de sa carrière, elle sera une des rares stars à réussir à défendre sa vie privée. La consigne est claire : « Miss Hepburn ne donne des interviews que pendant les tournages de ses films. Jamais entre les films. » Ces interviews sont toujours terriblement polies, souvent ennuyeuses et elles donnent l'impression qu'il y a une Audrey que personne ne connaîtra jamais. Elle semble toujours si contrainte, si parfaite, si disciplinée… et si triste.

Le compositeur de musique de films Henry Mancini, qui a écrit pour Audrey *Moon River*, *Charade* et *Two for the Road*, maintient que si on écoute attentivement ces trois chansons, on peut presque déterminer qui les a inspirées. Elles sont toutes pleines de la mélancolie si particulière d'Audrey. « Il y avait une modestie et une tristesse dans son caractère », affirme un de ses partenaires, Peter O'Toole. Son attaché de presse est encore plus catégorique : « Je l'ai rarement vue contente. Lorsqu'elle rit, son rire est tellement communicatif que tout le monde est contraint de rire avec elle. Mais lorsqu'elle pleure, elle se referme alors sur elle-même et disparaît. »

Certains proches de l'actrice s'interrogent sur le caractère profond d'Audrey. N'est-elle pas *trop* froidement intellectuelle, *trop* calculatrice dans sa carrière et dans le monde qui l'entoure ? Ces amis prétendent alors qu'elle ne pourra jamais se réaliser en tant que femme ou actrice sans se débarrasser de sa méfiance et qu'elle doit davantage apprendre à se laisser guider par son cœur.

Ses complexes physiques continuent de la déstabiliser. « Quand j'ai commencé *Ariane*, j'étais plus préoccupée par mon apparence que pour aucun autre film de ma carrière. Peut-être parce que j'avais tellement maigri pendant *Drôle de Frimousse*, je me sentais particulièrement laide quand nous avons commencé le tournage. Tout le monde me répétait de ne pas m'inquiéter puisque mon partenaire était beaucoup plus âgé que moi. Mais je me disais que les rides de Gary Cooper lui donnaient du caractère, alors que j'avais simplement les yeux cernés et l'air lessivée. »

En 1996, le fils aîné d'Audrey, Sean, a évoqué avec lucidité la vulnérabilité de sa mère : « Elle a eu une sacrée angoisse toute sa vie à cause de sa carrière. Elle était morte de peur. Peur de ne pas être à la hauteur, peur de ne pas être aussi belle que les autres femmes et de devoir travailler plus dur et mieux connaître ses répliques, de se lever plus tôt et d'avoir le meilleur maquilleur et le meilleur créateur de costumes et les plus beaux vêtements. Ils étaient presque comme une armure dans laquelle elle se sentait protégée. [...] Dans son cas, la motivation, c'était l'angoisse, et aussi l'amour de sa famille. Depuis sa jeunesse, jamais elle ne s'était vue comme nous pouvions la voir. Elle considérait cela comme un don qu'elle pouvait perdre à tout moment. La plupart des artistes ont cette impression qu'ils vont tôt ou tard être "percés à jour" – surtout les mannequins. Ils sont tout brillants à l'extérieur, mais en dedans, ils essaient de maintenir en place cette coupole extérieure qui pourrait se briser en mille morceaux si on retirait la pierre angulaire. [...] C'est pour cela que les gens l'aiment tant au cinéma, parce que quand elle pleure, elle le ressent vraiment, elle vit réellement la scène. Elle y croit. Et on a envie de la prendre dans ses bras et de l'étreindre. »

Billy Wilder est au diapason : « C'est une petite chose fragile, mais c'est vraiment quelqu'un ! » Un psychiatre, qui l'a « allongée sur le divan » pour *Good Housekeeping* en 1959, affirmera que ses jeunes années comportaient une bonne douzaine d'événements susceptibles de conduire un être moins contrôlé qu'elle chez un psychanalyste. Audrey, elle-même, en 1950, a très bien analysé son propre sentiment d'inséeurité : « Il est venu du fait que mon père nous avait quittées. Toutes mes relations personnelles ont été marquées par ce sentiment d'abandon qui ne m'a jamais lâchée. Lorsque je suis tombée amoureuse et me suis mariée, je vivais dans l'angoisse permanente d'être abandonnée. [...] Tout ce à quoi on tient le plus, on redoute de le perdre. » A cette époque, Mel Ferrer, attentionné et doté de sens pratique, lui fait cadeau d'un yorkshire terrier qu'elle baptise « Famous ». Elle reporte sur l'animal toute l'affection, les soins et l'attention qu'elle aurait voulu donner à un enfant et se met à le gâter outrageusement.

Sitôt le tournage d'*Ariane* terminé, Audrey retourne en Suisse. Elle se sent épuisée nerveusement. Au début de l'année 1957, au sommet de sa popularité, elle annonce qu'elle prend une année sabbatique et oppose un refus catégorique à de merveilleuses propositions. Ainsi, Twentieth Century Fox veut qu'elle soit la vedette de la version cinématographique du roman de

Françoise Sagan, *Un Certain Sourire* et qu'elle joue le rôle principal du *Journal d'Anne Franck.* Elle refuse l'une et l'autre offre. Pourtant, ses traits si expressifs, sa sincérité et son exubérance naturelle auraient fait d'elle l'actrice idéale pour interpréter le rôle de l'adolescente tragique. Mais elle ne *peut* pas. Après cette proposition, elle relit le *Journal d'Anne Franck* et s'effondre de tristesse. Son instinct profond lui dicte de ne pas exploiter la vie d'Anne Franck pour faire avancer sa propre carrière.

La Paramount lui demande également d'interpréter Maria, la nonne autrichienne qui devient la gouvernante des sept enfants du baron von Trapp. Après refus, Julie Andrews héritera de cette *Mélodie du Bonheur.* En outre, on lui demande de remplacer Diane Cilento dans la comédie musicale *Zuleika* à Londres, sur le point d'être montée à Broadway. Mais Audrey veut que Laurence Harvey soit son partenaire, et lorsque celui-ci refuse le rôle, elle se retire du projet.

Son seul engagement professionnel en 1957 honore une promesse de longue date : elle partage la vedette avec Mel dans une production en couleurs d'une durée de quatre-vingt-dix minutes : *Mayerling*, présentée comme une émission spéciale du « Producer's Showcase » de NBC et mise en scène par leur vieil ami, Anatole Litvak. Mel joue le prince héritier Rodolphe de Habsbourg qui se suicida en 1889 avec sa maîtresse, la baronne Marie Vetsera, jouée ici par Audrey. « J'ai eu toutes les peines du monde pour obtenir de Mel et d'Audrey qu'ils montrent un peu de passion, à l'écran, se rappellera Anatole Litvak. Audrey semblait avoir un meilleur rapport avec son satané chien ! » A tel point que *Life Magazine* publie une photo du réalisateur serrant Audrey dans ses bras, tandis que Mel Ferrer observe la scène avec perplexité. La légende suggérant : « Litvak, dans le rôle de l'amant, montre à Mel Ferrer comment il doit tenir sa femme Audrey, pour obtenir de meilleurs effets dans les scènes romantiques. »

Bien que ce soit une des productions les plus coûteuses et ambitieuses jamais entreprises aux Etats-Unis pour la télévision (trente scènes somptueuses, dix changements de costume pour Audrey, et une distribution de plus de cent personnes), c'est un échec. « Les amants semblent plutôt destinés à s'ennuyer à mourir que de terminer leur liaison illicite dans un pacte de meurtre-suicide », remarque un critique avec cruauté.

A défaut de suicide, Audrey s'inscrit volontairement au chômage. Elue « Actrice de l'année » par le *Picturegoer Film Annual*, Audrey met les échotiers en émoi en décidant de renoncer à toute forme de travail pour un an : « Pourquoi ? Mais pourquoi ? Oui, pourquoi ? » Plus exactement, est-ce qu'Audrey est enceinte ?

La rumeur enfle après qu'elle se fut confiée à des amis : « Je dois me reposer. » Les mêmes amis rappellent ce qu'elle leur a dit en confidence à l'automne précédent, après avoir achevé *Ariane* : « Je tiens beaucoup à avoir un bébé. » Elle et Mel tiennent toujours à fonder une famille, mais Audrey n'en souffle mot... du moins, elle ne dit rien aux médias. Ses déclarations sonnent faux : « Un bébé ? Non, dit-elle. On n'irait pas dans un endroit aussi éloigné que le Mexique dans un tel cas. »

Puisque Mel rejoint Tyrone Power, Ava Gardner et Errol Flynn à Mexico pour le tournage en extérieurs de l'adaptation cinématographique de *Le Soleil se lève aussi* d'Ernest Hemingway, Audrey décide que l'air tropical sera salutaire pour sa santé. Si elle veut un bébé, lui ont dit les médecins, elle doit se détendre pendant quelque temps. Elle obéit. Le Mexique lui convient donc très bien. « Je l'ai accompagné pour les extérieurs et je n'ai jamais été aussi heureuse. C'était la première fois que j'avais vraiment l'impression d'être une femme mariée. J'avais enfin le second rôle et j'adorais cela. J'allais à

Mexico, avec Ava Gardner, faire des achats pendant que Mel tournait et, le soir, Errol Flynn, Tyrone Power, Ava et moi allions dîner ensemble. C'était nouveau pour moi, tout était normal : mon mari travaillait pendant la journée et je "restais à la maison". C'était la répartition logique des rôles. »

A part une courte visite à New York, elle passe le restant de l'année au chalet de Burgenstock : « Notre villa de lune de miel ». C'est là qu'elle apprend que Cholly Knickerbocker l'a nommée une des dix femmes les plus fascinantes du monde, que le photographe Anthony Beauchamp l'a idolâtrée dans son album des *Dix Femmes les plus Belles* (« Je suis toujours en extase devant ses yeux remplis d'émerveillement ») et que l'Institut de Costumes de New York l'a élue sixième dans sa liste des femmes les mieux habillées du monde. Le monde apprend que son yorkshire terrier « Famous » prend des pilules tranquillisantes parce qu'il devient très nerveux pendant les voyages. « Je lisais cela comme si ces événements concernaient quelqu'un d'autre, se souviendra-t-elle. Je me sentais toujours très loin de l'Audrey Hepburn du spectacle quand je m'arrêtais de travailler. J'avais un mal fou à impliquer ma personne privée dans mon travail, de même que j'avais beaucoup de mal à incorporer mon travail à ma vie personnelle. De sorte que, dans le domaine de l'élégance, je trouvais, moi aussi, que mes vêtements étaient superbes, mais je ne portais pas cela à mon crédit. Pour moi, de toute façon, les robes de haute couture ont toujours été comme des costumes. Je savais que je pouvais les porter, mais ce n'étaient pas mes vêtements favoris. Je préférais les vieux pantalons de toile, lâches et trop courts, qui étaient parfaits pour jardiner. »

Anti-star dans la vie, l'actrice est pourtant victime du système. Audrey n'a aucun projet de film, la sortie de *Guerre et Paix* s'est soldée par un accueil plutôt réservé des critiques et *Mayerling* est un beau fiasco. Le public peut légitimement se demander si la magie d'Audrey Hepburn n'a pas cessé d'opérer. En février 1957, cependant, alors que les Ferrer se trouvent à New York, Audrey ne peut faire autrement que d'accepter un engagement avec la Warner Bros qui va la séparer pour un long moment de son mari. Ce qu'elle ne peut pas encore savoir, c'est que le film auquel elle va prendre part sera le plus important de toute sa carrière.

IX

AU RISQUE DE SE PERDRE

Au *Risque de se perdre* (*The Nun's Story*) raconte le combat intérieur d'une religieuse, infirmière au Congo belge, qui décide après la mort de son père de renoncer au voile pour s'opposer aux nazis.

Récit quasi biographique de la vie de Marie-Louise Habets (écrit par son amie Kathryn C. Hulme), c'est une histoire assez proche des perpétuelles interrogations d'Audrey. Le prestigieux réalisateur Fred Zinnemann s'y intéresse au point de chercher un producteur. Mais son enthousiasme n'est guère contagieux auprès des pontes d'Hollywood. Les raisons du refus des différentes maisons de production se résument à cette question : « Qui pourrait s'intéresser à un documentaire sur la manière dont on devient religieuse ? »

La candidature d'Audrey comme actrice principale vient tout remettre en question et un accord est aussitôt signé entre elle et la Warner Bros. « Ce n'est pas seulement que je voulais jouer une nonne, déclare alors Audrey. Le roman me plaît, le film a aussi un bon metteur en scène, et le rôle me convient parfaitement. »

Pourtant, malgré son enthousiasme, Audrey hésite longtemps avant d'accepter. Le premier obstacle qu'elle y voit est le long séjour au Congo belge que le script exige. Non seulement elle craint d'exposer sa santé délicate à l'humidité des tropiques, mais aussi – et même surtout – la perspective d'une longue séparation avec Mel ne l'enchante pas. Et puis, elle veut un enfant. C'est pourtant Mel, avec l'appui de son agent, qui la convainc d'accepter. « J'étais plus attirée par ce sujet que je ne l'avais jamais été par aucun autre, se rappellera Audrey. Une partie de moi-même se disait qu'en le portant à l'écran on risquait de le dénaturer parce que les mots du livre étaient trop profondément ressentis. J'étais vraiment touchée par cette histoire, complètement solidaire de Gabrielle dans sa difficile décision, émue aussi que nous ayons partagé le même lieu de naissance et qu'un des épisodes les plus dramatiques de son histoire se situe dans l'Europe de la Seconde Guerre mondiale, terrorisée par les nazis. »

Pour la préparer à son rôle, Fred Zinnemann l'emmène à la rencontre de l'héroïne belge dont l'histoire a inspiré le roman. Audrey se conduit très bizarrement. « Miss Hepburn ne voulait pas vraiment me rencontrer, dit Marie-Louise Habets, plus tard. Elle sentait que l'histoire était trop proche de ma vie privée. Elle s'est assise en me regardant et n'a pas posé de questions. » L'ex-religieuse lui explique pourtant les rites de ce qui fut sa vie monacale et tente de l'initier au maniement précis des instruments de chirurgie, en prévision des passages qui se déroulent à l'hôpital au fin fond de la brousse.

Après les scènes tournées en studio à Rome (où Alexandre Trauner a recréé le couvent), Fred Zinnemann et toute son équipe s'envolent pour le Congo le 23 janvier 1958. La chaleur accablante met à rude épreuve les comédiens. Selon Audrey, « au Congo, un jour de pas trop grande chaleur, il faisait plus de 35° et le mercure montait souvent plus haut. Pourtant, je n'étouffais pas dans mon habit de religieuse... ».

Mais là où l'humidité et le travail harassant abattent les hommes les plus résistants, Audrey, malgré l'écrasante chaleur, reste toujours pimpante et fraîche. Un journaliste rapporte qu'elle a « l'apparence d'une délicate porcelaine avec la résistance de l'acier ». Elle répond : « Un des hommes m'a dit que j'avais une fragilité indestructible. Ce n'est pas vrai. » Son énergie étonne la plupart de ses partenaires. Fred Zinnemann et son équipe logent à la « Sabena Guest House », à Stanleyville. « C'était tout, sauf luxueux, a raconté Peggy Aschcroft qui joue le rôle de Mère Mathilde. C'était modeste. Très, très modeste. Mais Audrey était enchantée – c'était si pittoresque ! Si parfait pour son chien ! Quand nous étions sur le point de nous apitoyer sur notre sort, elle nous remontait le moral. Elle était vraiment la personne idéale à côtoyer dans un tel environnement, tellement elle était enthousiaste ! »

« Elle savait très bien ce qu'elle voulait obtenir dans son métier, racontera Fred Zinnemann, mais dans sa vie privée, elle était très vulnérable surtout face à sa mère, ses frères, et Mel. Elle subissait leur influence. En apparence, elle pouvait paraître spirituelle, gaie, étincelante, mais qui peut pénétrer dans le cœur d'un autre ? Je crois qu'Audrey était parfois malheureuse. Mel eut un grand ascendant sur elle au début de leur mariage. Mais au fil des ans, il s'est estompé, et des tensions se sont développées entre eux. Nous avons eu plusieurs problèmes sur le tournage de *Au Risque de se perdre* : tandis que Mel travaillait aux Etats-Unis, Audrey tournait au Congo ; tous les deux se voyaient donc très peu. Parfois, Mel venait passer quelques jours avec elle ; quand il repartait, Audrey paraissait toujours très détendue. »

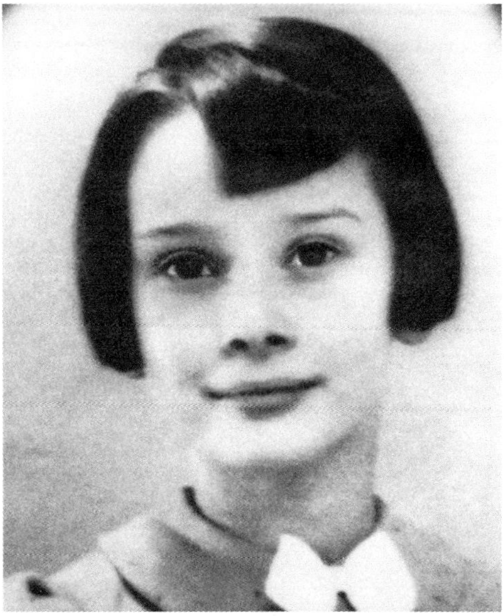

Audrey au pensionnat
en Angleterre.

Audrey avec son père,
Joseph Hepburn Ruston...

... et avec sa mère,
Ella Van Heemstra.

Audrey, ballerine dans
Secret People (1950).

24 novembre 1951 :
Gigi à Brodway.

Eté 1952 :
Tournage de
Vacances Romaines
avec Gregory Peck.

1952 :
Starlette ou déjà star
hollywoodienne ?

1953 :
Love story avec William Holden pendant le tournage de *Sabrina.*

Malgré les apparences, le duo Hepburn - Bogart ne connaît que des fausses notes pendant le tournage de *Sabrina.*

24 septembre 1954 :
Audrey devient
madame Mel Ferrer.

Audrey et Mel :
un couple mythique
des années 50-60.

Février 1956 :
Drôle de frimousse avec Fred Astaire.

1956 :
Ariane avec Maurice Chevalier.

Janvier 1959 :
Le vent de la plaine, western de John Huston tourné au Mexique.

Diamants sur canapé (*Breakfast at Tiffany's*), le film culte des années 60.

1962 : *Charade* avec Cary Grant.

1962 : *Deux têtes folles* avec William Holden.

My fair lady, le chef-d'œuvre de George Cukor (sorti en 1964).

THE MOST
LOVERLY
MOTION
PICTURE
OF THEM ALL
WARNER BROS. PRESENTS
MY FAIR LADY
U
STARRING
AUDREY HEPBURN · REX HARRISON
TECHNICOLOR® PANAVISION®

1966 : *Comment voler un million de dollars ?* avec Peter o'Toole.

1966 : *Voyage à deux* et brève love story avec Albert Finney.

1967 :
Seule dans la nuit, ultime collaboration avec Mel Ferrer.

1976 :
La rose et la flèche.
Retour d'Audrey au cinéma.

18 janvier 1969 : Audrey épouse son second mari, Andrea Dotti.

Septembre 1990 :
Sommet mondial de l'UNICEF avec Peter Ustinov, Liv Ullman et Juglio Iglesias.

Dans le cadre de ses missions à l'UNICEF.

Un des derniers portraits d'Audrey Hepburn.

To Bertrand
Best wishes, Audrey Hepburn

Certains incidents viennent émailler le tournage. Contrairement à la plupart des comédiens qui ne jouent leur rôle que devant la caméra, Audrey, elle, vit son personnage vingt-quatre heures sur vingt-quatre. Elle ne se regarde jamais dans une glace, car l'Ordre de sœur Luke interdit les miroirs ; elle mange et vit simplement, évitant l'ostentation et les divertissements superficiels. A un maquilleur qui croit la distraire en lui mettant un disque au cours d'une pause, elle rétorque aussitôt : « Veuillez éteindre ça. On ne permettrait pas que sœur Luke l'écoute. »

A une autre occasion, un photographe offre à Audrey une poupée. Elle recule, furieuse, cassant la poupée et criant : « Enlevez-la ! Je déteste les poupées. Elles ressemblent à des enfants morts. » Comment pourrait-il savoir que, depuis son enfance, Audrey a horreur des poupées ? Mais cette haine a une source plus profonde, et Mel commence à s'inquiéter de la santé mentale de son épouse. Lui seul connaît sa douleur de n'avoir pas d'enfant. Ses amis remarquent qu'elle traite son petit chien « Famous » comme un bébé, le caressant, l'embrassant à l'excès, changeant chaque jour le ruban qu'il porte autour du cou. « Je ne pourrai pas me séparer de lui », dit-elle. « Elle aime un peu trop ce chien, observe Fred Zinnemann. Il l'accompagne partout. » L'actrice qui interprète sœur Eleonor, Rosalie Crutchley, se souvient : « En arrivant au Congo, Audrey était pratiquement obsédée par les enfants. Elle était intarissable à propos des miens. Comme ils étaient beaux ! Quels anges c'étaient ! Elle manipulait leurs photos avec délicatesse, comme si elle avait craint de leur faire mal. J'ai eu le sentiment très fort qu'elle voulait absolument avoir des enfants. » Leur dialogue est alors révélateur :

– Que vous devez être heureuse d'avoir un fils et une fille si beaux ! lui dit Audrey, sur un ton de découragement. Je veux à tout prix avoir un enfant – plus que tout au monde. Comment avez-vous pu les élever tout en menant votre carrière ?

– A la différence de vous, Audrey, je ne suis pas une vedette qui voyage beaucoup à travers le monde, répond la mère.

Audrey développe-t-elle certaines névroses ? Le jour où son chien manque se faire écraser par une voiture, « elle est devenue hystérique. Elle s'est mise à hurler et à pleurer. Après cet éclat, elle s'est enfermée dans sa loge jusqu'à ce qu'elle ait repris le contrôle de ses nerfs ». Cela n'empêche pas Fred Zinnemann de tarir d'éloges sur le caractère de son interprète : « Je n'ai jamais connu quelqu'un de plus discipliné, de plus agréable et de plus consciencieux dans son travail qu'Audrey Hepburn. Elle ne demandait jamais de traitement de faveur et avait la plus haute considération pour ses collègues. La seule chose qu'elle réclama au Congo, alors que la température oscillait autour de 38° C et que l'air était chargé d'une humidité épouvantable, fut un appareil à air conditionné. La production de Burbank l'expédia aussitôt, mais la situation ne semblait pas s'améliorer. Un examen plus complet nous révéla qu'il s'agissait d'un humidificateur ! »

L'humidité imprègne effectivement tout le tournage. Dans cette région équatoriale, des pluies diluviennes interrompent souvent les prises de vues. Et quand elles cessent, l'atmosphère est tellement humide qu'on croirait qu'il continue à pleuvoir : « Mais sans les gouttes », dira Fred Zinnemann. A la fin de la journée, Audrey est complètement mouillée, sans qu'elle puisse dire si la cause en est la pluie ou la transpiration. « J'ai le souvenir d'avoir été constamment trempée jusqu'aux os, trempée et morte de rire », se souviendra-t-elle. Et Fred Zinnemann de conclure : « Elle avait l'air très délicat, mais en fait elle était fort résistante, physiquement. On la voit dans pratiquement toutes les scènes du film, et elle ne s'est absentée du plateau qu'un jour et demi pour des calculs rénaux. Elle était extraordinaire. »

Lorsque l'équipe revient à Rome pour le tournage en studio, Audrey tombe de nouveau malade, et sérieusement cette fois. La baronne van Heemstra accourt aussitôt à son chevet. Pendant plusieurs jours, Audrey garde le lit, affaiblie par ses problèmes rénaux. Elle termine le tournage en Italie, puis en Belgique.

A propos de *Au Risque de se perdre*, Fred Zinnemann ajoute : « En revoyant le film plus de vingt ans après, j'ai été frappé par la finesse et l'interprétation absolument linéaires d'Audrey. Sa forte personnalité et sa nature indépendante imprègnent chacun de ses gestes ; quand elle arrive à toute allure parce qu'elle est en retard pour l'office du matin, sa hâte est en contradiction avec le calme intérieur qu'elle apprend à développer ; de même, elle ne peut s'empêcher de risquer un coup d'œil curieux sur la mère supérieure lorsque, admise comme postulante avec d'autres jeunes filles, elle se prosterne à ses pieds. L'habileté de son interprétation consiste justement dans sa capacité à faire passer toutes ces manifestations d'indépendance... Audrey est réellement humble et cette qualité innée joue à plein en faveur de son personnage tout au long du film. »

Le personnage de sœur Luke préfigure presque le rôle d'ambassadrice qu'Audrey jouera en Afrique trente ans plus tard, précisant à l'issue d'une visite dans une léproserie : « Après avoir pénétré à l'intérieur, je me sentais très enrichie. J'ai trouvé une nouvelle paix intérieure. Un certain calme. Les choses qui, un jour, m'avaient semblé importantes, ne l'étaient plus. »

Robert Wolders, l'ultime compagnon d'Audrey, est au diapason lorsqu'il reconnaît : « Audrey s'est sentie beaucoup plus à l'aise dans la peau de sœur Luke que dans celle de bien d'autres personnages. C'est l'histoire d'une femme qui explore la vie, qui poursuit une quête perpétuelle, comme Audrey. » La jeune nonne belge subit en effet des privations au Congo, rompt ses vœux et retourne à la vie laïque en tant qu'infirmière. Beaucoup considèrent ce rôle comme le plus maîtrisé d'Audrey. Le *New York Times,* dithyrambique, écrit : « *Au Risque de se perdre* est un film lumineux et rassérénant, dans lequel Audrey affronte sans doute son rôle le plus exigeant et le plus intense. Il lui procure l'occasion de donner la meilleure interprétation de toute sa carrière. »

Mais Audrey Hepburn, nommée pour les Oscars, s'effacera devant Simone Signoret primée pour *Les Chemins de la Haute Ville.* Elle n'a d'ailleurs guère le temps de s'attarder sur son personnage. La voilà de retour à Hollywood et embarquée sur la « galère » du film *Vertes Demeures,* réalisé par son mari.

Au début de ce tournage, un incident affecte la star. Un après-midi, alors qu'elle conduit sa voiture dans une rue de Beverly Hills, un véhicule roulant à vive allure surgit en sens inverse. Pour l'éviter, Audrey fonce dans une voiture en stationnement. Elle est très secouée, mais n'est pas blessée. En revanche, dans l'automobile qu'elle vient de percuter, se trouve la conductrice, une jeune danseuse de vingt-deux ans, Joan Lora, qui se plaint de blessures « graves » au dos et au cou. Miss Lora poursuit Audrey en justice, prétendant que ses blessures lui causent un important préjudice. Son avocat réclame 45 000 dollars de dommages et intérêts (on lui en accordera 4 500). Cet incident a un effet si éprouvant sur Audrey qu'elle jure de ne plus jamais conduire. Mel Ferrer lui octroie un chauffeur et le tournage peut reprendre.

Vertes Demeures raconte l'histoire d'Abel, un homme en fuite au Venezuela qui rencontre Rima, la fille-oiseau, une mystérieuse beauté de la jungle. Il voit en elle l'incarnation idéale de l'innocence. Mais les autochtones superstitieux la considèrent comme un être malfaisant qu'il faut tuer. Audrey joue Rima et Anthony Perkins, Abel. « Je pensais que c'était la créature la plus exquise que j'aie jamais vue, déclara Anthony Perkins, et être dirigé par son mari me rendait très nerveux. En fait, j'aurais préféré qu'elle n'ait pas de mari du tout ! Il y avait beaucoup de baisers et de contacts physiques dans ce film. L'atmosphère était chargée de sensualité, avec la jungle, les animaux, et une sensation de chaleur et de couleurs – et je n'avais vraiment pas envie qu'un mari vienne gâcher tout cela ! »

Mais en tant que réalisateur et mari, Mel est omniprésent. Ses trois premières tentatives comme metteur en scène, *Girl of the Limberlost*, *The Secret Fury* et *Vendetta*, ont été des échecs. *Vertes Demeures* va allonger la liste. L'ambiance de tournage est bonne. Le film a des allures d'arche de Noé. Audrey partage la vedette avec un faon et un agneau. Charles Higham a raconté l'arrivée du faon au studio : « Lorsque le délicat animal arriva sur le plateau, avec ses grands yeux humides, son corps souple et élancé et ses longues pattes fuselées, tout le monde se mit à rire parce qu'il ressemblait trop à Audrey. Celle-ci commença par protester avec force en le voyant, parce qu'on l'avait séparé de sa mère, puis l'emmena chez elle. Son grand amour des animaux et son désir de maternité insatisfait vainquirent rapidement toute résistance. »

Afin que le faon lui soit totalement dévoué devant les caméras, Audrey élève l'animal elle-même. Il n'a que quatre ans quand il entre dans sa vie : « Famous », son yorkshire, en est défrisé ! A mesure qu'il grandit, la vie avec un faon à la maison devient de plus en plus aventureuse pour les Ferrer et, un soir, alors qu'il trottine dans le jardin, il disparaît. Sans Ip – nommé ainsi à cause du bruit qu'il fait quand il a faim – le film est voué à l'échec. Une recherche effrénée dans la propriété puis dans les environs s'avère sans succès dans un premier temps. Puis on finit heureusement par retrouver l'animal.

Le tournage du film reprend sereinement et, d'après de nombreux témoignages, la direction de son mari semble convenir à Audrey, surtout dans les scènes d'amour. Mel, pour une fois derrière la caméra, se montre très satisfait. « Le fait que mon mari explique à un autre homme comment me faire la cour m'a complètement décomplexée, expliquera Audrey. Pour la première fois de ma carrière, je ne ressentais aucune timidité. Les scènes d'amour m'ont toujours paru difficiles. Mais avec Mel pour nous diriger et nous guider, tout s'est fait naturellement. » A ceux qui tentent à la fin du tournage, en novembre 1958, de lui soutirer une anecdote croustillante sur leurs relations pendant le tournage, Audrey réplique avec ironie : « Je trouve le fait d'être dirigée par Mel aussi naturel que me brosser les dents. » Phrase que la critique raillera lors de la sortie du film en écrivant : « Si miss Hepburn n'accepte pas de changer de mari ou de réalisateur, elle doit au moins à son public de changer de marque de dentifrice. Dans le fiasco de Ferrer, elle donne l'impression de souffrir d'une overdose de chlorophylle... L'affreuse patine verte de l'ensemble donne à penser que le film a été tourné dans un carré de persil en décomposition. » Seul le *New York Times* loua Mel pour avoir « confié le rôle de Rima à Audrey Hepburn, plus élancée et plus intense que jamais... disons les choses comme elles sont : sans Audrey et sa présence aérienne qui se matérialise, lumineuse, au cœur des forêts du Venezuela, ce film serait parfaitement insipide ». La critique estimait également qu'Audrey traversait le film « avec une grâce et une élégance rares, qui rendaient le personnage de Rima à la fois plus idyllique et plus tourmenté, sinon plus cohérent ».

Le film est un désastre au box-office. Il faut reconnaître que *Vertes Demeures* marque un tournant dans la carrière d'Audrey, et ses admirateurs en sont choqués. Ils n'ont jamais pensé voir leur idole, si frêle et féerique, en déesse de la jungle, sorte de Tarzan au féminin, éveillée à sa féminité par Anthony Perkins en bel aventurier. Ils ne s'étaient pas attendus à la voir courir le guilledou, en tenue légère, parmi les serpents géants et les jaguars, folâtrer et haleter dans les broussailles amazoniennes avec toute la ferveur frénétique d'une écolière de couvent libre d'éprouver des émois amoureux pour la première fois… La surprise est donc de taille… On comprend mieux son époux : « Il y a des parties que j'aimais. Selon moi, ce n'est pas un échec complet. »

Mais le film met fin à l'association professionnelle d'Audrey Hepburn et de Mel Ferrer. Heureusement, la sortie, trois mois plus tard, de *Au Risque de se perdre* limite les dégâts. C'est un vrai succès, avec six nominations aux Oscars. Ces bonnes nouvelles réjouissent Audrey qui peut ainsi ensevelir le fiasco de *Vertes Demeures*. Mais l'ego de Mel face à sa star d'épouse n'en sort guère flatté.

X

MAMAN

HEUREUSEMENT, en décembre 1958, Audrey découvre qu'elle est enceinte. La nouvelle la remplit de bonheur, mais le couple décide de garder le secret. Audrey doit d'ailleurs tourner un western de John Huston avec Burt Lancaster comme partenaire. « Quand je suis devenue enceinte, j'ai pensé que c'était la volonté de Dieu. Mais d'un commun accord, Mel et moi avons décidé que je devrais tout de même faire le film, parce que cela ne me vaudrait rien d'attendre dans l'oisiveté. En général, cela finissait toujours par me rendre nerveuse. Nous nous sommes dit que le film serait un bon stimulant pour moi. Et j'étais enchantée de travailler avec John Huston. »

Audrey fait alors preuve d'un peu d'inconscience, car accepter de tourner un western au Mexique n'est peut-être pas recommandé lorsqu'on attend un enfant. Pour les besoins du film, le réalisateur choisit un site et des paysages arides qui ne sont guère hospitaliers.

Dans *Le Vent de la Plaine*, Audrey Hepburn incarne une jeune Indienne recueillie dans son enfance par une famille de pionniers. La jeune fille est déchirée par sa double identité. Un grand film au message anti-raciste, où la comédienne joue un rôle tout en sensibilité. Avec ses partenaires – Burt Lancaster, Audie Murphy et Lilian Gish entre autres – Audrey arrive sur le lieu du tournage dans une voiture bringuebalante, à l'issue d'un voyage de six heures. Un soleil brûlant les accueille, tandis que de forts vents continus soulèvent des nuages de poussière et de sable qui s'infiltrent partout. A l'hôtel « Casa Blanca » de Durango, où les conditions sanitaires sont médiocres, l'équipe s'installe dans une certaine tension. Le tournage commence dans l'aigreur. Avant midi, le soleil torride du Mexique s'abat et met les nerfs à rude épreuve. Les scènes difficiles le deviennent d'autant plus qu'il faut les tourner dans des conditions étouffantes. Plus d'une fois, Audrey pense devenir folle : d'abord le Congo, maintenant ça ! Pourquoi n'a-t-elle pas pris des vacances comme elle se l'était promis après la scène finale de *Vertes Demeures* ? Question vaine. Elle a lu le scénario de Ben Maddox et a su tout de suite qu'elle devait le tourner.

Mais la forte personnalité de Burt Lancaster et celle non moins forte de John Huston ne s'accordent pas et se heurtent continuellement, ce qui finit par nuire au film. En outre, Huston se soucie peu de diriger les acteurs. Tout cela ne freine pas l'enthousiasme d'Audrey. Pour elle, travailler aux côtés d'une star de la dimension de Burt Lancaster et d'un mythe de l'histoire du cinéma comme Lilian Gish est une occasion unique.

Et puis John Huston, même s'il l'aide peu sur le plateau, sait la complimenter à bon escient : « Elle est aussi bonne que l'autre Hepburn », faisant allusion à la vedette d'*African Queen,* Katharine Hepburn. Résultat : Audrey se croit obligée de ne pas se faire doubler pour les scènes à cheval. Surtout, elle touche un cachet de 200 000 dollars et estime que le producteur doit en avoir pour son argent. Bien que terrifiée (elle n'est pas montée à cheval depuis *Guerre et Paix*), elle accepte de chevaucher un étalon blanc nommé « Diabolo ». Evidemment, le 28 janvier 1959, au moment où Audrey doit monter le pur-sang, l'animal se cabre, s'emballe et Audrey chute sur le dos. L'équipe assiste à la scène dans un silence stupéfait. S'ensuit une panique générale. John Huston et Burt Lancaster se précipitent vers elle avec trois cow-boys, criant aux autres de s'écarter. « Appelez le médecin ! », crie Huston en courant. Le docteur Hernandez, affecté au tournage, se précipite. Il s'agenouille à côté d'Audrey qui ouvre les yeux et tente de bouger. Mais une douleur aiguë au dos l'en empêche. « Ne bougez pas », lui recommande doucement le docteur et, sans attendre, il ordonne à un homme derrière lui : « Un brancard, vite ! – Mel... ne dites rien à Mel. Ne dites rien à personne... Je veux le dire à Mel. Il s'inquiète... il s'inquiète tant », murmure-t-elle.

On la transporte aussitôt à l'hôpital de Durango, alors qu'elle souffre le martyre. L'actrice a quatre côtes cassées et une vertèbre luxée. John Huston est consterné : « Comme je l'avais fait monter à cheval pour la première fois, je me sentais responsable. Le fait qu'elle ait eu un excellent professeur, qu'elle ait fini par apprendre petit à petit à monter et qu'elle se soit découverte une aptitude naturelle à chevaucher ne changeait rien. Quand son cheval se cabra et qu'un imbécile crut bon de lever les bras pour le calmer, c'est sur ma conscience que sa chute retomba. »

Accouru à son chevet, le Dr Howard Mendelson, médecin personnel de l'actrice, confirme l'existence de fractures et note une vilaine entorse au pied et des déchirures musculaires dans le dos. Mais, heureusement, le bébé est en bonne santé. Audrey est soulagée et elle envoie vite une note à l'hôtel « Casa Blanca » de Durango, où la plupart des acteurs et des membres de l'équipe séjournent : « Chers amis, amis *maravillosos*, de tout mon cœur, je vous remercie. Pour vous, je le ferai de nouveau ! »

Mel arrive bientôt de New York, ainsi que « sœur Luke », Marie-Louise Habets, bien décidée à jouer l'infirmière de service. On décide de rapatrier l'actrice à Los Angeles. Le tournage est arrêté. Lorsque son amie Eleonor Harris vient lui rendre visite à Beverly Hills, celle-ci éprouve une surprise de taille : « Audrey était relevée sur des oreillers dans le lit immaculé de sa chambre immaculée. [...] Elle portait une chemise de nuit victorienne à col montant d'une blancheur de neige. Ses cheveux étaient tirés en arrière, lisses comme un miroir, et retenus par un ruban blanc assorti au ruban blanc de son petit yorkshire impeccablement toiletté. La pièce était parsemée de vases de Limoges contenant des tulipes blanches et des orchidées. J'ai remarqué que, chaque fois qu'elle fumait une cigarette, elle l'écrasait dans un minuscule cendrier blanc, avant d'en jeter le mégot dans une corbeille à côté du lit. Elle essuyait le cendrier avec un Kleenex, qu'elle jetait à son tour dans la corbeille. Ensuite, elle remettait le cendrier propre en place sur sa table de chevet, à côté des photos encadrées de son mari, de ses quatre beaux-fils et belles-filles, et, vous me croirez si vous voulez, du cheval qui l'avait fait tomber. C'est *cette* photo, encadrée de cuir blanc, qui était placée devant les autres ! »

Trois semaines après l'accident, elle fait de premiers pas hésitants. Le tournage recommence trois semaines plus tard. Pour rejoindre l'équipe au Mexique, elle doit voyager couchée. C'est donc en wagon-lit qu'elle part. Arrivée sur les lieux, elle doit rester alitée lorsqu'elle ne travaille pas, la position assise étant trop douloureuse. Et pour le reste du tournage (deux mois), Audrey porte un appareil orthopédique. Mel ne cache pas sa colère : il ne supporte pas qu'Audrey travaille alors que sa santé n'est pas bonne. « Je crois que c'est une mauvaise idée de continuer le film, mais Audrey est plutôt entêtée. »

D'ailleurs, la scène au cours de laquelle elle a été accidentée est essentielle, et il faut donc la filmer à nouveau. Le réalisateur programme la prise pour le dernier jour de tournage. Cette fois « Diabolo » se conduit parfaitement. Et toute l'équipe applaudit le courage de l'actrice. *Le Vent de la Plaine* est enfin en boîte...

Bien que la carrière de John Huston atteigne sans doute son point critique avec ce western « hystérique », le film semble plaire à la plupart des journalistes. Certains soulignent juste que la compétence et le potentiel d'Audrey ont été mal utilisés. Avis que partage Lilian Gish. « Audrey jouait ma fille, et je l'aimais comme une fille. Mais on ne s'est jamais servi comme il faut de son talent dans ce film. Quand j'ai vu la version complète du *Vent de la Plaine*, j'ai su que si on avait utilisé ses dons, le film aurait eu un succès beaucoup plus grand. »

John Huston en conviendra en confessant plus tard : « Il y a quelques-uns de mes films que je n'aime guère, mais *Le Vent de la Plaine* est le seul que je déteste. En dépit de quelques bonnes performances d'acteurs, le ton est pompeux. Je l'ai regardé à la télévision un soir, et j'ai éteint le poste à la moitié. Je ne pouvais pas le supporter. » Le *New York Times*, lui, trouvera Audrey « un peu trop raffinée, fragile et civilisée au milieu de tout cet univers rustre et brutal... ».

Côté fragilité, Audrey est servie. Epuisée par ce tournage, elle rejette un scénario proposé par Alfred Hitchcock (*No Bail for the Judge*) – ce dernier lui en voudra à mort – et regagne les montagnes suisses. Devenir maman est désormais la chose la plus importante de sa vie. De retour dans son chalet alpin, elle s'y prépare. Oubliées les pensées sombres du passé et ses éternelles phrases du genre : « Je ne comprends pas pourquoi je ne peux pas avoir d'enfants. Mel et moi, nous nous aimons tant. »

Toujours encline à des crises et à des dépressions, Audrey entretient son état psychologique comme d'autres leur régime. Elle est sereine et commence à tricoter pour son bébé. Malheureusement, alors qu'elle atteint son troisième mois de grossesse, elle fait une fausse couche. Elle est désespérée. « Je croyais avoir évolué, avoir surmonté mon état dépressif. Tout s'écroula à l'instant où le médecin m'apprit qu'une fois de plus j'avais perdu mon bébé. J'étais en colère. J'en voulais à Dieu, j'en voulais à Mel. [...] J'étais épouvantablement malheureuse. »

Son monde, un monde souvent aussi fragile qu'elle, s'effondre. Elle est anéantie lorsqu'elle sait qu'elle ne peut pas être mère. Le contrecoup de sa chute de cheval sans aucun doute. « C'est une tragédie », dit Mel, la voix étouffée par l'émotion. Audrey descend dans ce qu'elle appellera elle-même un « déclin noir » et lutte, encore une fois, contre une dépression nerveuse. Elle ne pèse plus que 44 kg et fume constamment (jusqu'à soixante cigarettes par jour). « J'avais le cœur brisé et Mel aussi, dira-t-elle, en parlant de cette époque. Nous nous sommes à peine parlé pendant plusieurs mois. Mais Mel se chargea de tout et s'occupa aussi de moi. Je crois que cela l'aida à en sortir. De lui voir meilleur moral améliora le mien et m'aida à émerger de ma dépression. » Le temps et l'amour que son mari lui porte comblent le vide de son cœur. Audrey recommence peu à peu à prendre goût à la vie.

Au cours de cet été 1959, elle est sur les rangs pour obtenir le rôle principal dans le film qui deviendra le plus cher qu'on ait jamais tourné avant *Titanic* : *Cléopâtre*. Son agent a envoyé à une autre de ses clientes un exemplaire-brouillon du scénario : Elizabeth Taylor. Audrey et Elizabeth sont, à cette époque, les actrices les mieux payées du monde. Elles expriment leur intérêt pour ce projet. Mais la Paramount refuse de libérer Audrey, et Elizabeth Taylor empoche un célèbre contrat qui lui permet de toucher sur-le-champ un million de dollars, plus 50 000 dollars par semaine pour les heures supplémentaires et encore 3 000 dollars par semaine d'indemnités. Elle touchera également un gros pourcentage sur les recettes du film.

Audrey laisse aussi passer la Maria de *West Side Story* et un rôle dans *Le Cardinal* d'Otto Preminger. A l'évidence, « elle est une épave », au dire d'une amie et certains se rappellent sa réaction lorsqu'en 1958, alors qu'elle assistait à la première de *L'Adieu aux Armes*, elle montra pour la première fois son chagrin en public. Sur l'écran, Jennifer Jones simule les douleurs de l'enfantement. Bouleversée, Audrey quitte brutalement la salle en compagnie d'un ami. Le lendemain, assaillie par les journalistes qui l'interrogent sur les motifs de sa sortie spectaculaire, elle craque : « Je désire tellement avoir un enfant… »

Au bout de six ans d'espoir inquiet, et malgré l'accident de cheval, son attente est finalement comblée. Sept mois après sa fausse couche, Audrey est à nouveau enceinte. « Je n'en ai parlé à personne, sauf à Mel. J'ai même essayé de ne pas y penser. J'avais peur qu'on m'ait jeté un sort. J'ai fait des marchés avec Dieu, des promesses insensées que je savais ne jamais pouvoir tenir. Mais j'aurais fait n'importe quoi pour assurer le bien-être de ce bébé », dira-t-elle.

Cette fois, elle décide qu'il n'y aura pas d'accidents. Elle accepte le conseil du médecin de n'entreprendre aucun tournage. Au début, elle suit Mel à Rome, où il a commencé, sous la direction de Vadim, celui de *Et mourir de Plaisir*. Elle rayonne de joie, entame de véritables « vacances romaines » avec tous les éléments du bonheur tel qu'elle l'a toujours rêvé : l'amour de son mari et un enfant à naître. Le film de Vadim se poursuit à Paris : comme à Rome, Audrey se montre ravie, euphorique, et retrouve des lieux de tournage et de succès : « Vous savez, au fond, Mel m'a toujours considérée comme une petite Parisienne, à cause de *Gigi*, et j'en suis fière, confie-t-elle aux journalistes. Vous aussi, n'est-ce pas ? »

Puis elle retourne sagement en Suisse. Elle passe ses journées dans le beau jardin de Burgenstock à songer au grand jour. « Il n'y a pas une seconde où je ne pense pas au petit, dit-elle avec enthousiasme. Je suis pareille à une femme cloîtrée, comptant les heures. » Elle refuse toute invitation et se couche à neuf heures chaque soir. Parfois, elle est hantée par de vieux souvenirs, et elle devient obsédée par les malheurs maternels des vedettes de cinéma. Elle songe à Marilyn Monroe (deux fausses couches) et à Maria Schell. Mais elle ne tricote plus : elle en a déjà fait suffisamment et a peur que d'autres brassières n'attirent la malchance.

A mesure que les semaines s'écoulent, elle accueille les quatre enfants de Mel et s'entoure d'autant de jeunes que possible. Elle veut que son bébé entende des rires. Elle passe ainsi l'hiver et le printemps à se reposer dans son chalet, à lire et à faire d'agréables promenades. Enfin, après un orage, un dimanche matin, le 17 janvier 1960, elle donne naissance à un robuste petit garçon, à la clinique municipale. Il pèse plus de quatre kilos et se nomme Sean. On a choisi ce prénom parce qu'il est l'équivalent irlandais du nom du demi-frère d'Audrey, Ian, et qu'il veut dire « don de Dieu ».

Cinq minutes après la naissance, les nerfs d'Audrey lâchent. « Il faut que je voie le bébé, que je le voie tout de suite ! crie-t-elle, des larmes ruisselant sur ses joues pâles. Est-il bien ? Est-il *vraiment* bien ? » Depuis longtemps, elle a une peur secrète : que son bébé ait un défaut physique. Il faut qu'on la rassure avant qu'un faible sourire se dessine sur son visage fatigué quand elle embrasse Mel. « J'étais tellement transportée de bonheur à la pensée de donner la vie que tout m'a semblé parfait, dira Audrey. Je me rappelle avoir entendu beaucoup de claquements. J'ai appris par la suite qu'il y avait une tempête terrible pendant que j'accouchais, mais j'avais l'impression que tout le monde applaudissait ma performance. – Je suis l'homme le plus heureux sur cette terre en ce moment, dit Mel, debout à côté du lit d'Audrey. Nous tenions tant, tous les deux, à avoir un bébé. C'est un garçon, donc nous en sommes d'autant plus contents. »

Quand Audrey regagne dix jours plus tard son chalet, elle découvre que Mel a fait peindre en bleu la chambre de l'enfant – pour aller avec les yeux bleu clair de Sean. Il est pour l'heure citoyen américain mais, étant né en Suisse, il pourra, à l'occasion de son vingt et unième anniversaire, choisir entre la nationalité américaine ou la suisse. Deux mois plus tard, dans la petite chapelle protestante franco-suisse, où Audrey et Mel se sont mariés six ans plus tôt, Sean est baptisé par le même pasteur Endiguer. Son parrain et sa marraine sont le demi-frère d'Audrey, Ian, et la sœur de Mel, Terry. Sean pleure un peu pendant la cérémonie, ce qui pousse sa grand-mère à remarquer : « De bonnes larmes à un baptême laissent sortir le diable. » La robe de baptême est signée Givenchy, ainsi que celle d'Audrey. L'ambassadeur américain en Suisse apporte deux cadeaux à l'enfant : son passeport américain et le drapeau des Etats-Unis. Audrey fait savoir qu'elle désire beaucoup d'autres enfants comme Sean. Mel, maintenant père de cinq enfants, sourit.

Assaillie par les journalistes, Audrey donne une conférence de presse où elle déclare : « J'aimerais pouvoir faire rencontrer à Sean tous les gens de tous les pays, pour qu'il apprenne de quoi le monde est fait. S'il devient une personne comme il faut, il contribuera pour une petite part à rendre le monde un peu meilleur qu'il n'est. »

Sean devient aussitôt le centre de l'univers. Audrey engage une nurse italienne, Gina (sur le conseil de Sophia Loren). Elle passe l'été à Burgenstock, entourée de sa mère et d'une gouvernante. La maternité est le meilleur des tonifiants. Audrey réfléchit à quelques-uns des projets qu'on lui soumet, mais préfère les refuser tous. Elle est ferme dans sa résolution de ne pas se « précipiter dans des tournages », déterminée à savourer ces premiers mois de maternité accordée par Dieu. Après six ans de mariage, elle n'est pas pressée d'abandonner l'enfant de ses rêves.

« Comme toute nouvelle maman, je n'arrive pas à croire qu'il est vraiment à moi, et que je vais réellement pouvoir le garder, confie Audrey à un journaliste de *Look.* Son existence m'émerveille, comme le fait de pouvoir sortir et m'apercevoir en revenant qu'il est toujours là. » Sa joie se teinte souvent d'anxiété. L'idée que son fils puisse être enlevé la remplit d'angoisse et elle s'inquiète également de l'effet qu'il a sur son chien : « Cela peut paraître un peu bête, mais je me suis donné beaucoup de mal pour éviter que cela ne porte un coup trop violent à l'amour-propre de "Famous". » Mais bébé Sean et le chien font bon ménage.

Toute à son bonheur, la nouvelle maman se montre moins attentive à l'amour-propre de son époux. Au magazine *Mc Calls*, elle confie : « Avec le bébé, j'avais le sentiment d'avoir tout ce dont une femme peut rêver. Mais cela ne suffit pas à un homme. Cela ne suffisait pas à Mel. Il ne pouvait pas vivre heureux en se contentant d'être le mari d'Audrey Hepburn. » Un constat annonciateur d'orages. Mais Audrey est trop heureuse pour penser à la situation précaire de son couple.

XI

BREAKFAST AT TIFFANY'S

LES propositions de films n'ont cessé d'affluer sur le bureau d'Audrey pendant sa grossesse et au cours des six premiers mois qui ont suivi la naissance de Sean. L'actrice a tout refusé. Seul un scénario l'a séduite : celui tiré du roman de Truman Capote, *Petit Déjeuner chez Tiffany's*. Si Marilyn Monroe est le premier choix de Truman Capote, il n'en demeure pas moins que le rôle de Holly Golightly convient comme un gant à la personnalité d'Audrey. Les premières lignes de Holly dans le court roman de Capote dessinent presque sa silhouette : « Malgré son élégante minceur, elle avait l'air sain de quelqu'un qui vit de lait et de beurre frais et qui se lave à l'eau et au savon. Elle avait des joues de braise, une large bouche, le nez retroussé. Elle portait des lunettes à monture noire. Bien qu'elle fût sortie de l'enfance, son visage n'était pas encore un visage de femme. Je pensai qu'elle pouvait avoir n'importe quel âge entre seize et trente ans ; comme je le découvris par la suite, elle allait avoir dix-neuf ans dans deux mois. »

Peut-être aussi que ce choix constitue une façon élégante de dire adieu aux rôles de jeune femme malicieuse et innocente qui constituent la griffe Hepburn. A trente et un ans, il est temps de changer de registre. Audrey pense qu'il lui faut chercher une nouvelle gamme de rôles. Ce dont elle a besoin à ses yeux, et à ceux de Mel, c'est d'un personnage qui lui fournisse une transition convenable pour des rôles plus mûrs, plus sophistiqués. Sans pour autant tourner le dos à son image charismatique. Le personnage de Holly Golightly tombe à pic : elle est bohème, son charme lui permet de gagner sa vie et elle tombe finalement amoureuse d'un jeune romancier. Elle est *kookie* (cinglée, dingue) comme Audrey la définit. Ce dernier trait de caractère séduit l'actrice, dont les personnages précédents n'ont jamais eu la moindre trace d'excentricité. « Je suis une jeune fille fofolle, étourdie, qui ne prend rien au sérieux », explique Audrey.

Elle a pourtant hésité à lire le scénario de George Axelrod. Le rôle est celui d'une extravertie, et elle est plutôt introvertie. Il demande une certaine sophistication qu'elle a du mal à exprimer ; elle ne se croit pas capable d'y arriver. Mais tout le monde (Mel, le réalisateur, Blake Edwards, et la baronne) la pousse à accepter. Sa décision résulte à nouveau d'un conflit. D'un côté, elle est tentée de ne pas prendre de risques – comme la plupart des vedettes d'Hollywood – et en même temps, elle veut se lancer dans une expérience nouvelle. C'est donc plutôt nerveuse qu'Audrey arrive à New York, accompagnée de Mel, en octobre 1960, pour commencer ce nouveau tournage.

« J'ai pensé que je pouvais "jouer" ce personnage. Une vraie révolution pour moi. Après tant de films, je n'avais plus l'impression d'être une actrice amateur ; je savais que j'aurais toujours quelque chose à apprendre, mais je découvrais enfin que je pouvais aussi donner de moi-même. Je savais que ce rôle serait un défi, mais je voulais m'y affronter », expliquera Audrey. Une consolation : le charme de son partenaire, George Peppard. Physiquement, tous deux sont très bien assortis. George Peppard joue le rôle d'un jeune écrivain qui emménage dans le même immeuble new-yorkais que Holly, et qui va découvrir grâce à une issue de secours un nouvel amour.

Mais Audrey n'a jamais travaillé avec un acteur sorti de l'école de Lee Strasberg. Elle découvre vite que le travail avec un acteur « à la Stanislavski » la déstabilise. Il est gentil avec elle mais son besoin de tout analyser la trouble. Il n'ébauche pas le moindre geste sans avoir longuement réfléchi. Cela ne fait qu'amplifier le sentiment d'insécurité qu'éprouve Audrey sur le tournage. Dans une scène, son partenaire lui tient un discours dont elle se persuade qu'il lui est destiné : « Vous voulez que je vous dise ce qui ne va pas chez vous, Mademoiselle Je-ne-sais-quoi ? déclare-t-il, de plus en plus en colère. Vous êtes une froussarde. Une dégonflée. Vous avez la trouille de sortir de votre trou. D'accord, la vie est un fait ! C'est un fait que les gens tombent amoureux, que les gens s'appartiennent mutuellement parce que c'est leur seule chance d'être heureux. Vous vous croyez libre et vous êtes terrifiée à l'idée que quelqu'un vous attrape et vous mette en cage ! Vous l'avez construite toute seule et ses murs ne sont ni le fin fond du Texas, d'un côté, ni la Laponie, de l'autre ! Le mur c'est vous, parce que partout où vous irez, c'est toujours contre vous-même que vous finirez par buter ! »

Ce travail aux côtés de George Peppard donne à Audrey un complexe d'infériorité. Contrairement à lui, elle recourt très peu à la technique. Rien ne peut vraiment la soutenir dans son interprétation. Elle doit jouer d'instinct. Elle a débuté comme danseuse de ballet, et il lui est souvent difficile de se croire actrice. Le réalisateur

William Wyler comprend son grand désir de réussir comme le signe d'« une bonne ambition », et fait allusion à son « dynamisme sincère et honnête d'y *arriver* sans marcher sur les pieds des autres ». Lorsqu'elle tourne un film, ce dernier devient sa priorité, et exclut toute vie sociale. Ainsi, une joyeuse famille italienne, donnant une réception en l'honneur d'Audrey pendant le tournage de *Guerre et Paix*, s'étonne lorsque les Ferrer prennent congé avant la fin de la réception. « J'ai une journée difficile demain », explique Audrey à son hôtesse ébahie.

Sa partenaire, Patricia Neal, se souvient de la concentration de l'actrice et de sa vie sociale réduite au cours du tournage : « Je n'avais qu'une scène avec Audrey, mais elle s'est montrée amicale et m'a même invitée à dîner chez elle. Mel était très strict pendant la préparation du repas : c'était un seul verre, un repas léger, et au lit. Il me semble que quand je suis rentrée chez moi il faisait encore jour. Je n'ai jamais dîné aussi rapidement dans ma vie. En tout cas, j'appris comment elle s'y prenait pour préserver sa beauté. » Le producteur, Hal Wallis, se remémore aussi la frugalité d'un dîner chez le couple : « Les domestiques apportèrent un plat contenant un très gros poisson – pas de soupe, de plat d'accompagnement, ni de dessert. Et Audrey, délicate comme une figurine en porcelaine de Dresde, vêtue d'une tenue originale de Givenchy, consomma avec délices une petite portion de ce monstre marin. »

Le très mondain José-Luis de Villalonga, qui fait une apparition dans *Diamants sur Canapé* (titre français de *Breakfast at Tiffany's*), a voulu apporter son témoignage : « La première fois que j'ai rencontré Audrey, c'était à Paris, chez des amis communs. Nous avons aussitôt sympathisé. Je l'ai emmenée voir *Les Amants*, qui venait juste de sortir. C'était en 1958. Elle a adoré le film et, sans doute, ma façon de jouer, car, quelques années plus tard, elle m'a téléphoné et m'a dit : "Ecoute, José-Luis, je vais faire un film avec Blake Edwards, *Diamants sur Canapé*, tiré d'une nouvelle de Truman Capote. C'est une comédie très drôle, très sophistiquée. Il y a un rôle pour toi de prince brésilien. Je suis sûre que cela va beaucoup t'amuser. D'ailleurs, tu pourras habiter chez moi, à Hollywood." C'était en 1961. Lorsque je suis arrivé aux Etats-Unis, Audrey m'a complètement pris en charge. Elle était si amicale. Elle m'a dit en riant : "Demain, je vais organiser un petit cocktail pour que tu découvres un peu le monde du cinéma." Le soir de cette fabuleuse partie, elle m'a poussé dans le salon, car j'étais très intimidé. Je suis resté bouche bée en découvrant toutes les stars que je ne connaissais qu'à travers des photos et des films. J'avais l'impression de rêver en serrant la main des plus grands mythes. Il y avait Gary Cooper, Charles Boyer, Cary Grant, Joan Crawford, Shirley MacLaine et, bien sûr, Mel Ferrer, qui était alors son mari. Lorsque tout le monde est parti, Audrey m'a dégrisé : "Ne te fais pas d'illusions. On t'invite, on est gentil avec toi tant que tu habites chez moi. Mais le jour où tu vivras à l'hôtel, personne ne fera plus attention à toi ! C'est cruel, mais c'est la loi de Hollywood. C'est comme cela, on n'y peut rien." Je garde un souvenir merveilleux du tournage à New York de *Diamants sur Canapé*, au printemps. Avec Audrey, il n'y avait jamais le moindre problème. Elle se montrait si professionnelle, si charmante ! Elle n'a jamais fait réellement partie du monde des stars. Elle avait une vie à elle. »

C'est dans la scène d'ouverture du film, devant la bijouterie « Tiffany's » à New York, que le public fait la connaissance de Holly Golightly. Au petit matin, après un rendez-vous, Holly, que les richesses exposées dans sa vitrine préférée laissent rêveuse, boit un café dans une tasse en carton et grignote un croissant. La scène est tournée à New York, sur les lieux mêmes évoqués par Truman Capote, comme beaucoup d'autres scènes. Le public voit ainsi Audrey sortir précipitamment de la Maison de Détention de Greenwich Village, accompagnée par le bruit de la circulation de la 5e Avenue. Les badauds, contenus derrière les barrières de police, se pressent pour voir la vedette tomber dans les bras de son partenaire, George Peppard. Tous les deux montent en hâte dans un taxi qui les attend et qui démarre rapidement vers l'ouest, sur Christopher Street. La scène est reprise onze fois et des centaines de New-Yorkais arrivent en masse pour tenter d'apercevoir Audrey, qui semble très à l'aise dans ce quartier, vêtue de sa chemise grise et de son étroit pantalon noir.

Le lendemain, quelques touristes, attirés par la foule et la cohorte de policiers devant « Tiffany's », penseront qu'un vol de bijoux vient d'être commis ou qu'ils vont peut-être entrevoir Nikita Khrouchtchev, en visite officielle aux Etats-Unis à cette époque. Mais la cause de toute cette agitation est une jeune femme remarquablement mince, vêtue d'une robe du soir de Givenchy, qui flâne devant la vitrine pour apprécier les bijoux exposés, tenant dans ses mains finement gantées de satin noir un gobelet de café qu'elle déguste à petites gorgées avec un croissant qu'elle savoure avec délicatesse.

Son austère robe noire devient légendaire. Elle représente le chic personnifié. Audrey propose alors sa définition de l'actrice sexy : une personne douée de charme et d'esprit. Autre élément légendaire du film : la musique composée par Henry Mancini. « Il est rare qu'un compositeur soit vraiment inspiré par une silhouette, un visage ou une personnalité, mais ce fut le cas pour Audrey. D'habitude, je dois voir un film achevé avant d'en composer la musique, mais avec *Diamants sur Canapé*, je savais ce que je devais écrire pour cette actrice rien qu'à lire le scénario. Alors, quand je l'ai rencontrée pour la première fois, j'ai su que la chanson serait très, très spéciale. Je connaissais la qualité de sa voix et qu'elle chanterait *Moon River* à la perfection. Jusqu'à ce jour, personne ne l'a chanté avec plus d'émotion. »

Un critique remarque qu'elle passe en trombe dans le film comme si à la place du café, elle avait pris du supercarburant au petit déjeuner. Un autre observe que sa délicieuse performance nous fait oublier qu'une jeune fille ne se nourrissant que de fromage blanc ne peut guère avoir les moyens de s'offrir des tailleurs Givenchy. Mais, tandis qu'aux Etats-Unis, le *Motion Picture Herald* la loue pour avoir joué le rôle « avec élan, charme séduisant, émotion vibrante, tout à la fois », le *New York Times* résume toute l'entreprise : « Absolument invraisemblable, mais extraordinairement efficace. Au-delà de toute considération, la véritable force du film est Audrey Hepburn, qui allie à son habituel aspect de biche effarouchée un authentique talent comique aussi remarquable qu'inattendu. »

Audrey est nommée pour l'Oscar, mais c'est Sophia Loren qui le reçoit pour son jeu dans *Two Women.* Le seul Oscar de *Breakfast at Tiffany's* est donné à Henry Mancini. Mais le sondage annuel des critiques du cinéma, mené par le magazine américain *Film Daily*, désigne Audrey Hepburn « Actrice de l'Année » et, en Italie, les juges des prix prestigieux « David De Donatello » la proclament meilleure actrice non italienne vue en Italie cette année.

Au moment du tournage, un journaliste lui pose une question sur ses ambitions et sur le rôle qu'elle aimerait le plus jouer. « Il est facile de répondre à ça, lui dit-elle. Je ferais tout pour interpréter Eliza Doolittle dans *My Fair Lady.* » Peut-être que quelqu'un, quelque part, en prend note.

Entre-temps, Sean et sa nurse se rendent par avion à Hollywood pour passer Noël en famille. Depuis leur séparation, Sean est devenu un gros bébé doté d'un appétit presque insatiable et « d'une voix extrêmement puissante ». Ce Noël-là, « mon premier avec mes deux hommes réunis », est le plus heureux dont Audrey se souvienne. Le 8 janvier, au cours d'un dîner donné par le Friars Club en l'honneur de Gary Cooper atteint d'un cancer, Audrey lit un beau poème intitulé *Qu'est-ce qu'un Gary Cooper ?* L'acteur se met debout pour recevoir les ovations de ses amis du cinéma et déclare : « La seule chose dont je sois fier, ce sont les amis que j'ai pu me faire dans cette communauté... et si vous me demandez si je suis le gars le plus heureux du monde, tout ce que je peux dire, c'est oui. » Quatre mois plus tard, il meurt.

Les Ferrer se remettent à voyager, d'abord à Paris, où Mel met en scène et joue dans un film, puis dans les Alpes et en Yougoslavie, avant de revenir à Beverly Hills, où ils louent une somptueuse maison bâtie sur la côte. Audrey continue à refuser plusieurs films, y compris *A Taste of Honey*, *In the Cool of the Day* et *Hawaii* (rôles qui reviendront à Rita Tushingham, Jane Fonda et Julie Andrews), car accepter entraînerait une séparation avec Mel et Sean. Le seul film qu'elle veut vraiment faire, comme Elizabeth Taylor et Jean Simmons, va à Leslie Caron – *The L-Shaped Room*. Audrey décrit sa vie de famille comme « toute une série de périodes de quelques mois : six mois par-ci, quatre mois par-là, trois mois ailleurs encore, constamment en train de louer des maisons, de faire des paquets, d'envoyer par bateau malles et bagages ».

Le public a d'elle l'image d'un être qui danse une valse à travers un lac jonché de cygnes, vêtue de tulle blanc avec Fred Astaire dans *Funny Face* et qui demande 50 dollars pour les toilettes dans *Breakfast at Tiffany's*. Mais pour cette actrice tout cela n'est qu'un entracte. La vie réelle, c'est lorsque les *sunlights* s'éteignent et qu'elle peut rejoindre son chalet à Burgenstock accompagnée de son fils, de la nurse et du chien.

« A cause de ses manières parfaites, de son bon goût inné et de sa bonté naturelle, admet l'acteur Van Johnson, il serait impensable de prononcer le mot de cinq lettres devant elle. » Billy Wilder ajoute : « Devant elle, on se censure, même si l'on sait qu'Audrey n'est pas prude. » Son film suivant, *La Rumeur*, surprend pourtant tout le monde. C'est l'histoire d'une élève malveillante qui accuse les deux directrices de l'école de filles qu'elle fréquente d'être lesbiennes. Les conséquences en seront tragiques. Audrey joue avec Shirley MacLaine l'une des femmes dont la réputation est détruite par la calomnie. Un choix étrange, mais Charles Higham affirme qu'Audrey accepta de faire ce film parce qu'elle « adhérait aux idées » que le scénario contenait implicitement : c'est-à-dire « le droit de chacun au respect de son intimité, le danger des commérages et le pouvoir qu'a l'amour de transcender même la sexualité ».

Audrey Hepburn en lesbienne présumée est un rôle aussi improbable à cette époque que d'imaginer Jayne Mansfield en Vierge Marie. Quand on sait les efforts énormes qu'elle fait pour maintenir une image cinématographique « respectable », sa décision de se lancer dans ce nouveau défi provoque la stupéfaction. William Wyler a déjà tourné un film de la même pièce de théâtre en 1936, sous le titre *These Three*. Pour cette nouvelle version, il paie 300 000 dollars pour les droits de cinéma, envisage Katharine Hepburn et Doris Day dans les rôles féminins principaux, et il pense finalement qu'Audrey Hepburn et Shirley MacLaine (qui a été nommée récemment pour les Oscars) seront plus charismatiques. « La raison pour laquelle j'ai choisi Audrey est qu'elle est propre et saine. Je ne veux pas de seins dans ce film. »

Malgré le courant de sympathie qui s'instaure immédiatement entre les deux actrices et la présence du petit Sean, que toute la troupe choie et dorlote à qui mieux mieux, Audrey se montre irritable et fatiguée, comme cela lui est déjà arrivé. Sa personnalité s'oppose à celle de Shirley. Ce qui soutient l'amitié des deux actrices pendant le tournage est leur sens de l'humour, même quand l'hilarité de Shirley dépasse celle d'Audrey. Celle-ci aime écouter les plaisanteries de Shirley, mais se trouve incapable d'y répondre. « Je glousse », dit-elle comme une excuse. Pourtant, au départ, Shirley MacLaine semble mal comprendre la personnalité introvertie et modeste d'Audrey et confond son élégance avec de la réserve. Billy Wilder l'a déjà souligné : « Audrey a cette classe rare, quelque chose que possède Garbo aussi. C'est un style personnel, une sorte de savoir-vivre qui rayonne à l'écran. »

Dans ses mémoires, miss MacLaine raconte : « J'étais pleine d'appréhension quand j'ai rencontré Audrey à la répétition, mais par la suite, travailler avec elle a été un grand bonheur d'un bout à l'autre... Audrey et moi avons décidé de donner une fête à la fin du tournage pour les acteurs et l'équipe technique. Nous sommes sortis tous ensemble et avons pris Romanoff comme traiteur – le meilleur. Au milieu de la fête, Audrey s'est discrètement approchée de moi, m'a donné un coup de coude et m'a dit : "Hé ho, Shirl', ma fille, d'après toi, à combien va se monter la douloureuse pour cette petite sauterie ?" » Leur bonne entente sera une consolation à l'échec du film. Lorsqu'il sort, il est condamné par les critiques, qui le trouvent « lugubre », « boursouflé ». Selon l'opinion générale, il est démodé. Ni la tristesse charmante d'Audrey ni la sincérité brûlante de Shirley ne peuvent l'animer.

C'est donc avec un certain soulagement qu'Audrey regagne l'Europe, après sa longue période de travail aux

Etats-Unis. Les tournages de ses deux derniers films l'ont épuisée. Elle est également triste de la mort de son petit yorkshire « Famous ». En s'échappant de la maison des Ferrer qui se trouve juste en face de celle de Billy et Audrey Wilder, le long de Wilshire Boulevard, il s'est fait écraser par une voiture.

Maigre compensation pour l'actrice, le « Couture Group de New York », qui a déjà, en 1961, publié sa liste des douze femmes les mieux habillées du monde, fait un pas de plus et élève Audrey à son panthéon. Seules les femmes citées annuellement depuis plus de trois années consécutives sont éligibles à ce titre. Leslie Caron affirme qu'Audrey « menait sa vie de façon aussi discrète que sa manière de s'habiller ». Or, selon le magazine *Look,* Hepburn n'est, pour l'essentiel, qu'une technique mise au point au fil des ans pour camoufler des défauts. Une autre actrice, Eva Gabor, assure : « Audrey s'est toujours habillée un peu "en deçà" plutôt que trop. Personne au monde n'était aussi superbe qu'elle en simple pantalon et chemisier blancs. Tout ce qu'elle portait devenait élégant. Sans le moindre bijou, elle avait l'air d'une reine. [...] Et le parfum de cette femme... Chez elle, tout atteignait la perfection. Les yeux merveilleux, la douceur, la délicatesse de l'âme. »

L'écrivain Judith Krantz, l'auteur de *Princess Daisy*, s'est penchée elle aussi sur le fameux « look Hepburn » : « Elle s'est construite d'une manière si élégante et elle est si parfaitement habillée que toutes les autres femmes paraissent grossières à côté d'elle. Mais elle a échappé à la malice et à l'envie parce qu'elle est la quintessence de l'enfant abandonnée. Sous le style impeccable et raffiné, nous devinons quelqu'un d'incroyablement fragile, quelqu'un qui, pour des raisons que nous ne connaissons pas, a besoin de nous. Avec Audrey Hepburn, nous avons l'image d'une orpheline-princesse. »

XII

CHARADE

En 1962, à la journaliste-romancière Michèle Manceaux qui lui demande : « Vous intéressez-vous à autre chose qu'à votre métier ? », Audrey répond : « Oui, à mon fils et à mon mari. Je tourne assez peu, même pas un film par an. Mel et moi, nous nous donnons beaucoup de mal pour rester ensemble. Depuis sept ans, nous y sommes parvenus. J'aime beaucoup tenir ma maison. Ma seule frivolité, c'est Hubert (de Givenchy). J'adore la mode et surtout Hubert. Je viens à Paris en cachette, exprès pour le voir. »

En cette année 1962, Audrey ne désire plus qu'une seule chose : « Un deuxième bébé », assure-t-elle. Avec son mari et son fils, elle va passer plus d'un an dans son chalet suisse à s'occuper de sa petite famille. Elle veut « recharger ses batteries ». Etre mère et femme au foyer la comble. La famille Ferrer se lève vers sept ou huit heures le matin ; Audrey fait la cuisine et s'occupe de Sean. Mel joue au tennis et lit beaucoup, et deux ou trois fois par semaine le couple descend au marché de Lucerne, et fait le tour des magasins. Ils marchent énormément, prennent leurs repas de bonne heure et se couchent avant dix heures. On les accepte tels qu'ils sont. Et même s'ils sont parfois irrités de voir rôder quelques photographes italiens près de chez eux, ils ne vivent pas comme des stars. Pour les voisins, Audrey n'est que « Frau Ferrer ».

A première vue, elle a tout ce qu'elle désire : une carrière qui lui apporte célébrité, richesse et succès, un enfant tant attendu et un mariage en apparence solide. Pourtant, les premières fêlures apparaissent. Mel fait quelques incartades et Audrey finit par le savoir. Mais que ce soit sur une piste, sur une scène ou sur un plateau de cinéma, « le spectacle continue ». Telle est la loi de ceux qu'on appelait autrefois « les gens du voyage ». Malgré tous leurs efforts pour se retrouver le plus souvent et le plus longtemps possible auprès de Sean dans leur villa, leur métier les éloigne l'un de l'autre inéluctablement. A qui attribuer la faute, quand les nécessités de leurs tournages respectifs en appellent un à Hollywood et l'autre à Madrid ?... Pour arrêter le processus, Audrey Hepburn, pendant un temps, refuse film sur film. A des journalistes qui lui font remarquer qu'elle risque de gâcher sa carrière en préférant son rôle d'épouse et de mère, elle répond : « Je préfère être Mrs Ferrer heureuse que Greta Garbo mal aimée, couverte de contrats et de dollars. »

Audrey, à l'évidence, se masque la réalité. Même si des rumeurs sur les infidélités occasionnelles et discrètes de Mel ont fini par l'atteindre, elle veut tenir bon. Pour Audrey, elle-même enfant du divorce, une vie de famille heureuse prime sa réussite professionnelle. Mais le couple passe son temps à se quereller et à se réconcilier.

D'autres événements viennent troubler sa sérénité. En juillet 1962, on cambriole le chalet. Parmi les objets dérobés, figurent des sous-vêtements et l'Oscar qu'elle avait obtenu pour *Vacances Romaines*. Quand le coupable, un étudiant de vingt-cinq ans nommé Jean-Claude Thouroude, est arrêté, il affirme à la police qu'il a commis ce vol dans l'espoir de rencontrer Audrey Hepburn. Il est follement amoureux d'elle, collectionne ses photographies, et possède six autographes. Depuis le tournage de *Diamants sur Canapé*, elle est devenue un peu paranoïaque. Un jeune homme mystérieux (sans doute le voleur) commence à la suivre partout : de New York jusqu'en Suisse. Au début, elle pense qu'elle se fait des idées ou qu'elle exagère le nombre de fois où elle l'a remarqué : « Pendant longtemps, je n'en ai parlé à personne, dira-t-elle. D'une part, parce que tant qu'il n'était pas formulé, l'incident n'aurait pas de réalité ; d'autre part, je craignais de susciter sa colère. Je me disais que, pour passer autant de temps à me suivre, il fallait qu'il soit réellement fou. J'avais vraiment peur, mais je n'en ai rien dit à personne. »

D'ailleurs, Mel Ferrer, de moins en moins amoureux, commence à se lasser des frayeurs de sa femme. Il pense qu'Audrey les exagère pour attirer sur elle attention et sympathie. La laissant en Suisse, il part pour l'Espagne tourner *La Chute de l'Empire Romain*, un péplum à gros budget.

C'est alors qu'Audrey reçoit la visite du réalisateur Richard Quine. A sa demande, elle accepte le rôle de Gabrielle Simpson dans *Deux Têtes Folles*. Le réalisateur balaie toutes les appréhensions d'Audrey en lui présentant le film comme une comédie. Le scénario paraît idéal : des extérieurs à Paris, des costumes de Givenchy et une comédie gaie et romantique écrite par George Axelrod. Cependant, ses craintes à l'idée d'avoir William Holden pour partenaire – elle ne l'a pas revu depuis neuf ans – vont se révéler justifiées.

Au cours de sa visite, Richard Quine trouve Audrey « spirituelle, brillante, toujours agréable, toujours courtoise et disponible, une hôtesse parfaite », et il s'inscrit dans le cercle toujours plus nombreux des admirateurs qu'elle a complètement ensorcelés ; il est donc très heureux d'apprendre qu'elle accepte sa proposition.

Le tournage du film débute en juillet 1962, aux studios de Boulogne. Lorsqu'on annonce à la direction des studios qu'Audrey veut la loge n° 55, les dirigeants déplacent promptement une star française pour satisfaire à sa demande. Ce qu'ils ne savent pas, c'est que l'actrice a eu le même numéro de loge à Rome pour *Vacances Romaines* et à Hollywood pour *Diamants sur Canapé* ; son succès dans ces deux films l'a convaincue que le 55 est son chiffre porte-bonheur.

La chance, cependant, ne joue pas un grand rôle dans sa vie privée. De l'extérieur, son mariage semble être harmonieux. En public, le couple montre toujours l'image d'un bonheur tranquille. Mais, dès le début du tournage de *Deux Têtes Folles*, la situation prend un tour critique. La mésentente s'installe, amplifiée par l'éloignement des deux époux, elle à Paris et lui à Madrid. Mel ne vient plus la voir chaque week-end comme il en avait l'habitude au cours de leurs engagements précédents, et Audrey se convainc qu'elle doit faire quelque chose de spectaculaire pour le faire revenir. Elle utilise donc le plus vieux moyen du monde : le rendre jaloux.

William Holden consent galamment à aider sa partenaire dans cette ruse. Le seul ennui, c'est qu'il ne joue pas vraiment la comédie : son cœur bat toujours la chamade pour la comédienne. Les réunir a réveillé les vieilles passions. Holden vit un véritable conflit. « Le jour où je suis arrivé à l'aéroport d'Orly pour le tournage de *Deux Têtes Folles*, devait raconter l'acteur à son ami Ryan O'Neal, j'entendais mes pas résonner dans le couloir de transit, exactement comme un condamné à mort parcourant ses derniers mètres. J'ai compris que j'allais être obligé de revoir Audrey et de prendre en main mon problème avec l'alcool ; or je ne me sentais capable d'affronter ni l'une ni l'autre de ces situations. »

Pour mener à bien son projet de rendre jaloux Mel, Audrey recherche ostensiblement la compagnie de William Holden et, comme elle l'avait bien imaginé, les deux partenaires suscitent très vite la curiosité des journalistes. Quand l'affaire commence à prendre une tournure sérieuse, quelques amis se chargent d'informer Mel de la façon dont Audrey passe ses soirées. Il reçoit calmement la nouvelle, disant qu'il ne veut pas se ridiculiser en se montrant jaloux. Audrey en est consternée, mais sans se décourager elle poursuit sa pseudo-liaison avec William Holden quand ils retournent aux Etats-Unis pour le doublage du film. En vain. Mel paraît toujours indifférent. Décidant de frapper un grand coup, Audrey demande le divorce – et cette fois la réaction de son mari est immédiate. Il part sur-le-champ pour New York afin de résoudre leurs différends. Tout s'arrange momentanément. Et personne ne parle plus de la jolie duchesse de Quintanilla, en compagnie de laquelle Mel a passé beaucoup de temps à Madrid.

L'amoureux transi ayant achevé son rôle, William Holden disparaît discrètement. De la vie d'Audrey et des écrans. *Deux Têtes Folles* est démoli par la critique. Le *Saturday Review* trouve le scénario « inconsistant ». Le *New York Times* fait observer que « Miss Hepburn, féerique comme toujours, semble légèrement déconcertée par l'insignifiance du scénario dans lequel elle se trouve impliquée », tandis que *Time* la trouve « délicieuse à contempler, comme toujours, exactement comme Paris », ajoutant : « Malheureusement, William Holden n'est pas Cary Grant. »

Cary Grant entre d'ailleurs en scène comme nouveau partenaire d'Audrey. C'est Stanley Donen qui a l'idée de les réunir pour *Charade*. Tourner avec celui-ci est le souhait le plus cher de l'actrice. Stanley Donen s'emploie donc à l'exaucer. Pendant que Cary Grant est en visite chez sa mère à Bristol, le réalisateur apparaît sur le seuil de sa maison avec le scénario de *Charade*.

– C'est ravissant, dit Cary Grant avec enthousiasme, après l'avoir lu. Si seulement Audrey Hepburn acceptait de jouer le rôle de la jeune fille, Reggie...

Le réalisateur part alors pour Paris et montre le script à Audrey.

– C'est ravissant, dit-elle avec le même enthousiasme. Le rôle de Peter, l'homme mystérieux, conviendrait parfaitement à Cary Grant. Je me demande... ?

– Ne vous demandez plus, lui dit Stanley Donen. L'affaire est conclue.

Charade, avec un budget de trois millions de dollars, est un film à suspense, une comédie improbable à la Hitchcock, où quatre individus peu recommandables, dont Cary Grant, poursuivent une veuve pour tenter de récupérer la fortune cachée de son défunt mari. Un thriller et surtout un parfait écrin pour Audrey, ravie de partager l'affiche avec une star. « J'avais toujours vanté les mérites de l'un à l'autre, dira Stanley Donen, mais j'ignorais à quel point j'avais raison avant de les voir sur l'écran dans les premières prises. Ils étaient parfaits ensemble. Je n'ai jamais été aussi sûr d'un film que je l'ai été de *Charade* après le premier tour de manivelle. »

Leur première rencontre n'est pourtant pas une réussite. Le réalisateur organise un dîner dans « je ne sais plus quel bistrot très chic », au dire d'Audrey, où Stanley Donen et elle arrivent les premiers. Lorsque Cary Grant fait son entrée, Audrey se lève et déclare : « J'ai tellement le trac », à quoi Cary Grant répond : « Il ne faut pas... Je suis enchanté de faire votre connaissance. Allons, asseyez-vous... Posez vos mains sur la table, les paumes en l'air, baissez la tête, et inspirez plusieurs fois profondément. » Stanley Donen commande une bouteille de vin rouge, et en baissant la tête, « Audrey renverse la bouteille et le vin se répand sur le costume crème de Cary Grant, se rappelle le réalisateur. Audrey était morte de honte. Les gens des autres tables ne perdaient pas une miette du spectacle… Ce fut un moment affreux ». A Stephen Silverman, Audrey évoquera la soirée catastrophe : « Cary se contenta de retirer sa veste d'un geste nonchalant et prétendit, de façon très convaincante, que la tache partirait facilement… Je me sentais affreusement mal et je m'excusais sans cesse, mais Cary a été vraiment adorable. Le lendemain, il m'a envoyé une boîte de caviar avec un petit mot pour me dire de ne pas m'en faire pour si peu ».

Cary Grant, âgé de cinquante-neuf ans, conscient du fait qu'Audrey n'en a que trente-trois, est ravi qu'on lui propose un script qui tire parti de leur différence d'âge : son personnage doit repousser les avances de Reggie (Audrey). « Mon grand problème est de trouver des co-vedettes convenables, est forcé d'admettre Cary. Le public n'acceptera pas que je courtise les jeunes filles si elles sont *trop* jeunes. Voici pourquoi, dans *Charade*, j'ai atténué un peu l'intérêt amoureux avec Audrey. Et vraiment, je ne crois pas qu'on peut me voir courtiser une jeune fille plus jeune qu'elle. »

Ainsi le scénariste, Peter Stone, contourne la différence évidente d'âges en en tirant profit. Quand Audrey devient amoureuse, Cary Grant dit : « A mon âge, qui veut entendre le mot “sérieux” ? » En effet, à cause des vingt-six ans qui séparent les deux vedettes internationales, et pour éviter les accusations éventuelles de mauvais goût (comme cela s'est passé avec Fred Astaire et Gary Cooper), c'est Audrey cette fois qui court après lui – et Cary Grant qui lui rappelle tout le temps qu'il est assez vieux pour être son père.

Hors des studios pourtant, il y a ce que Cary Grant lui-même décrit comme des « bruits ridicules », qui lient son nom à celui d'Audrey. Il refuse, dit-il, de parler de ces « histoires insensées » qu'on écrit à son sujet dans les magazines qui, indique-t-il, l'ont associé jadis à Sophia Loren, à Marlène Dietrich et à Ingrid Bergman. Cependant, lui et Audrey s'entendent à merveille. Tous les partenaires de l'actrice, à l'exception d'Humphrey Bogart, sont sous son charme et Grant n'est que le dernier à être envoûté. « Le travail avec Cary est si facile, répond Audrey. C'est lui qui joue le rôle – on ne fait que le suivre. »

Dans une interview avec Bill Collins, Audrey évoquera plus tard ses impressions sur son partenaire : « Contrairement à ce que pensent certains, c'est vraiment un homme très réservé, très sensible et très calme ; philosophe aussi et même assez mystique par certains côtés. Et il a une capacité formidable à s'identifier aux autres. Je veux dire qu'il m'a bien cernée ; il savait ce qui me crispait et a su se montrer d'un grand secours. D'un très grand secours, même, parce que je manquais plutôt d'expérience lorsque j'ai travaillé avec lui. [...] Je crois qu'il me comprenait mieux que je ne me comprenais moi-même. Il est très observateur et a une vision pénétrante des gens. Il parlait souvent de se détendre, de se débarrasser de nos peurs... Mais sans jamais être sermonneur. S'il m'a aidée, il l'a fait sans que je le réalise, avec une douceur qui m'a fait perdre toute timidité. [...] Cary est un homme vulnérable, et il a su reconnaître la vulnérabilité qu'il y a en moi. Nous avons cela en commun. [...] Un jour, je devais être nerveuse et agitée, il m'a dit quelque chose de très important. Nous étions assis côte à côte à attendre la prise suivante. Il a posé ses deux mains sur les miennes et il a dit : “Tu dois apprendre à t'aimer un peu plus.” J'y ai souvent repensé. »

Très élégante, habillée en Givenchy, Audrey joue le rôle de Regina (Reggie) Lampert ; elle adore cette femme à l'aise et sûre d'elle – le contraire de ce qu'elle est. Plus anxieuse que jamais, elle craint que son fils, Sean, ne soit victime d'un enlèvement. Elle travaille avec frénésie pendant trois semaines, puis s'effondre avant de se relancer à nouveau à corps perdu dans son travail pendant trois autres semaines, attendant avec impatience la fin du tournage pour regagner sa Suisse protectrice.

Audrey passe le reste de l'année 1962 et la première moitié de l'année suivante à se reposer à Burgenstock avec son fils ou à accompagner Mel sur ses tournages. Le 29 mai 1963, elle vient à New York, au Waldorf-Astoria, pour chanter « Happy Birthday, dear Jack », à la réception organisée pour le quarante-sixième anniversaire du président Kennedy, comme Marilyn Monroe, l'année précédente.

Hormis ses problèmes conjugaux, tout semble sourire à Audrey. *Charade* fait un triomphe au box-office et la critique est au diapason, louant « ce film irrésistible, entraînant et raffiné » (*Variety*), « un délice absolu » (*Newsweek*). Ses acteurs sont « distingués, désinvoltes, brillants et élégants » (*New York Times*). On comprend que Cary Grant, dans une interview de l'époque, remarque : « Tout ce que je voudrais pour Noël, c'est refaire tout de suite un autre film avec Audrey Hepburn. » Il est ainsi en lice pour le rôle du professeur Higgins dans l'adaptation cinématographique de *My Fair Lady*, mais ce rôle lui échappera, tandis que, ironiquement, le rôle-titre va échoir à Audrey.

XIII

MY FAIR LADY

Un jour de mai 1962, lorsque le téléphone sonne dans le chalet de Burgenstock, Audrey est bien loin d'imaginer ce dont il s'agit. Son agent, Kurt Frings, est au bout du fil. Il lui conseille de commencer par s'asseoir. « *My Fair Lady*, dit-il alors, essayant de paraître désinvolte, tu as décroché le rôle. » Audrey pousse un cri de joie. Elle sort de la pièce en courant, impatiente de partager cette merveilleuse nouvelle. Mel est au Festival de Cannes, mais la baronne se trouve au 1er étage, dans sa salle de bains. Audrey frappe à sa porte et lui hurle quelque chose d'incompréhensible. Sa mère, qui est sous la douche, croyant à un incendie, sort en hâte enveloppée dans une serviette, sans prendre le temps de se sécher. Puis Audrey, toute émue, se précipite sur le téléphone pour avertir Mel. Il lui annonce qu'il prend le prochain avion. Tous célèbrent la bonne nouvelle : Mel à Cannes et Audrey à Burgenstock ; lui avec du champagne, elle (qui n'a jamais aimé le champagne, trop acide pour les cordes vocales) avec un verre de bière en compagnie de la baronne.

L'adaptation du *Pygmalion* de George Bernard Shaw, par Alan J. Lerner et Frederick Loewe, fait un tabac à Broadway quand Jack Warner commence à négocier, en 1956, l'achat des droits qui appartiennent à la chaîne de télévision CBS. Le marchandage va durer cinq ans pour en arriver à un coût de cinq millions et demi de dollars. *My Fair Lady* est donc la production la plus onéreuse et minutieuse jamais entreprise par Warner Bros, depuis sa création. Après la première à Broadway, le bruit circule que la version cinématographique sera jouée par Audrey Hepburn et Laurence Olivier. On parle aussi de Shirley Jones avec Richard Burton ou John Gielgud. Dès le début, Jack Warner annonce la couleur : bien que Julie Andrews et Rex Harrison aient été sans conteste éblouissants dans la pièce de théâtre, au vu du coût de la production, il faut engager des têtes d'affiche d'une plus grande renommée. Dans le rôle du professeur, il préférerait plutôt un acteur de la stature de Rock Hudson. Mais ce dernier refuse. Faute de mieux, Jack Warner finit par confirmer l'engagement de Rex Harrison mais refuse catégoriquement de prendre Julie Andrews. Il opte pour Audrey.

Son choix est indiscutable. Pour récupérer la fortune qu'il a engagée pour les droits d'adaptation du film, Jack Warner a besoin d'une star mondiale. Julie Andrews s'incline devant la décision de Warner Bros, mais déçue, lance cet avertissement à sa concurrente : « Même s'il est probable qu'Audrey aura énormément de succès, elle doit prendre garde aux pièges qui l'attendent. Deux chansons – notamment *Just You Wait 'Enery 'Iggins* et *I Could Have Danced All Night* – ne sont pas faciles. La première exige beaucoup de puissance, la seconde a un grand éventail de notes. »

C'est en septembre 1962 que Kurt Frings, l'énergique impresario d'Audrey, entame les négociations. Selon l'accord signé le 20 octobre 1962, l'actrice doit être payée 1 million de dollars en sept versements annuels de 142 957,75 dollars, s'étalant entre le 1er juillet 1963 et le 1er juillet 1969. Ce système de versements échelonnés permet ainsi de diminuer la ponction fiscale pourtant relativement réduite que la Suisse prélève sur les revenus d'Audrey, par ailleurs propriétaire de comptes extra-territoriaux libres d'impôts aux Bahamas et au Liechtenstein. Elle doit également percevoir un forfait en cas de retard de 41 444,67 dollars ou proportionnel à celui-ci pour chaque semaine ou partie de semaine si la production dépasse le calendrier fixé. Ses indemnités hebdomadaires s'élèvent à près de 1 000 dollars et elle jouit des privilèges réservés aux vedettes (chauffeurs, voyages en 1re classe...).

Ainsi, Audrey perçoit un salaire cinq fois plus élevé que Rex Harrison, qui doit se contenter de quelque 200 000 dollars. Le comédien, un moment au creux de la vague, a relancé sa carrière en triomphant sur les scènes new-yorkaises et londoniennes dans le rôle du corrosif professeur Higgins ; mais au cinéma, il n'est plus considéré comme une valeur sûre. Peter O'Toole, de vingt-quatre ans son cadet, auréolé par le récent succès de son *Lawrence d'Arabie*, est le favori de Jack Warner et aurait vraisemblablement décroché le rôle si ses prétentions n'avaient pas atteint de vrais sommets : 400 000 dollars en cas de forte recette. Rex Harrison se rattrape en faisant inclure des droits sur l'exploitation discographique de la bande-son. L'imprésario d'Audrey se met au diapason. Il négocie une clause importante du contrat de l'actrice : si Audrey chante suffisamment bien dans le film, elle touchera également des droits d'auteur pour l'enregistrement. Cela signifie que des centaines de milliers de dollars supplémentaires pourraient tomber dans son escarcelle... et aide à expliquer l'anxiété de la comédienne tout au long du tournage sur la qualité de sa voix.

Lorsque Jack Warner annonce officiellement la distribution de son nouveau film avec les cachets dévolus aux artistes, il provoque un choc à Hollywood. Cependant, d'après Robert Windeler, le biographe de Julie Andrews : « Miss Hepburn jouissait d'une telle réputation là-bas qu'après le choc qui suivit l'annonce officielle, les racontars et les commentaires désobligeants cessèrent rapidement. » Audrey a conscience de ce climat d'hostilité. Rex Harrison écrit dans son autobiographie : « Audrey dut également faire face à la publicité négative que lui faisait la presse à propos de son énorme rétribution ; en effet, d'une manière générale, aussi bien les journalistes que les membres de l'industrie cinématographique s'étaient rangés du côté de Julie Andrews... Audrey était quelqu'un de très sensible, et elle ne pouvait pas ne pas s'en apercevoir. » Le même Rex Harrison poursuit : « Au théâtre, j'avais joué le spectacle avec Julie pendant si longtemps que devoir la remplacer par une autre interprète était un gros problème, pour moi... Avant même que ne se pose le problème des chansons, la pauvre Audrey dut donc affronter l'épreuve de remplacer Julie dans son rôle sans droit à l'erreur... »

Jack Warner soutient Audrey de son mieux. « Il n'y a rien de mystérieux ni de compliqué dans ma décision de la choisir, explique-t-il. Avec son charme et ses compétences, Julie Andrews n'est malgré tout connue qu'à Broadway, par ceux qui ont vu la comédie musicale. Mais dans des milliers de villes aux Etats-Unis et à l'étranger, Audrey Hepburn est une grande vedette. Dans mon métier, je dois savoir ce qui attire les gens et leur argent au box-office. Et je sais qu'Audrey Hepburn n'a jamais connu d'échec financier. » Jack Warner gère son studio d'une main ferme, et il n'est pas tombé de la dernière pluie. La distribution, entre-temps, est complétée par Stanley Holloway dans le rôle d'Alfred Doolittle, Wilfrid Hyde-White dans celui du colonel

Pickering. La merveilleuse Mona Washbourne interprète la gouvernante de Higgins ; Gladys Cooper, la maman svelte et sardonique de Higgins ; Theodore Bikel, l'expert en langues qui essaie de prouver au bal l'imposture d'Eliza, et Jeremy Brett, l'aristocrate qui tombe amoureux d'elle. Le génial George Cukor, qui sait si bien comprendre l'âme féminine et qui est passé maître dans l'art de diriger les actrices (ce fut l'un des cinéastes favoris de Garbo et de l'*autre* Hepburn), est choisi comme réalisateur, à la grande joie d'Audrey.

Lorsqu'elle arrive à Hollywood, à la fin de mai 1963, pour le début des répétitions, cela fait déjà plusieurs mois qu'elle prend des cours de chant assidus, en s'efforçant d'acquérir un accent Cockney. Elle veut se conduire honnêtement et chanter elle-même. C'est très important à ses yeux. Audrey et Mel louent une grande maison de style espagnol à Bel-Air, toute blanche et fraîche, avec une piscine et un court de tennis. Ils emmènent Sean avec eux, accompagné de son inséparable nanny italienne, la douce et ronde Gina.

Dès le début, Audrey y établit un mode de vie semblable à celui d'une Anglaise. Les premiers visiteurs sont Cecil Beaton et George Cukor. Le thé Earl Grey est servi avec des sandwichs légèrement beurrés et des tranches de gâteau roulé à la confiture qu'Audrey peut se permettre d'avaler malgré son régime. Beaton examine minutieusement l'actrice qu'il doit habiller pour le film. Il s'inquiète de voir « à quel point elle semble mince ». Il ignore ses crises d'anorexie, car il ne les mentionne pas dans ses volumineux journaux intimes. Mais en dépit de sa maigreur, l'intense vitalité d'Audrey transparaît sur son visage pourtant très pâle. « Un phénomène, selon Cecil Beaton. Sa bouche, son sourire, ses dents, tout est charmant. L'expression adorable de ses yeux, et toutes ses autres qualités triomphent des habituels canons de la beauté. »

George Cukor se montre plus perspicace pour comprendre la personnalité d'Audrey. Dès les premières scènes du film où elle apparaît en jeune hippie sans complexes, il veut qu'elle ait l'air plutôt comique, et non pas chic. « Arriver à concilier ces contradictions, écrivit Cecil Beaton, était épineux. » En réalité, les rapports entre les deux hommes se tendent et ne tardent pas à se crisper malgré une trêve temporaire due à l'intervention de Jack Warner. Leur attitude envers Audrey s'affronte, chacun revendiquant une espèce de priorité sur sa propriété : Beaton en tant qu'admirateur des premières heures, confident, chroniqueur-photo et costumier ; Cukor comme réalisateur, jaloux de toute personne. Audrey dépensera une énergie précieuse pendant le tournage à essayer de faire régner la paix entre ses deux mentors.

Dès leur première rencontre, Audrey demande à Cukor : « Allez-vous utiliser ma voix dans le film ? – Oui, lui répond-il, si vous êtes à même de chanter les chansons de façon satisfaisante. » Aucune promesse précise. Cela inquiète Audrey. Il ne s'agit pas uniquement de la perte financière qui pourrait en résulter, mais du sentiment qui la poursuivrait toujours d'avoir bâclé son travail si une autre devait la doubler. Ce choix conforterait les allégations de ceux qui pensent qu'elle a volé le rôle à Julie Andrews. Elle s'attaque donc à l'enregistrement des chansons. Cependant, en refusant d'enregistrer ses chansons avant le tournage, Rex Harrison rend la tâche d'Audrey plus ardue. Bien qu'il ne se soit jamais préoccupé outre mesure de la répercussion de ses exigences sur le travail des autres, son raisonnement n'est pas entièrement égoïste, car il se fonde sur les observations suivantes : « Je *joue* les chansons, je ne les chante pas uniquement. Et si je les enregistre à l'avance, je ne serai pas capable d'ajuster mon interprétation face à la caméra au doublage. » Audrey doit donc interpréter les numéros les plus difficiles, avec pour seule consolation la possibilité de les réenregistrer par la suite si ses compétences vocales ne sont pas à la hauteur.

Elle a bien sûr déjà chanté sur scène et dans d'autres films, mais pour *My Fair Lady*, elle est face à un puriste, Alan Jay Lerner, qui a composé la comédie musicale avec Fritz Loewe. Celui-ci a mené une rude campagne pour défendre les chances de Julie Andrews, car, tout en comprenant les motivations économiques de Jack Warner, il est persuadé que les promesses de succès seront compromises si l'on confie le rôle d'Eliza à une vedette aussi connue soit-elle, plutôt qu'à une vraie chanteuse. Il attend Audrey au tournant, « en juge partial », craint-elle.

Et lorsque la star se retrouve face à André Prévin, à la tête d'un orchestre de cinquante musiciens, toutes ces appréhensions pèsent lourd sur les épaules d'Audrey. Même si elle a élargi son registre de cinq notes, et, selon Prévin, « semble heureuse et confiante », ce dernier écrira : « Sur le plan musical, la réalisation de *My Fair Lady* fut longue et exténuante. L'un des problèmes majeurs venait de ce qu'Audrey Hepburn ne pouvait pas interpréter les chansons avec sa voix. Elle était incontestablement la plus belle créature qui se pût imaginer, doublée d'une actrice absolument adorable ; mais sa voix de chanteuse, et particulièrement quand on la soumettait à l'épreuve impitoyable des haut-parleurs du Cinémascope, était insuffisante... c'est pourquoi on appela à la rescousse Marni Nixon, une excellente doubleuse qui avait une longue expérience. »

Audrey est consternée d'apprendre que, par précaution, tous ses airs ont également été enregistrés par Marni Nixon, une chanteuse d'opéra et de concert professionnelle qui a interprété les chansons de Deborah Kerr dans *Le Roi et Moi*. La décision d'utiliser soit la version de Marni Nixon soit celle d'Audrey (ou bien encore un mélange des deux en intégrant la voix de Marni lorsque les notes dépassent le registre d'Audrey) sera laissée en suspens jusqu'aux rushes. Avant la fin du tournage, personne ne veut donner une réponse définitive : contrarier Audrey si tôt ne donnerait rien de bon. Elle l'est malgré tout, car elle sent qu'elle n'est pas totalement maître de son interprétation. Audrey, pourtant, joue le jeu.

Entre le début des répétitions au début du mois de juin et la première journée de tournage le 13 août, Audrey passe douze heures par jour à répéter. Des répétitions de danse avec Hermes Pan. Des répétitions de chant avec Susan Seton. Des leçons de Cockney avec le professeur Peter Ladefoged, phonétiste à l'Université de Californie à Los Angeles (« Un Américain qui connaît sans doute Londres comme moi je connais Pékin », plaisante Audrey). Et d'interminables essayages et séances de maquillage. Mel a l'habitude d'aplanir les tensions entre elle et les pontes du studio. Mais face à Jack Warner, ses efforts restent vains. De tous les nababs d'Hollywood, Warner est celui qui résiste le mieux aux accès d'humeur des vedettes. Les tentatives de Mel pour calmer les nerfs de sa femme ou pour lui assurer que, grâce à l'adroit doublage, personne ne remarquera les défauts de son interprétation, sont mal accueillies. Henry Rogers, le conseiller en relations publiques de la vedette, voit dans les querelles d'Audrey et Mel un signe de la mésentente de leur couple. Rogers, lui-même, ne va pas tarder à pâtir de ce climat.

Jouer cette comédie musicale est le plus grand défi qu'a jamais relevé Audrey. « D'une certaine façon, dit-elle, Eliza est le premier vrai personnage que j'ai joué à l'écran. Dans les autres rôles, il y a toujours eu au moins une petite part de moi-même ; dans ce film-là, il n'y en a aucune. » Elle doit arriver chaque jour très tôt au studio, beaucoup plus tôt que les figurants, pour permettre aux maquilleurs de faire d'elle la vendeuse de fleurs « délicieusement négligée ». On glisse du noir sous ses ongles et derrière ses oreilles, on lui salit le visage, et on lui enduit même les cheveux de suie et de vaseline pour qu'ils paraissent aussi sales que possible pour les caméras. Sa seule « coquetterie » – connue seulement par quelques-uns de ses collègues et de l'équipe technique – est de se couvrir des pieds à la tête de parfum Givenchy. En fait, Audrey n'a pas envie de perdre sa séduction et de ressembler à une sale gamine de Covent Garden. Elle essaye d'alléger le « gribouillage » réaliste qu'on lui impose. Elle permet qu'on lui salisse les joues pour montrer qu'elle n'a pas de quoi se laver, mais elle veut que cet enlaidissement soit symbolique. Pourtant, la direction du studio a de nouveau le dessus. Une semaine bien déplaisante pour l'actrice. Avec des jupes tachées et miteuses, des jupons retroussés et des culottes bouffantes en caoutchouc, elle ramasse, sur les pavés ronds du studio couverts de gravier et de poussière, les quelques pièces que le professeur Higgins lance dédaigneusement à cette hippie. Elle doit, en plus de noircir ses ongles, avoir le dos des mains recouvert d'un fard gras qui les rend encore plus sales. C'est un soulagement lorsqu'elle entre enfin dans la maison des Higgins !

Pendant le tournage, un visiteur sur le plateau remarque qu'Audrey a les plus beaux yeux du monde. Entendant ce compliment, l'actrice répond : « Oh non ! Peut-être le meilleur maquilleur. Tout le mérite revient à Alberto. » L'expert italien, Alberto De Rossi (qui maquille également Ava Gardner et Elizabeth Taylor) a commencé son association avec Audrey pour *Vacances Romaines*. « Elizabeth Taylor, aux grands yeux violets, est éblouissante, explique-t-elle. Rita Hayworth, Ava Gardner, elles, ont une réelle beauté. Mon visage est plus original que beau. » Son délicat visage aux grands yeux expressifs perdus sous une frange désinvolte donne parfois à Audrey des airs de chaton sevré trop tôt. Le génie du maquillage de la Paramount, Wally Westmore, affirme : « Face à la caméra, le visage d'Audrey n'est plus que "yeux et intensité". Avec elle, le truc, c'est d'employer une base très légère. Un maquillage léger reflète la lumière, et son visage en paraît fortifié et plus sain. »

Pour Jack Cardiff, le célèbre directeur de la photographie, ses défauts sont même plus importants que son teint : « Son défaut provient de la ligne de sa mâchoire. Il faut se concentrer sur ces grands yeux bruns. » Il ajoute : « Audrey a fait un symbole de ses sourcils, accentués pour les rendre plus épais et plus noirs. Je l'ai filmée dans *Guerre et Paix* et ça n'allait pas. Je lui ai demandé d'adoucir leur courbe et leur couleur. Elle était d'accord. Mais cette jeune femme a une détermination d'acier sous ses airs délicats. »

Le style d'Audrey s'impose parce qu'elle incarne l'esprit de l'époque. Son visage est sans doute toujours trop carré, mais elle sait corriger ses imperfections par des poses judicieuses, comme le lui a appris Richard Avedon au cours de leurs premières séances-photos. Elle ressemble à un portrait de Modigliani, dont les distorsions variées ne sont pas seulement intéressantes en elles-mêmes mais forment un tout harmonieux. « Elle tourne effectivement tous les défauts de son visage à son avantage, et c'est le plus important », a dit l'experte en maquillage, Barbara Daly

Le miroir d'Audrey a toujours reflété un visage imparfait. Elle avait l'habitude de se dénigrer, jamais convaincue de ce que les autres pouvaient dire. Ses yeux sont « trop petits » et nécessitent une grande précision cosmétique. Il en va de même pour son menton. Elle apparut un jour à la porte d'une voisine en Suisse,

Doris Brynner (l'ancienne femme de Yul Brynner et l'une de ses proches), sans aucun maquillage, pour que son amie l'examine : « Vois comme mon visage est carré », dit-elle. Par la suite, Doris Brynner surnomma à tout jamais Audrey « Carré ».

My Fair Lady et le double style de son personnage mettent donc Audrey à rude épreuve, car elle est plus souvent clocharde que lady. Cecil Beaton reconnut par la suite qu'Audrey n'aurait jamais dû interpréter ce rôle. La scène qui la met le plus à l'épreuve est celle où la jeune hippie est introduite dans une salle de bal. Audrey a l'air plus à son aise lorsqu'elle enfile le splendide fourreau blanc créé spécialement pour elle par Beaton, que dans le rôle de l'enfant misérable Cockney. Les premières scènes d'Eliza Doolittle comptent parmi les interprétations les moins naturelles d'Audrey. Elle n'entre pas dans le personnage. Ce rôle va à l'encontre de sa personnalité. Elle utilise au mieux son expérience d'actrice, mais en vain. En plus, elle regrette de ne pouvoir profiter davantage des merveilleuses créations vestimentaires de Beaton, Eliza ne possédant qu'une garde-robe fort limitée, du moins jusqu'à ce que la chenille sorte de sa chrysalide. Dans la salle de travail du photographe, Audrey regarde avec envie la panoplie des créations destinées aux figurants « aristocratiques ». Ce spectacle fait envie à Audrey. Elle dit à Beaton : « Je ne veux pas jouer Eliza. Elle n'a pas assez de beaux costumes. Je veux parader dans tous ceux-là. »

My Fair Lady est l'un des derniers films à faire appel aux talents de toute une pléiade d'artisans : une douzaine de femmes apportent la dernière touche aux costumes d'époque, attachant des aigrettes aux turbans, cousant de fausses perles, enfilant des bouquets de violettes de Parme artificielles sur les corsages, tressant des mètres de dentelle complexe et de ruban, brodant même les ombrelles de l'élégant « beau monde ».

Audrey commence ainsi à essayer les chapeaux et à s'envelopper de châles en soie, avant de s'enhardir et de se glisser dans une cabine pour en ressortir vêtue d'une élégante toilette de dame de la bonne société. Tandis qu'elle va et vient d'un pas léger entre les tables à tréteaux, les couturières l'acclament et l'applaudissent comme dans les défilés de mode parisiens. Jack Warner consent finalement à débloquer un crédit supplémentaire pour permettre à Cecil Beaton de photographier Audrey dans les costumes de *My Fair Lady*. Il s'agit là de l'une de ses grandes séries de photos. Pour tous, elle est la plus belle femme de son époque. Après cette séance, les doutes d'Audrey sur son physique se dissipent : « Aussi loin que je me souvienne, j'ai toujours voulu être belle, écrit-elle à Beaton dans un mot de remerciement. En regardant ces photos la nuit dernière, j'ai constaté que, pendant un bref moment du moins, je l'étais… grâce à vous. »

Dès le début, depuis ce jour de mai où Cukor, Beaton et Lerner sont venus lui rendre visite dans sa maison de Bel-Air, Audrey est convaincue que ce film doit être « magique ». « Ce film est celui dont nous devons tous nous souvenir, annonce-t-elle au trio. Il rassemble de merveilleux talents, tout le monde a raison, tout le monde est heureux. On est au plus haut. Profitons-en ! » Cukor découvre très vite qu'Audrey a l'intention de faire exactement ce qu'elle pense. « Elle n'est ni prétentieuse ni capricieuse, dit-il. Elle se paie même du bon temps parfois. Pendant une scène, par exemple, l'assistant du metteur en scène devait garder Audrey trempée tout le temps. Elle étonne tout le monde en lui arrachant son tuyau et en l'arrosant copieusement ! »

Ses rapports avec Rex Harrison sont amicaux, mais pas spécialement chaleureux ! Ce dernier considère *My Fair Lady* comme *son* spectacle. Il ne cède pas un poil de terrain à Audrey sur son jeu d'acteur et gagne naturellement haut la main lorsque vient le moment de chanter. Sa santé est mise à rude épreuve, car il essaye de venir à bout de l'alcoolisme de sa nouvelle femme, Rachel Roberts (qu'il a épousée après la mort de Kay Kendall). Il a également l'œil sur George Cukor. Ce dernier passe un temps fou à convaincre Rex qu'il ne favorise pas Audrey, ce qui, du coup, ne renforce pas la confiance de l'actrice.

En fait, il y a trop de perfectionnistes réunis sur ce film. Rex Harrison, en particulier, donne du fil à retordre aux autres sur ses scènes. Avide de perfection, il exige fréquemment de nouvelles prises. Cela n'arrange pas Audrey et explique pourquoi, surtout dans les premières séquences, elle ne joue pas avec sa spontanéité habituelle. Cecil Beaton a appris par la baronne van Heemstra qu'Audrey vit sur les nerfs. Bien qu'elle ne le laisse jamais transparaître, elle a souvent l'estomac noué. Un incident vient libérer ses sentiments refoulés d'une manière imprévisible.

Elle vient d'achever le pré-enregistrement de *Wouldn't It Be Lovely ?* sur le plateau fermé à tous les visiteurs, à l'exception de Mel Ferrer. Cukor l'appelle dans sa loge pour lui faire part de la nouvelle qu'il vient d'apprendre : « Le président Kennedy a été blessé à Dallas et il ne va pas survivre à ses blessures. » Audrey se jette sur son lit et enfouit son visage dans ses mains, se souvenant de la soirée d'anniversaire quelques mois auparavant, où elle avait chanté *Happy Birthday* en l'honneur du président. Puis elle se relève et annonce : « Nous devons le dire à l'équipe... nous devons dire quelque chose. » D'après les souvenirs de Cukor, elle se dirige alors avec détermination vers un assistant-réalisateur qui tient un porte-voix, « le prit de ses mains, et, toujours vêtue de sa petite jupe et de son châle de hippie, monta sur une chaise ». L'équipe se fige de curiosité. D'une petite voix claire et émue, Audrey annonce la nouvelle et demande une minute de silence : « Priez ou faites ce que vous sentez. » Elle descend de la chaise et s'agenouille sur les faux pavés de Covent Garden en appuyant sa tête contre le dossier pour prier. « Qu'il repose en paix, proclame Audrey après une ou deux minutes. Que Dieu ait pitié de nos âmes et de la sienne. » Puis, comme en transe, elle retourne dans sa loge. Allant la voir quelques instants plus tard, Cukor la trouve pleurant toutes les larmes de son corps. Qu'est-ce qui a motivé une telle démonstration de sentiments chez une femme qui s'est fait une règle de ne jamais laisser transparaître ses émotions en public ? Le choc de la nouvelle, sans aucun doute, comme elle le dira plus tard : « La tradition, au théâtre anglais et américain, veut que ce soit à l'acteur principal ou à l'actrice principale de faire toute annonce à caractère tragique à la compagnie. J'ai fait ce qui devait être fait, simplement. » Mais ce terrible événement permet aussi à Audrey de libérer des émotions si souvent réprimées sur ce tournage particulièrement éprouvant.

Nul réconfort à attendre de Mel. Pendant le tournage, il travaille pour la Warner Bros à *Sex and the Single Girl*, et il annonce qu'il va diriger Audrey dans une production de cinq millions de dollars : *Isabella – Queen of Spain*. Mais les bruits sur leur mésentente conjugale persistent et toute l'équipe du film répand mille rumeurs. « Son mariage, à cette époque, n'était plus très sûr, affirme Mona Washbourne, l'actrice anglaise qui joue la gouvernante d'Higgins. Je n'ai pas trop aimé Mel au cours de ses quelques visites sur le plateau. Il était plutôt condescendant avec moi, sans doute parce que j'avais un petit rôle. Je crois qu'il était farouchement jaloux d'Audrey. De toute façon, je ne crois pas qu'il était très tendre avec elle. Mais j'admirais énormément Audrey : elle n'était jamais en retard, connaissait toujours ses dialogues et travaillait vraiment dur. » Et la vieille dame ajoute : « Le mariage d'Audrey et de Mel faisait eau de toute part et leur désaccord était de notoriété publique. Bien qu'Audrey continuât à défendre publiquement la solidité de leur couple et qu'elle fût encore dépendante de Mel par certains côtés, on les entendait souvent se disputer dans sa loge. »

En plus de ses problèmes intimes, la tension et l'anxiété assaillent Audrey. Sur cette superproduction, les menus détails sont épuisants. Heureusement, Cecil Beaton est aux petits soins pour elle : réajuster une mèche de cheveux, faire des suggestions sur son maquillage, choisir une broche, un accessoire la mettant en valeur... Cukor, malmené par Jack Warner, ne prend aucun risque : tout est vérifié deux fois et des prises de réserve sont tournées « au cas où ».

Par ailleurs, Audrey, pour ne plus être distraite par les mouvements incessants sur le plateau, demande que des écrans noirs soient placés aux endroits stratégiques. Les membres de l'équipe reçoivent ainsi l'ordre de ne pas traverser son champ visuel au cours des prises et même pendant les répétitions. Un écriteau portant l'inscription « Accès interdit sans permission » est maintenant affiché sur le bungalow qui sert de loge à Audrey. La petite maison est entourée d'une barrière qui permet à son yorkshire de gambader sans crainte, mais indique surtout clairement son désir de s'isoler.

Rex Harrison change d'attitude à son égard ; il se met à la réprimander à la manière d'Higgins – qui est en réalité tout à fait la sienne, puisque Lerner et Loewe ont écrit le rôle en pensant à lui – et refuse de lui donner la réplique de derrière la caméra pour ses gros plans. Cette corvée est confiée à un assistant-réalisateur, ce qui explique que la caméra s'attarde un peu trop longtemps sur certains dialogues d'Audrey. Pourtant, dans ses souvenirs, Rex Harrison multiplie les hommages : « Audrey donna une interprétation du personnage en tout point sublime qui contribua de manière déterminante au succès du film. »

Modèle de professionnalisme, elle cède pourtant une ou deux fois à la colère. Elle manque de sommeil et maigrit. Fatiguée, elle rembarre un photographe de plateau, aussi prompte à s'excuser qu'à s'emporter. « Il y a des gens qui explosent, et d'autres pas, dit-elle. On m'a dit qu'il était mauvais de tout garder en soi, mais si vous explosez, vous devez passer votre temps à présenter des excuses... Je suppose que je devrais simplement laisser sortir ma colère par mes oreilles. »

Sa tension diminue à mesure que le personnage d'Eliza quitte la défroque de la gamine des rues pour les tenues élégantes d'une dame de la haute société : ce passage améliore le moral d'Audrey. Finie l'affreuse coiffure que Cecil Beaton voulait absolument voir portée par les ouvrières de jour, mais qu'Audrey n'aimait guère car elle rendait son visage encore plus carré. Révolue la gaucherie d'Eliza (Beaton lui demandait d'attacher des poids matelassés à ses mollets pour imiter la démarche sur les pavés ronds). Grâce à la métamorphose de son personnage, Audrey retrouve avec bonheur son assurance. Lorsqu'on l'aide à revêtir la robe de bal d'Eliza, elle ressemble plus à une princesse qu'à une dame. Un rôle qui lui va comme un gant. José-Luis de Villalonga se souvient : « A Buckingham Palace, la reine s'était attardée pour bavarder avec elle. Et, bien sûr, la souveraine était tombée sous le charme. En partant, la reine mère a murmuré à l'oreille de sa fille : "She is one of us" ("Elle est des nôtres"). Audrey était la distinction, l'élégance mêmes. »

Dans une scène de *My Fair Lady*, vêtue d'une robe Empire blanc albâtre, les cheveux remontés en une fausse cocarde de tresses compliquées attachée par une épingle en diamant, son long cou entouré d'un collier en diamant, ses bras enchâssés dans des gants de satin blanc qui remontent jusqu'au-dessus du coude, Audrey fait son entrée royale sur le plateau, escortée de Rex Harrison et de Wilfrid Hyde-White (qui joue le colonel Pickering). Tout semble s'arrêter. Les figurants dans la salle de bal, revêtus de leurs atours, se mettent en ligne et regardent avec curiosité les portes s'ouvrir. Lorsque Audrey apparaît, leurs applaudissements la stoppent dans son élan. L'équipe de tournage l'acclame. « Il y a l'étrange sentiment, se rappelle Beaton, que la petite princesse de *Vacances Romaines* est devenue une altesse royale. »

Ce film, un véritable chant du cygne pour la comédie musicale, finit par épuiser Audrey. Elle succombe à une infection virale. On interrompt le travail pendant un long week-end au cours duquel elle se repose et, pour une fois, permet à ses médecins de lui prescrire des somnifères. Sa mère, qui vit maintenant à San Francisco une partie de l'année, vient la rejoindre. Malgré la reprise de son travail, Audrey continue à perdre du poids et recommence à fumer cigarette sur cigarette, alors qu'elle avait limité sa consommation pour préserver sa voix de l'effet nocif du tabac.

Mais le jeu n'en vaut plus la chandelle. Le jour est venu pour elle d'apprendre que son interprétation musicale n'est pas assez bonne. Marni Nixon chantera tout le répertoire musical d'Eliza. Complètement abattue, Audrey déclare que cela revient à ne faire son travail d'actrice qu'à moitié. Elle demande à rentrer chez elle très vite, admettant plus tard qu'elle s'est sentie comme une enfant ayant raté ses examens.

Audrey termine le tournage de *My Fair Lady* quelques jours avant Noël 1963. Elle passe les fêtes avec Sean et Mel à Burgenstock. Elle n'est pas pressée de retravailler et elle met tous les scénarios envoyés par Kurt Frings dans le coffre de son bureau sans même y jeter un œil. Elle refuse ainsi *The Genius* (dont le metteur en scène sera Otto Preminger), un rôle dans un projet anglo-égyptien, *Néfertiti*, un projet dans une comédie musicale de Michel Legrand, intitulée *Les Demoiselles de Rochefort*, dans laquelle elle doit incarner la sœur de Brigitte Bardot (rôle qui ira par la suite à Catherine Deneuve), ainsi que d'être Juliette dans *Roméo et Juliette* (le metteur en scène, Franco Zeffirelli, choisira plus tard Olivia Hussey).

Mais au lieu de s'installer avec soulagement dans la paix et le confort de Burgenstock, elle ne se repose que quelques semaines avant de suivre son mari en France, en Italie et en Espagne, car Mel réalise ou produit une série de films (trois d'affilée). Le pacte qu'Audrey et lui ont fait de rester toujours ensemble est honoré, mais c'est maintenant au détriment de leur confort et de leur tranquillité d'esprit. Audrey est, coûte que coûte, déterminée à ce que leur mariage reste intact ; elle se maîtrise donc et décide de ne pas crier.

Au cours de ces mois, Audrey fait fonction de scripte, de bonne à tout faire de la production, et même parfois de mère adoptive pour les jeunes membres de l'équipe : elle accomplit ces corvées avec une bonne volonté convaincante, pour rester auprès de Mel : « Il est si exigeant envers lui-même... Je pensais que si au moins je l'accompagnais, je pourrais l'aider d'une manière ou d'une autre. » Cet effort n'en vaut guère la peine. La projection d'*El Greco*, retraçant la vie de l'artiste, dont Mel est la vedette, le producteur et le compositeur de la musique, n'est pas programmée dans certains pays. Les invités, voyant Audrey accomplir les tâches subalternes dans les films de Mel, disent tous qu'elle semble être branchée sur pilote automatique. L'attachement de Mel pour l'Espagne et pour tout ce qui est espagnol est allé grandissant au fil des années (les ancêtres cubains de son père ayant vraisemblablement exercé une influence sur lui), et lorsque Audrey et lui parlent de s'établir quelque part, c'est l'Espagne qu'il propose. Ce qui ne plaît guère à Audrey. Originaire du Nord de l'Europe, elle n'est pas très attirée par les plaines chaudes et sèches de l'Estrémadure et des autres provinces où la caravane de réalisation s'est arrêtée.

Mel a encore dans ses tiroirs des projets avec Audrey, mais aucun ne va aboutir. Pendant plusieurs années, il a élaboré une version cinématographique de *Peter Pan* de J.M. Barrie. Audrey jouerait Peter, dans une tradition théâtrale anglaise qui assigne ce rôle à des femmes androgynes, et Peter Sellers dans celui du capitaine Crochet (Sellers était alors devenu une vedette internationale après son apparition aux côtés de Sophia Loren dans *The Millionaires*). Cependant, Walt Disney, qui a réalisé la version dessin animé de *Peter Pan* dix ans plus tôt, réclame des droits de propriété sur la nouvelle version et le projet échoue. Audrey n'aura jamais à apprendre à voler.

Alors peut-être serait-elle bien sur un trône ? Mel, qui a investi en Espagne alors qu'il tournait un rôle mineur dans le film à grand spectacle, *The Fall of the Roman Empire* de Sam Bronston, pendant qu'Audrey tournait le malheureux *Deux Têtes Folles*, annonce qu'il veut produire une superproduction de cinq millions de dollars sur la protectrice de Christophe Colomb, la reine Isabelle. Ce projet aussi passe aux oubliettes.

La date de la première mondiale de *My Fair Lady* à New York, le 23 octobre 1964, approche. Le fait qu'Audrey ne chante qu'en play-back sur les chansons de Marni Nixon est de notoriété publique à Hollywood, où les revues professionnelles en ont eu vent. La Warner Bros fait une déclaration qui, par erreur ou à dessein, donne l'impression que la voix d'Audrey sera entendue au moins dans la moitié des thèmes musicaux. C'est largement exagéré, et cela suscite un démenti outré de la part du mari de Marni Nixon qui prétend que sa femme chante « en réalité 99 % des notes ». Ces joutes indignes attisent le mécontentement que ressentent déjà de nombreux membres de la Motion Picture Academy (qui décerne les Oscars) en raison du refus de Jack Warner de donner le rôle à Julie Andrews qui l'a rendu célèbre. Lorsque Audrey tournait *My Fair Lady*, Julie Andrews a interprété *Mary Poppins* pour Walt Disney. Maintenant, c'est comme si elles étaient toutes deux à nouveau en compétition, la solidarité penchant du côté de Julie.

Très « Fair Lady », Audrey entame une tournée complète de promotion comprenant dix premières. Aux Etats-Unis : New York, Chicago, San Francisco, Los Angeles, Washington. Et en Europe : Paris, Londres, Rome, Madrid et Bruxelles. Le film est un triomphe public et la critique multiplie les superlatifs. *My Fair Lady* semble bien parti pour la course aux Oscars. Le film recueille douze nominations en tout. Mais pas une pour Audrey. Elle est snobée par les membres de l'Academy, qui témoignent ainsi du mécontentement de la profession, surtout dirigé contre Jack Warner et le studio qui ont repoussé la légitime prétendante au rôle. Les membres pro-Hepburn de l'Academy, scandalisés par l'omission d'Audrey de cette 37e course annuelle aux Oscars, ont orchestré une campagne pour lui en obtenir un en décidant d'écrire son nom sur les bulletins de vote. Mais en vain.

Audrey apprend la nouvelle un après-midi de février 1965. Très déçue, elle fait néanmoins bonne figure en public, félicitant Julie Andrews qui a été nominée pour *Mary Poppins* et lui souhaitant beaucoup de succès dans la course finale aux Oscars. Jack Warner est moins chevaleresque. Prenant la parole lors d'un déjeuner d'affaires quelques jours plus tard, il a l'occasion de faire référence à son film. Aussi connu pour ses bévues sociales que Sam Goldwyn pour ses écarts de langage, le directeur de la Warner Bros feint de ne pas se rappeler le nom de la vedette de *My Fair Lady* : « Cette fille, comment s'appelle-t-elle donc déjà ? », siffle-t-il à un assistant. Un million de dollars de cachet sans nomination aux Oscars lui laisse sans doute un goût amer. L'homonyme d'Audrey, Katharine Hepburn, déjà nommée à huit reprises (et qui le remporta une fois), envoie un message de consolation à Audrey : « Ne vous en faites pas. Un jour, vous en recevrez un pour un rôle moindre. »

Mais d'autres facteurs sont entrés en jeu contre sa nomination. Non seulement ses chansons ont été doublées par Marni Nixon, mais Audrey a renvoyé son attaché de presse, et elle s'est tenue à l'écart de l'habituelle campagne de Hollywood pour les nominations.

Audrey assiste à la cérémonie à Santa Monica, le 5 avril 1965, en sachant qu'elle n'aura rien, mais que son absence serait mal interprétée. Un bon perdant vaut mieux qu'un absent jaloux. Bob Hope anime le spectacle. Parce que la meilleure actrice de l'année passée, Patricia Neal, est en convalescence à la suite d'une attaque d'apoplexie, on choisit Audrey pour annoncer le meilleur acteur. Bien que la rebuffade de l'Academy l'ait profondément blessée, elle se comporte dignement et ne montre pas une seule fois son énorme déception. Paradoxalement, elle donne le prix à son ancien partenaire pour sa performance dans le rôle du professeur Higgins. Sa joie, lorsqu'elle annonce que Rex Harrison a gagné, est sincère. Et elle l'embrasse plusieurs fois. Il la tapote dans le dos et leur visible affection mutuelle est l'événement le plus charmant et le moins artificiel de la soirée.

Rex fait même preuve d'une générosité courtoise en proposant de partager le prix entre eux. Puis, se tournant vers Julie Andrews qui est assise, l'Oscar de la Meilleure Actrice pour *Mary Poppins* dans les mains, il unit les deux Eliza en les remerciant « toutes les deux ». Mais Audrey, tendue et tourmentée par des émotions contradictoires, en oublie complètement de mentionner Patricia Neal. Ce qui provoque le ressentiment du mari de l'actrice, Roald Dahl. Ce dernier pense qu'Audrey a délibérément ignoré sa pauvre femme, bien que ce comportement soit contraire au caractère d'Audrey. Par la suite, il raconte aux journaux : « Pat a poussé des gloussements de fureur... Audrey m'a téléphoné de Kennedy Airport alors qu'elle repartait pour Paris. Je lui ai dit d'aller se faire foutre... » Plus tard, au grand soulagement d'Audrey, Patricia Neal recouvra suffisamment la parole pour lui expliquer qu'elle ne nourrissait aucun ressentiment et qu'elle comprenait la tension nerveuse qu'avait subie Audrey. Mais l'incident et sa publicité déplaisante hantèrent les pensées de l'actrice pendant des mois, et, comme le pense Henry Rogers, renforcèrent sa détermination à dresser un mur encore plus solide autour de sa vie.

Dans les coulisses, à Burgenstock, un drame plus douloureux s'est déroulé avant la cérémonie à Hollywood et il n'est pas étranger à l'échec d'Audrey aux Oscars. Ses relations avec Henry Rogers, son attaché de presse, ont cessé quelques mois après la fin du tournage de *My Fair Lady*. Cette querelle implique son plus vieil ami, Hubert de Givenchy. « Audrey considérait toujours Givenchy comme un dieu, se souvient Henry Rogers. Il avait créé son image. Elle allait à tous ses défilés. Elle était photographiée arborant des objets de ses collections. Il avait créé le parfum *L'Interdit* pour elle. Mais Audrey n'a jamais reçu le moindre franc pour la façon dont elle faisait la promotion de Givenchy. Et même plus, elle achetait le parfum au prix de détail ! Cet arrangement était un peu trop inéquitable. Mel Ferrer, qui partageait mon opinion, m'a dit : "Je pense que vous devriez parler à Givenchy, mais voyez son frère Claude qui est directeur commercial." » Rogers appelle ainsi la maison de couture et, selon lui, Claude de Givenchy accepte le principe d'un retour financier pour justifier l'étroite collaboration développée au fil des années entre le couturier et la star. « Tout s'est réglé de manière très cordiale », affirme Henry Rogers. Mais Mel Ferrer s'en est aussi mêlé. Il n'a jamais accepté qu'Audrey ait donné son nom et son visage à Hubert de Givenchy pour lancer ses parfums. Partout dans le monde, des magazines prestigieux, tels *Vogue, Harper's Bazaar* et *Town and Country*, exhibent un magnifique portrait d'Audrey, indiquant fièrement que le parfum – *L'Interdit* – a été créé exclusivement pour elle. Le grief de Mel à l'encontre de Givenchy, c'est que le couturier a construit un empire d'une valeur de un million de dollars en se « servant » d'Audrey – mais sans la récompenser.

Au même moment, les organisateurs du Festival de Cannes essaient de persuader Audrey d'assister à la cérémonie d'ouverture, en mai 1965. Henry Rogers donne une idée au président du festival, Robert Favre LeBret. Ne serait-ce pas un excellent coup de publicité d'inviter Audrey avec un statut spécial ? Le festival pourrait même adopter cette idée définitivement et célébrer le cinéma mondial sous l'égide d'une célébrité différente chaque année. Henry Rogers quitte Robert Favre LeBret avec le sentiment que cette suggestion le séduit. « Sans rien savoir d'autre, j'ai reçu un message d'Audrey me demandant d'aller la voir le plus vite possible. J'ai pris un avion pour Genève et je me suis retrouvé auprès d'elle à Burgenstock. Il n'y avait que nous deux, ce qui était assez étrange. Mel était habituellement présent. Nous avons bu un verre, puis avons commencé à dîner. Audrey avait l'air énervée. Elle se mit à pleurer à table. J'étais perplexe et très préoccupé. Je lui ai demandé : "Audrey, quel est le problème, pour l'amour du ciel ?" Elle leva les yeux et me regarda en s'exclamant : "Comment as-tu pu t'interposer entre mon meilleur ami et moi ?" Givenchy lui avait parlé de ma visite et de l'arrangement financier proposé. J'ai fait remarquer à Audrey que cela avait été fait avec le plein accord de Mel. Qu'elle l'ait su ou non, cela n'a visiblement fait aucune différence. Une relation intime, peut-être la plus intime qu'elle ait nouée avec un homme en dehors de son mari, avait été transformée en une transaction commerciale. "Vous ne semblez pas comprendre, plaide Audrey, les larmes aux yeux, je ne veux rien de Hubert. Je n'ai pas besoin de son argent. C'est mon ami. Si je l'ai aidé à construire son entreprise de parfum, tant mieux. C'est exactement ce qu'un ami devrait faire pour un autre. Si quelqu'un d'autre m'offrait un million de dollars pour lancer un parfum, je ne le ferais pas... mais Hubert est mon ami. Je ne veux rien. Oui, je veux même entrer dans une parfumerie acheter mon parfum au détail". »

L'initiative de son attaché de presse à propos du Festival de Cannes hérisse tout autant l'actrice. Audrey s'explique : « Favre LeBret m'a dit que vous avez essayé de faire du chantage auprès de lui, que vous lui avez dit que la seule façon de me persuader d'aller à Cannes était qu'il me donne un prix spécialement créé pour moi. Henry, je ne veux plus que vous travailliez pour moi. » Dans ces conditions, celui-ci accepte courtoisement de dissoudre leur association, comprenant qu'il ne peut plus continuer à travailler pour une cliente qu'il a si profondément blessée, quoique sans le vouloir. Il mesure toute l'ampleur du mécontentement d'Audrey. « Nous sommes tout de même restés bons amis et je suis revenu par la suite pour donner des conseils à Audrey. » Mais peu après, les événements qui vont survenir lui feront penser qu'elle l'a congédié faute d'avoir été capable de « renvoyer » son mari. Car Mel est directement responsable des propositions faites par Rogers à LeBret et aux Givenchy. Dès cette époque, leur mariage ne sera certainement plus le même, en dépit du visage joyeux qu'ils offrent encore en public. Pourtant, leur union paraît même être renforcée quand ils achètent une vieille maison vaudoise du XVIIIe siècle, tout ce qu'il y a de plus pittoresque, à Tolochenaz-sur-Morges, au-dessus du lac de Genève, à dix minutes de Lausanne. Ils veulent emménager près d'une bonne école, car Sean, qui a toujours voyagé avec ses parents, a maintenant l'âge de l'école primaire. Burgenstock est trop germanique au goût d'Audrey. A Tolochenaz, Sean sera dans une ambiance francophone, ce que souhaite l'actrice.

Aujourd'hui encore, Tolochenaz est un petit village endormi, une communauté sans prétention. Il n'y a qu'une seule rue, route de Bière, où on trouve toujours la maison d'Audrey, « La Paisible », protégée par un mur de pierre qui borde la rue même, et dont les jardins sont entourés par une clôture. Il n'y a alors que deux magasins. Moins de cinq cents personnes y habitent (pour la plupart des agriculteurs qui s'occupent de leurs vergers et de leurs vignobles, et trois éleveurs de bétail).

L'école de Sean se trouve à cinquante mètres de la maison. En dehors des enfants suisses du village, il y côtoie également, à cause de la main-d'œuvre étrangère, des petits Italiens et Espagnols. L'italien est la première langue que l'enfant apprend, puisque Gina, sa nanny italienne, ne parle rien d'autre. Sean comprend aussi l'anglais, bien qu'Audrey ne le force pas à l'apprendre. A la maison, il entend quatre langues ; comme ses parents, il est naturellement polyglotte et ajoutera bientôt l'espagnol à ses dons linguistiques. « La Paisible » a d'innombrables pièces et un immense grenier qui ravit l'actrice. Pour éviter que les fauteuils et les sofas ne soient salis par les enfants, Audrey les recouvre de housses afin que Sean puisse inviter ses petits copains et qu'ils puissent y poser les pieds. « Une maison n'est pas un foyer, explique-t-elle, si un enfant et un chien ne peuvent pas entrer dans la pièce principale. » Pour Mel et Audrey, c'est aussi un terrain neutre, un endroit où ils peuvent signer une trêve conjugale.

XIV

DERNIER TOUR DE PISTE

Après l'immense succès de *My Fair Lady*, la carrière d'Audrey Hepburn est à son apogée. Et pourtant, la star prend déjà ses distances, refusant nombre de scénarios pour pouvoir s'occuper de son fils. « Je regrette de ne pas avoir plus de temps à consacrer à Sean. Et puis, on me reproche de ne pas me mêler davantage au cirque hollywoodien », déclare-t-elle à un journaliste. A cette époque, elle touche des cachets astronomiques, et les plus grands la sollicitent. Elle décide pourtant de ralentir le rythme.

Après *My Fair Lady*, elle accepte toutefois une comédie de William Wyler, *Comment voler un Million de Dollars*, en 1965, puis l'année suivante, *Voyage à Deux*, de Stanley Donen, où elle tient la vedette avec Albert Finney.

Audrey reprend le chemin des studios parisiens en juillet 1965. Elle s'est laissé tenter par *Comment voler un Million de Dollars* (*How to Steal a Million*). Depuis *Vacances Romaines*, elle se sent redevable envers William Wyler. Et le cocktail proposé semble alléchant : Audrey

Hepburn aura pour partenaire un grand *voyou* irlandais, mince et aux yeux étonnamment bleus, Peter O'Toole. On y ajoute le metteur en scène, gagneur d'Oscars, William Wyler (c'est son troisième film avec Audrey) et on donne à cette comédie sophistiquée un titre accrocheur. L'intrigue à la *Topkapi* * est efficace : la fille d'un faussaire en tableaux s'efforce, avec l'aide d'un privé, de dérober une fausse statue de Cellini avant que celle-ci ne soit découverte par un expert des assurances.

Curieusement, Audrey et Peter O'Toole n'ont guère envie de travailler ensemble. Après *Lord Jim* et *Lawrence d'Arabie*, le comédien incarne une sorte de héros farouche. Son sang irlandais, sa réputation de grand buveur et de dragueur inquiètent quelque peu Audrey. Mais son appréhension à l'idée de l'avoir comme partenaire est faible en comparaison des inquiétudes d'O'Toole de jouer avec une actrice aussi élégante et majestueuse. Il est convaincu qu'elle n'aimera guère sa nature gaie, extravertie et bruyante. Dans son livre de souvenirs, il confie : « Je pensais avoir affaire à une pimbêche qui ferait n'importe quoi pour éviter de se salir les mains. Mais elle m'a vraiment surpris. Elle savait mettre la main à la pâte et s'amuser un bon coup. Pour la séquence où nous essayons de récupérer, dans un musée, une des créations de son père, nous nous cachons dans un placard. Une bonne partie fut réellement tournée dans cet espace restreint et nous avons pu faire connaissance. Nous étions sur la même longueur d'onde. Audrey me disait que je la "tuais" et c'est vrai que bien des prises furent gâchées parce que l'un ou l'autre était pris de fou rire. William se fâchait – mais contre moi, pas contre sa petite Audrey chérie. Je crois

* *Topkapi*, le film de Jules Dassin, possède un scénario similaire.

qu'elle était vraiment la seule à pouvoir l'amadouer. Elle était tout simplement délicieuse et il était en adoration. Je me souviens qu'il lui envoyait des fleurs pour décorer sa loge – uniquement des fleurs blanches. »

Joyeux drille, Peter O'Toole entraîne même Audrey dans son penchant pour l'alcool, un jour glacial de tournage : « Nous tournions en extérieurs à Paris. Le temps est devenu tout à coup glacial, raconte Peter O'Toole. Audrey devait traverser une rue, monter dans une voiture qui l'attendait et s'en aller, mais la malheureuse était bleue de froid. La lumière baissait et il fallait bien faire quelque chose. Je l'ai entraînée dans une caravane et je lui ai donné à boire une bonne rasade de cognac. Elle est devenue toute rose, a bondi hors de la caravane, s'est élancée radieuse vers l'auto, a sauté dedans et a démarré en emportant avec elle cinq grands spots. Les machinistes ont réussi à se jeter sur le trottoir pour lui échapper. »

Peter O'Toole découvre chez Audrey « une modestie et une mélancolie » qui le touchent. L'absence de Mel et la déception d'Audrey face à l'échec de son mariage n'échappent pas à son joyeux partenaire. « Elle n'y faisait aucune allusion, mais elle semblait entourée d'un voile de tristesse. Elle essayait de le chasser par le rire, mais, dès que le rire cessait, on sentait son cœur sur le point de se briser. Je suis tombé amoureux d'Audrey Hepburn pendant ce tournage. J'aurais voulu la réconforter. Mais je n'en ai pas dit un mot, ce qui ne me ressemble vraiment pas. Il était clair qu'Audrey ne se maintenait que par un fil et que la moindre allusion à la cause de son désarroi l'aurait fait basculer. »

Sur le tournage de cette comédie pétillante, William Wyler est pourtant aux petits soins pour son actrice chérie, comme l'observe Peter O'Toole : « J'ai vu chez Willy, quand Audrey travaille, un sentiment d'admiration, tant professionnel que personnel. Audrey "appartient" à

Wyler, et cela lui est égal que tout le monde le sache. » « Nous sommes si intimement proches que nous avons à peine besoin de nous parler, avoue l'actrice. Je sais quand il sent que c'est mauvais. »

Pendant le tournage de *Comment voler un Million de Dollars*, Audrey habite seule à Paris, alors que Mel est resté à Tolochenaz avec Sean. Pour ceux qui pensent que le mariage des Ferrer est sur la mauvaise pente, l'absence de Mel est révélatrice. Audrey retourne pourtant en Suisse tous les week-ends pour être avec sa famille. Leur couple est détruit. Mais ni lui ni elle ne veulent donner prise au scandale qu'attendent les échotiers. A la différence de nombre de leurs contemporains, les Ferrer n'aiment pas étaler leur vie privée en public. Selon un proche, « Audrey aurait voulu se consacrer corps et âme à recoller les morceaux avec Mel. Admettre une défaite n'était pas dans sa nature, ni conforme à ses idéaux ; elle persistait à penser que le secret d'un mariage réussi résidait dans l'attention que l'on était décidé à lui accorder ».

Mais leurs amis enveniment presque leurs dissensions. Le décorateur Ken Scott n'arrive même pas à comprendre comment Mel et Audrey se sont retrouvés ensemble : « Elle est si vive, charmante et juvénile, alors qu'il est rassis, plus vieux que son âge. » Yul Brynner est encore plus sévère : « Je suppose qu'elle avait tellement envie que ça marche [et] elle était si gentille, loyale et humaine. [...] Mel était jaloux de son succès et ne pouvait pas accepter le fait qu'elle soit meilleure que lui en tout, alors il s'est vengé. A la fin, elle ne pouvait plus le supporter. Dieu sait qu'elle a fait tout son possible pour sauver son mariage. »

Au fur et à mesure que leur couple se désagrège, Audrey et Mel bâtissent, pour ainsi dire, des châteaux en Espagne. Ils achètent curieusement des biens fonciers. Après « La Paisible » en Suisse, ils désirent une maison au soleil. Bientôt, ils se décident pour l'Espagne. Dès qu'Audrey termine son travail à Paris, les Ferrer se rendent près de Marbella pour surveiller la construction de leur nouvelle maison. Ils sont arrivés à se persuader que le changement d'environnement fera office de remède conjugal.

Comme un signe du destin, juste avant Noël, Audrey découvre qu'elle attend un nouvel enfant. Elle en est ravie et rejette toute idée de rupture. Elle commence à faire des plans, avec beaucoup d'enthousiasme, pour décorer et meubler la chambre de son deuxième enfant, et prépare de longues listes de prénoms de garçons et de filles : elle prie toutefois pour donner une sœur à Sean. Mais le destin en décide autrement.

Au début de janvier, on doit l'hospitaliser dans une clinique de Lausanne : elle perd son bébé. Son cœur est brisé. A l'espoir succède le désespoir. Pour tenter d'apaiser sa tristesse, elle téléphone à Paris pour commander à Givenchy une nouvelle garde-robe. Mais elle est profondément pessimiste. Ses efforts pour sauver son union sont immenses. Pourtant le naufrage est imminent. Dès qu'Audrey et Mel se retrouvent face à face, ils n'ont plus grand-chose à se dire. Ils en viennent presque à conclure qu'ils ne réussiront pas à surmonter cette nouvelle épreuve.

Pendant la convalescence d'Audrey à « La Paisible », son agent la bombarde de divers scénarios. Elle refuse *Goodbye Mr Chips* (le rôle reviendra à Petula Clark), mais accepte l'offre de son vieil ami Stanley Donen pour jouer *Voyage à Deux* aux côtés d'Albert Finney. Comme elle l'expliqua plus tard : « Quand Kurt Frings est arrivé avec ce projet de film, j'avais tellement envie de fuir la maison que c'est à peine si j'ai lu le scénario avant de l'accepter. » Mel, lui aussi, l'encourage, un tournage étant à ses yeux l'antidote thérapeutique aux problèmes d'Audrey et aux tensions de leur couple.

Dans *Voyage à Deux*, tout est nouveau pour Audrey. Elle n'est plus habillée par Givenchy, mais par Mary Quant et Paco Rabanne. Mel n'est pas à ses côtés. Elle se sent libre. Albert Finney se souviendra qu'il n'a jamais eu, avec aucune autre actrice, une relation aussi intime qu'avec Audrey sur ce film. Tous deux passent leur temps à éclater de rire sur le plateau. L'intrigue, judicieusement calquée sur la vie de la comédienne, traite de la déconfiture d'un mariage, au fil de douze années de vie commune (exactement le temps qu'Audrey et Mel ont passé ensemble). Le scénario très subtil de Frederic Raphael est une sorte de kaléidoscope qui évoque les vacances de ce couple dans le sud de la France en séquences non chronologiques mélangées sur les années. Des premières vacances très amoureuses à la séparation.

Selon Frederic Raphael, « elle n'a mis en doute sérieusement le scénario qu'une seule fois, et cela quand, vers la fin du tournage, j'ai décidé que la scène finale demandait un éclaircissement. Je l'ai donc réécrite. Audrey a reçu les nouvelles pages avec un désarroi poli et a dit qu'elle préférait la version originale. Je n'étais pas d'accord : le dialogue était confus, et si on le lisait avec attention, il disait le contraire de ce qu'il était censé exprimer. Est-ce que je voulais du moins le parcourir avec elle ? Nous avons pris les deux versions dans sa caravane. Personne n'aurait pu être plus chastement séduit que moi par sa lecture entièrement juste des deux scènes : elle avait raison, et j'étais content de l'admettre ».

Comme l'écrivain Frederic Raphael l'observe lui-même : « Audrey était capable de faire des lectures très différentes d'un même dialogue. Elle savait toujours ce qui était correct, et elle pouvait ensuite répéter le texte aussi souvent que l'on voulait. Mais il n'y avait rien de mélodramatique dans sa performance. Elle combinait naturel et professionnalisme avec un grand art. »

A trente-sept ans, Audrey affronte avec la Johana de *Voyage à Deux* l'un des rôles les plus difficiles de sa carrière. Elle doit rendre l'évolution d'un personnage de l'âge de dix-huit ans jusqu'à trente ans. Heureusement, Albert Finney se montre le plus efficace des partenaires. Fils d'un bookmaker du Lancashire, il est alors la vedette préférée du cinéma anglais. De *Tom Jones* à *Saturday Night and Sunday Morning*, il incarne la jeunesse rebelle. On l'a étiqueté génie de sa génération ; mais, comme Audrey, il a en horreur le culte de la personnalité : « C'est meurtrier », dit-il.

Finney est un charmeur. Agé de trente ans (sept ans de moins qu'Audrey), il la séduit d'emblée par son côté juvénile et imprévisible et son irrésistible entrain. Le romancier et scénariste Irvin Shaw, voisin d'Audrey en Suisse, rapportera plus tard : « Elle et Albert Finney allaient merveilleusement ensemble, on aurait dit deux gosses qui se comprennent à demi mot avec un code de plaisanteries et d'allusions qui excluent tous les autres. C'était comme un frère et une sœur ados. Attirants et drôles. » Et ce témoin de préciser : « Quand Mel arrivait, Audrey et Albie devenaient plutôt formels et un peu gauches, comme s'ils devaient se comporter tout à coup en adultes. »

Albert Finney a été assez franc sur la nature de leur amitié : « Audrey et moi nous nous sommes rencontrés dans une atmosphère propice et, dès le début, nous nous sommes merveilleusement bien entendus. Quand j'interprétais une scène avec elle, mon esprit savait que je jouais, mais ni mon cœur ni surtout mon corps n'étaient au courant, a-t-il répondu au biographe Charles Higham. En fait, c'était très troublant de tourner avec elle. Dans une scène d'amour avec une femme aussi attirante qu'Audrey, la frontière entre la fiction et la réalité s'estompe facilement, en particulier dans toutes ces scènes où l'on se regarde dans le fond des yeux ! »

Audrey trouve en Albert Finney le complice idéal. De nombreux techniciens remarquent qu'une nouvelle Audrey est en train de naître, plus extravertie, plus naturelle, plus simple et plus « vivante ». Stanley Donen, qui a travaillé avec elle dans *Drôle de Frimousse* et *Charade*, la trouve complètement métamorphosée : « A cette époque, j'ai vu une Audrey que je ne connaissais même pas ! Elle me sidéra. Elle était tellement libre, tellement heureuse. Je ne l'avais jamais vue comme cela. Si jeune ! »

Il y a un autre facteur essentiel dans ce changement, et c'est peut-être la volte-face la plus importante. Jusqu'alors, Audrey n'aimait guère le chahut, et elle ne faisait aucune bêtise sur un plateau entre les prises. Réservée et concentrée, elle se mêlait peu à la troupe. Mais, tout à coup, cette femme new look se met à rejoindre la bande, à devenir l'égale des autres acteurs du film : Eleanor Bron, William Daniels, Claude Dauphin et Nadia Gray. Au lieu de se retirer dans sa loge, elle se prête à des bêtises avec son mari de cinéma, Albert Finney. Ils rient, parlent, plaisantent ensemble ; un vrai flirt. Le soir, quand ils tournent à Paris, Audrey et Albert Finney évitent les endroits à la mode pour découvrir de petits bistrots. Ils se commandent de bons petits plats et du vin, ils rient et s'amusent jusqu'à ce que les garçons mettent les chaises sur les tables. Libérée de l'élégance raffinée de Givenchy, Audrey s'abandonne à une nouvelle liberté.

Audrey et Albert deviennent amants. Un attachement intense, mais qui se terminera à la fin du tournage. Comme un amour de vacances... Albert Finney craquera bientôt pour Anouk Aimée. En fait, il est jeune, farfelu, sportif, espiègle, folâtre, primesautier, téméraire, tapageur, taquin... tout ce que Mel n'est pas. Il est pour elle une bouffée d'air pur. Lorsque la presse l'interroge sur son partenaire, Audrey est enthousiaste : « J'aime Albie, dit-elle avec franchise. Oh, vraiment, je l'aime. Il est terriblement rigolo. »

Audrey est pourtant très nerveuse lors de la première scène d'amour. On prend toutes sortes de précautions avant le tournage. Le plateau est rigoureusement fermé à toute personne extérieure, sauf aux cameramen officiels et aux assistants de production. Dans cette scène, Audrey et Albert s'amusent bruyamment et nagent sur une plage presque déserte « pour donner une impression de grande complicité », comme le définit un assistant de production. Il ajoute : « Audrey était très tendue au début. » Apparaître en maillot de bain, puis tourner une scène de nu et abandonner son maquillage habituel l'inquiète beaucoup. Mais la complicité d'Albert Finney facilite cette nouvelle facette de son talent.

« Dans ce film, précise son maquilleur attitré, Alberto De Rossi, les sourcils d'Audrey sont deux fois moins fournis qu'à l'époque de son premier film. Ils étaient alors très épais. Mais personne n'a remarqué que progressivement je les diminuais film après film. Dans *Voyage à Deux*, elle a un regard complètement neuf, presque naturel. » Le dernier jour du tournage, une petite fête rassemble tous les participants. Chaque homme veut danser avec Audrey. « Elle a dansé à en avoir des ampoules aux pieds ! déclara l'un des acteurs, Williams Daniels. Elle devait être épuisée – mais elle s'est assurée que chacun, sans aucune exception, avait bien eu sa part ! »

A cette époque, Albert Finney et Audrey font les gros titres des journaux et certains amis insinuent que les hauts et les bas du mariage des Ferrer ont pour cause, au moins partiellement, le fait que Mel traite sa femme en supervedette infantile. Audrey, selon eux, est torturée par le sentiment de culpabilité d'avoir laissé Sean en Suisse pendant les tournages, mais quelques proches suggèrent qu'elle s'est amusée peut-être plus que le scénario ne le demandait. Mel essaie de ne rien laisser paraître, mais la fin de leur union est en vue. « Le mariage d'Audrey et Mel n'était guère heureux et ce n'est pas un secret, dit son ancien attaché de presse, Henry Rogers. Il me semblait qu'elle l'aimait plus qu'il ne l'aimait, et ce manque de réciprocité la frustrait. Elle m'avait confié ces sentiments maintes fois, et à quelques intimes aussi. Elle ne se plaignait jamais, mais je voyais toujours de la tristesse dans ses yeux. »

A cette époque, Eddie Fisher, divorcé alors d'Elizabeth Taylor, éprouve une certaine sympathie pour Mel. Il peut comprendre son « dilemme ». « Mel et moi, nous étions les maris de deux des plus grandes vedettes de Hollywood, ce qui peut être un problème en soi. Mais je sentais que les relations de Mel et d'Audrey étaient tendues non parce qu'elle était exigeante et impossible à prévoir, comme l'était Elizabeth. C'était exactement le contraire : Audrey était toujours si gracieuse et si parfaite, que Mel trouvait difficile d'être à la hauteur. »

Néanmoins, de concert avec Mel, Audrey peut soutenir à la face du monde que ses problèmes conjugaux ne sont rien de plus que du bavardage calomnieux. En janvier 1967, elle invite la presse hollywoodienne à un *high tea* à l'anglaise (une fontaine à thé en argent, des sandwichs au concombre et des petits fours). On n'y sert pas d'alcool. La presse de Hollywood n'a jamais rien vu de semblable. Audrey, vêtue d'une mini-robe droite orange en laine angora, sans bijoux, à l'exception de son alliance en or, sourit chaleureusement pendant deux heures, tandis que les batteries de journalistes de radio, télévision, magazines et journaux la bombardent de questions de tous côtés. « Oui, elle est contente d'être de retour à Hollywood depuis trois ans ; oui, elle se sent de nouveau chez elle ; oui, elle approuve les jupes courtes ; oui, ses cheveux sont coupés très très court... » Et la raison d'être de cette fête de relations publiques est que son mari produit son prochain film,

Seule dans la Nuit (*Wait Until Dark*). « Est-ce que cela ne prouve pas qu'ils sont toujours amoureux l'un de l'autre ? »

Une façon comme une autre de démentir les rumeurs de love-story avec Albert Finney... *Seule dans la Nuit* est un thriller produit par Mel Ferrer et réalisé par Terence Young. Pour Audrey, c'est un tour de force. Elle y joue le rôle d'une jeune femme aveugle, terrorisée par un tueur psychotique en manque d'héroïne. Le film a pour co-vedettes Efrem Zimbalist Jr., Alan Arkin, Richard Crenna et Jack Weston. Mais le plateau va être le théâtre de perpétuelles dissensions, en grande partie à cause de la mésentente qui règne entre les époux ; la tension devient peu à peu insupportable. Audrey, qui souffre d'anorexie, ne pèse plus que 44 kg. Son fils Sean lui manque et elle sait parfaitement que Mel « auditionne » de jeunes actrices pour l'un de ses futurs films.

Pour que l'interprétation d'Audrey soit réaliste, Terence Young l'a emmenée dans un foyer de jeunes aveugles. « Nous nous déplacions avec des bandeaux sur les yeux, se rappelle Terence Young. Moi, je perdais patience, mais Audrey était très persévérante et elle a appris à se débrouiller sans y voir. Cela la fascinait. Elle me parlait du contact des choses, des sonorités avec une telle précision, que je sentais qu'elle découvrait une nouvelle façon d'appréhender son environnement. » Audrey sent bien que ce rôle est un vrai défi ; elle en témoigne dans une longue interview de l'époque : « J'avais accepté avec grand plaisir le rôle de la "jeune femme aveugle championne du monde" – comme une réplique du scénario la désigne – mais ce rôle m'angoissait beaucoup... En effet, la production voulait absolument que j'arbore des signes évidents de cécité tels que des lunettes noires ou une cicatrice sur l'œil, ce qui me déplaisait profondément. Comme je l'ai déjà dit, j'ai horreur des techniques de fiction. J'étais en outre certaine que, de cette manière, l'attention du public allait encore plus être attirée sur le fait que, *en réalité*, je ne suis pas aveugle... et la seule possibilité que j'avais était donc de recréer en moi la condition de cécité, pour faire passer auprès du public l'illusion de la cécité pour un court instant... et c'est alors que survinrent deux événements extraordinaires. Le premier fut que pendant quelques semaines, je me mis à fréquenter quotidiennement le "Lighthouse" de New York, l'institut qui s'occupe des aveugles. Là, je me bandais les yeux, afin d'apprendre concrètement ce que signifiait être aveugle, et donc monter et descendre en ascenseur, chercher un objet tombé par terre, préparer un repas. Et puis, j'ai eu une autre grande – comment dire – une autre grande chance, pourrais-je dire, même si en effet le terme le mieux adapté est celui de *bénédiction*. J'ai rencontré une jeune fille qui était vraiment devenue aveugle... et je lui ai demandé : "Rends-moi un service, traverse cette pièce." Je m'assis sur une chaise et la regardai tandis qu'elle traversait la pièce. Elle avait de magnifiques yeux noirs, brillants. On n'arrivait pas à croire qu'elle ne voyait pas. Et c'est ainsi que j'ai eu la confirmation qu'il n'y avait pas *besoin* de signes extérieurs de cécité ni de lunettes fumées... »

Selon Mel Ferrer, « *Seule dans la Nuit* marque un moment charnière dans la carrière d'Audrey. D'ingénue, elle devient un personnage moteur de l'action et c'est l'un de ses meilleurs films ». Sur le tournage, Audrey reste fidèle à elle-même. A quatre heures de l'après-midi, pour tous les techniciens et acteurs, Audrey sert elle-même le thé, les gâteaux et les sandwichs. « Quand j'y réfléchis, dit son partenaire, Richard Crenna, j'ai encore du mal à croire que, chaque jour, nous buvions réellement le thé – dans des tasses de porcelaine, s'il vous plaît. Personne n'aurait eu cette idée en dehors d'Audrey. Mais cela créa un climat de camaraderie, sans cet excès de familiarité qui résulte d'un verre pris ensemble dans un coin. C'était "le thé" – servi avec toute la civilité d'Audrey. »

Le tournage se termine (ce sera un succès critique et public et Audrey obtiendra une cinquième nomination aux Oscars), mais ceci est désormais, à ses yeux, le cadet de ses soucis. Ce film, *Seule dans la Nuit*, marque pratiquement la fin de la carrière d'Audrey Hepburn. Bien qu'elle n'ait que trente-huit ans, celle qui a eu l'honneur d'être nommée cinq fois aux Oscars va s'éloigner pour de longues années des studios de cinéma. L'année 1967 marque aussi un bouleversement dans sa vie qui n'est pas sans rapport avec cette brutale rupture.

De retour en Suisse, Audrey se retrouve à nouveau enceinte en juillet 1967. Deux mois plus tard, elle perd encore une fois le bébé. En plus des tensions et des disputes incessantes avec Mel, ces fausses couches la bouleversent et deviennent même obsessionnelles. Audrey comprend que la séparation est désormais la seule solution : « J'avais cru qu'un mariage entre deux êtres bons devrait durer jusqu'à la mort de l'un d'eux, et je croyais que l'autre vivrait tranquillement avec ses souvenirs. Mais la vie ne l'a pas voulu ainsi. Mel et moi étions pourtant de "bonnes" personnes, mais nous n'avons pas forgé de liens durables. La vie et la notoriété se sont mises en travers. »

Le 1er septembre 1967, juste avant la sortie sur les écrans de leur ultime collaboration cinématographique, les avocats du couple annoncent leur séparation : « Audrey Hepburn et Mel Ferrer, respectivement âgés de trente-huit et cinquante ans, viennent de se séparer après treize ans de mariage. Mel Ferrer se trouve à Paris et Mlle Hepburn dans leur résidence en Suisse, avec leur fils Sean, âgé de sept ans. » L'héroïne de *Seule dans la Nuit* se trouve alors seule dans la vie.

XV

UN MARI ITALIEN

DÈS l'annonce de la séparation, Mel s'envole pour Genève et se rend à Tolochenaz, sans prononcer un mot, sauf pour dire qu'il « rentre à la maison ». Audrey n'y est pourtant pas. Elle se trouve alors dans leur vieille maison de Burgenstock. Toutefois, elle revient à « La Paisible » trois jours plus tard, et l'on voit mari et femme, en pleine conversation, se promener dans le jardin entre les pommiers. Il faudra plusieurs années à Audrey avant de commenter en public cet épisode. Lorsqu'elle le fera, ce sera en des termes qui montrent toute la ténacité avec laquelle elle s'est accrochée au conte de fées. « Lorsque mon mariage s'est brisé, cela a été terrible, dira-t-elle à Henry Gris, l'un des rares journalistes en qui elle ait mis sa confiance. Je ne peux pas vous dire à quel point j'ai été déçue. J'ai tout essayé. Je savais que c'était particulièrement difficile d'être marié avec une célébrité mondiale, d'être reconnu partout, d'occuper la seconde place à l'écran et dans la vie. Comme Mel a souffert ! Mais croyez-moi, je faisais passer ma carrière après lui. »

Elle n'envisage pas à ce moment-là de divorcer : elle craint que Sean ne soit impliqué dans une éventuelle bataille pour sa garde. Les avocats doivent ainsi résoudre de nombreuses difficultés. Mel garde un droit de visite. Le plus difficile à supporter pour Audrey, c'est le sentiment de se sentir en partie responsable de leur rupture. Elle sait ce qu'elle doit à son mari : il a guidé sa carrière, l'a aidée à gagner d'énormes cachets grâce à sa sagacité et à sa ténacité. Ils ont construit leur vie ensemble et il lui a donné un fils. Tout cela pèse sur sa conscience, tandis que la solitude de la maison de Tolochenaz se referme sur elle. Mel se plonge dans le travail et envisage de remonter sur les planches. « La réconciliation aurait été possible, et c'est ce qu'elle espérait, dit un ami d'Audrey, mais au fil des mois, Mel a trouvé le travail plus motivant que de rentrer au foyer. »

Il ne la rejoint pas lorsqu'elle emmène Sean à Marbella pour les vacances d'hiver 1967. Ses quelques amis lui apportent leur soutien et, pendant les fêtes de Noël, Audrey fait de nouvelles connaissances qui vont faire parler. Don Alfonso de Bourbon-Dampierre, un prétendant au trône d'Espagne, intrigue particulièrement. Ils célèbrent le nouvel an ensemble dans une boîte de nuit madrilène. « En réalité, c'est à ce moment-là qu'Audrey a cessé de se faire des reproches, dira Henry Gris. Elle avait soutenu le choc de la séparation et commençait maintenant à profiter de sa liberté. »

Son fils reste au centre de ses préoccupations : « son salut », pense Henry Gris. Au début de l'année 1968, Mel attend Sean à l'aéroport Kennedy à New York. Il doit arriver par un vol Swissair pour passer quelques semaines avec lui à Manhattan, puis dans la maison qu'il a louée pour eux en Californie. Pourtant, le garçon ne se trouve pas à bord, un message d'Audrey le remplace : elle ne peut pas supporter l'idée d'être séparée de lui. Les parents ont très peu communiqué par la suite ; les avocats se chargèrent de la plupart des discussions. L'inévitable répartition des biens et les autres arrangements seront réglés dans la douleur. Audrey a atteint un point où le divorce est une solution préférable à ce demi-mariage.

Elle a aussi une autre raison de désirer une rupture bien nette. Cet été 1968, elle se joint à une croisière dans les îles grecques à bord du yacht de Paul Weiller, l'industriel français, et de sa femme italienne, la princesse Olympia Torlonia. Fait également partie de la fête un jeune Italien de bonne famille. Andrea Dotti a trente ans et travaille comme directeur adjoint de la clinique psychiatrique universitaire de Rome. Plus jeune qu'Audrey de neuf ans, c'est pourtant un homme mûr et équilibré. Comme Audrey, il a vécu une enfance sans père : Andrea était tout jeune à l'époque du divorce de ses parents. Sa mère, la comtesse Paola Roberti Bandini, s'est remariée. Andrea est devenu le beau-fils de Vero Roberti, correspondant à Londres d'un journal milanais. Son frère, Gianpiero Dotti, est un banquier influent de Rome. Une famille aisée.

Est-ce un coup de foudre à proprement parler ? Qu'il l'admette ou non, le Dr Dotti est aussi un admirateur. Il a découvert Audrey Hepburn en voyant, à quatorze ans, *Vacances Romaines*, et il a revu le chef-d'œuvre à plusieurs reprises, captivé par cette jeune fille. Il n'a jamais manqué un seul de ses films depuis lors. Soudain Audrey, sa vedette préférée, lui demande des conseils et lui confie ses peines. Pour le bon docteur, c'est comme au cinéma !

Né à Naples le 18 mars 1938, Andrea Dotti exerce volontiers son charme dans les fêtes romaines tout en acquérant, à force de travail et de diplomatie, une notoriété professionnelle. Et un succès considérable auprès de ses patients. Il est très bien informé de l'utilisation de nombreux nouveaux médicaments, comme le lithium (qui se confirme alors en tant que stabilisateur dans le traitement de la psychose maniaco-dépressive). A Rome, ses amis, qui le connaissent bien, ont tendance à être un peu moins impressionnés par son charme et par son bagout. Mais même parmi ces derniers, ceux qui le rencontrent lors de dîners ou de fêtes capitulent devant les efforts qu'il déploie pour les distraire en mêlant humour et conversation professionnelle. Lors d'un dîner, Clare Booth Luce, ambassadrice des Etats-Unis en Italie, assise à côté du Dr Dotti, se montre très intéressée par ce médecin qui monopolise la conversation. Pourtant, cette femme puissante a la réputation de n'avoir aucune patience pour les imbéciles ou les raseurs. A la fin de la soirée, Madame Luce se répand en remerciements auprès de son hôtesse, lui affirmant que ce médecin était « d'un passionnant » : il savait tout de l'usage médical des drogues.

L'humeur d'Audrey lorsqu'elle rencontre Andrea Dotti à bord du yacht des Weiller ne surprend pas le spécialiste. Elle se sent toujours coupable de la rupture de son mariage et s'inquiète de l'effet que la séparation aura sur son enfant. Dans le cadre confiné du bateau, Audrey a tôt fait de transformer en confident sa nouvelle connaissance. Ils ne tardent pas à être intimes. Si elle avait pris le temps de réfléchir, elle se serait peut-être rendu compte de la similitude de cette rencontre avec celle de Mel Ferrer, quatorze ans plus tôt. Elle avait alors été extrêmement reconnaissante envers son futur époux de l'avoir prise en main alors que trop de choses arrivaient en même temps et que, se sentant plus seule qu'elle n'aurait jamais pu l'imaginer, elle allait tout droit vers une dépression nerveuse. Souvent, personne n'a autant besoin d'amis qu'une star, mais tout le monde s'imagine qu'elle n'a pas une minute à elle. Les conseils professionnels de Dotti, ses attentions personnelles, arrivent pile au moment où Audrey en a besoin.

Audrey, de nature extrêmement prudente tant au niveau privé que professionnel, ne permet à personne de l'approcher de trop près, et notamment ses admirateurs. Mais Andrea Dotti comprend sa détresse et l'effet probable du divorce sur Sean. Elle lui en est reconnaissante. « Il est si enthousiaste et enjoué, dira-t-elle un peu plus tard, lorsqu'elle aura l'occasion d'analyser ce qui est en train de se passer. Bien sûr, à mesure que j'apprenais à le connaître, je le trouvais rationnel et très sensible. » Le fait qu'Andrea Dotti soit un homme au statut bien établi, pourvu de bons revenus, et qu'il soit issu d'une famille nantie, l'encourage à se laisser faire avec plus de confiance que d'habitude. Bien que le règlement du divorce avec Mel lui coûte cher, elle est encore riche. Mais Andrea Dotti n'est pas un coureur de dots. C'est un charmeur sûr de lui, un consolateur efficace. Son attrait pour la vie sociale de Rome saute aux yeux, mais cela est indispensable pour tenir la dépression d'Audrey à distance. L'intuition d'Audrey innocente Andrea Dotti d'un éventuel manque de sincérité. Il est « admis ».

Pour Andrea, cette rencontre pendant cette croisière romantique se transforme en coup de foudre. Pour l'actrice, c'est surtout un réveil lent et progressif à l'amour. Cependant, avant la fin de la croisière, le jeune Romain a gagné le cœur de la star. Comment pourra-t-elle jamais oublier ce moment où elle a senti qu'elle succombait à un sentiment plus profond ? « Mon Dieu, est-on jamais conscient qu'une brique vous tombe sur la tête ? », s'exclame-t-elle. Elle réfléchit un moment : « C'est tombé du ciel. C'est un homme si enthousiaste, si gai, ce que je trouve très attirant. Et évidemment, au fur et à mesure que je commence à le connaître, je trouve que c'est aussi un homme intelligent aux sentiments profonds. »

Plus elle le connaît, plus elle est frappée par la similitude de leur passé. Bien que les Dotti soient une grande famille catholique romaine, les parents d'Andrea sont séparés (tout comme ceux d'Audrey) et leur mariage a été annulé. La mère d'Andrea a été comtesse, à l'instar de la mère d'Audrey qui a été baronne. Tout pousse Audrey à céder à l'intimité croissante de leur relation, d'autant que Sean s'entend bien avec lui. C'est ce qui est très rassurant. Et surtout Andrea Dotti lui exprime son désir d'avoir « beaucoup d'enfants ». Après ses vaines tentatives pour en avoir un second, cette déclaration comble Audrey et l'incite à songer à un remariage.

Le 20 novembre 1968, en toute discrétion, elle obtient le divorce avec Mel. Ce Noël-là, à Rome, Andrea Dotti lui fait officiellement sa demande en mariage et, lorsqu'elle accepte, il lui glisse au doigt une bague de fiançailles en rubis. Mais même alors, des amis témoignent qu'Audrey hésite encore à l'épouser. « Elle ne voulait pas d'un futur mari qui se métamorphose en une célébrité de second plan, mieux connu pour être l'époux de la vedette Audrey Hepburn. Elle savait à quel point cette situation pouvait nuire à l'amour-propre d'un homme, quelle que soit sa réputation professionnelle, en particulier dans un domaine où la discrétion est primordiale », assure son ex-attaché de presse. « Je lui ai dit que les gens, je veux dire les femmes, pouvaient être attirées par lui parce qu'il était mon époux et que cela n'était pas bon et pouvait même comporter des risques pour sa réputation professionnelle », confie-t-elle alors à Hubert de Givenchy.

Mais Andrea Dotti rejette ses scrupules. Il ne se considère pas comme un personnage public. Ce qu'il néglige de dire, c'est la forte fascination que la célébrité exerce sur lui. Car en dépit du véritable plaisir que lui procure la compagnie d'Audrey, la star qu'il a tant admirée sur les écrans hante son imagination. Le glamour l'attire davantage que les fiançailles. Mel Ferrer, lui, avait compris que derrière l'image rayonnante de la star pouvait se cacher une réalité tout autre, bien moins scintillante, bien plus monotone. Andrea Dotti en fera le douloureux constat : sa femme ne sera pas exactement celle qui le faisait rêver sur les écrans de cinéma à l'âge de quatorze ans.

La mère, le frère, la famille d'Andrea dans son ensemble se montrent ravis de ces fiançailles. Andrea va se calmer, se marier, qui plus est à une vedette de cinéma, et fonder une famille. Avoir un fils célibataire de trente ans est un souci pour toute mère de famille romaine moyenne. Bien que la fiancée ait près de dix ans de plus que son futur mari, elle l'adopte très vite.

Il n'est pas rare, lorsqu'un fils d'une famille italienne en vue se marie en dehors de son cercle d'amis ou même de sa nationalité, que la future épouse subisse un examen rigoureux, voire une initiation, pour tester, même avec discrétion, ses qualités. Audrey échappe au rite. Sa réputation ainsi que sa nature impressionnent quelque peu sa future belle-famille. « Elle fera une bru idéale, aurait dit Paola Roberti Bandini, l'ancienne comtesse Dotti. Pendant des années, Andrea a parlé de se marier et d'avoir de nombreux enfants, mais il n'a jamais été capable d'en prendre la décision. Il a continué à étudier et à penser à sa carrière, à parler mariage, et ensuite à se remettre à étudier. Mais quand il est revenu de sa croisière, il était profondément amoureux. Pour toute la famille, elle est la femme parfaite, et c'est la raison pour laquelle la différence d'âge importe peu. »

Les noces sont célébrées non pas à Rome, mais en Suisse, car il est alors impossible de se remarier à l'église catholique après un divorce en Italie *. Les bans du « mariage d'Andrea Paolo Mario Dotti, trente ans,

* Ce n'est qu'après 1974 que l'Italie libéralise ses lois sur le divorce.

médecin psychiatre et d'Audrey Kathleen Hepburn, trente-neuf ans, citoyenne britannique » sont affichés sur le mur du petit bureau de poste de Tolochenaz-sur-Morges le 6 janvier 1969. Un délai de dix jours est obligatoire. Les parties ne traînent pas. Le 18 janvier, Madame Battaz, officier de l'état civil de la ville de Morges, unit le médecin et l'actrice. Les témoins de la mariée sont Doris Brynner et la comédienne Capucine ; ceux d'Andrea, Paul Weiller et le peintre Renato Guttuso. Seuls une trentaine d'invités sont présents. La mariée arbore un ensemble en tricot rose, cadeau de son ami Hubert de Givenchy. Sa tête est protégée de la bruine par un foulard assorti. Une photographie immortalise son visage au moment où elle se mord la lèvre – geste de teenager que certains journalistes trouvent mignon pour une femme qui va fêter ses quarante ans quatre mois plus tard. Mais, rétrospectivement, Audrey se souvient : « J'avais l'impression d'avoir douze ans, vingt ans, je ne sais pas. Je me souviens seulement que je me sentais heureuse, délicieusement heureuse, et Andrea me tenait la main. »

Audrey et son nouveau mari passent une partie de leur lune de miel à chercher un appartement à Rome. Leur choix se porte finalement sur un dernier étage : un endroit spacieux dont les plafonds sont très hauts, situé dans un palazzo rénové ayant appartenu à un dignitaire religieux quelques siècles plus tôt. Cet appartement offre une magnifique vue sur le Tibre et Audrey en est ravie. Selon son expression favorite, c'est « divin ». Mais elle est aussi prudente : à tous ceux qui s'enquièrent de son palazzo, elle répond d'un ton cassant : « Nous n'avons pas de palais à Rome, seulement un appartement. » Car, en ces années-là, les jours insouciants et la prodigalité de l'ère de la « Dolce Vita » sont bel et bien révolus : les « Brigades rouges » menacent d'enlèvement les nantis et les hommes politiques. Faire preuve d'ostentation devient dangereux.

La quantité de choses amassées au cours de sa vie jusqu'alors préoccupe Audrey. Elle installe ses anciennes et nouvelles affaires dans l'appartement en pleins travaux, travaillant aux côtés des charpentiers, des maçons, les cheveux couverts de poussière. Elle prend le rythme de son époux, qu'il soit de service ou non. Andrea adore sortir en boîtes de nuit deux ou trois fois par semaine, après son travail. Les anciennes relations d'Audrey dans le monde du cinéma, qui l'ont connue comme une couche-tôt lorsqu'elle était mariée à Mel, sont étonnées de la voir danser le twist et autres danses à la mode sur les pistes bondées des restaurants et des clubs. Andrea Dotti est un excellent danseur. Il est, à juste titre, fier d'exhiber sa femme.

Audrey est soulagée de la bonne entente entre son fils et Andrea. Elle explique à ses amis : « Grâce à Gina, sa nurse italienne, Sean maîtrise si bien l'italien que cela lui a permis de trouver plus rapidement des affinités avec Andrea. » Elle est désormais membre d'une grande famille italienne matriarcale et c'est, pour elle, une expérience inédite. Elle qui a pratiquement été élevée comme une enfant unique, y trouve une sécurité qui lui convient parfaitement. Elle se fait donc aisément à la routine de la Signora Bandini, assiste religieusement au déjeuner du dimanche et, bien qu'elle ne soit pas catholique elle-même, accompagne ses beaux-parents à l'église lors des grandes occasions.

Elle devient italienne d'apparence et de protocole. Givenchy et elle restent en excellents termes, mais lors de la présentation des collections à Paris, ses admirateurs n'aperçoivent plus Audrey au premier rang. « Il m'est bien sûr impossible de m'envoler pour Paris, juste pour admirer les derniers modèles de Givenchy ! », dit-elle à Henry Gris. C'est exprimé sur un ton de regret. Elle continue à préférer les créations de Givenchy à toute autre ; mais maintenant, comme pour rendre hommage à son pays d'adoption, elle fait ses achats dans les boutiques chic de Rome et y trouve les vêtements « assez beaux ». Lorsqu'on lui demande si ce n'est pas un sacrifice, elle répond sans ménagements : « Quelle idiotie ! Je peux m'en passer ! » Ce dont elle ne parle pas, ce sont des efforts qu'elle fait pour vivre dans les limites du salaire de son mari. Plus question de se satisfaire (et peut-être l'humilier) en dépensant son argent dans des créations de la haute couture parisienne dont elle n'a cure.

Les scénarios de films continuent à affluer, mais elle les écarte sans les lire ni même les ouvrir. Les gens supposent qu'Audrey Hepburn va reprendre sa carrière cinématographique en tournant peut-être des films à Rome plutôt qu'à Paris. Elle ne montre toutefois aucune intention de retourner au septième art. Lorsqu'elle affirme : « Je tiens le rôle qu'une femme doit tenir », elle sous-entend qu'elle a passé de trop nombreuses années à tenir celui de vedette. La vie de famille est ce dont elle rêve. Maintenant qu'elle est libre d'avoir la vie qui lui plaît, il lui semble qu'elle ne vole rien à personne, et surtout pas à elle-même.

Mais Andrea Dotti a épousé une vedette de cinéma. La voir transformée en une femme d'intérieur enlève de l'éclat au bijou qu'il a installé chez lui. Un ami proche du couple raconte : « Cela lui prit du temps pour comprendre qu'Audrey n'était pas la fille de *Vacances Romaines*, mais lorsqu'il s'en rendit compte, ce fut comme s'il se réveillait d'un rêve merveilleux. La réalité n'a pas pu remplacer tout cela. » Audrey, elle, trouve séduisant de mener « cette existence normale et saine que je n'ai jamais connue avant ». Pour le mari, une vie ordinaire n'est pas suffisante. Il lui faut du « brillant ». Par ailleurs, il aime se détendre à la manière nonchalante des Romains en laissant filer le temps. Audrey, elle, aime voir les résultats. Leurs tempéraments opposés se révèlent et constituent les bases de leur future mésentente.

Etre mariée à un Latin a bouleversé la vie d'Audrey. Il lui a fallu modifier ses habitudes et sa façon de vivre. Mais sa vie a surtout changé parce qu'elle est mariée à un psychiatre. Une nouvelle Audrey, pleine d'entrain et d'insouciance, apparaît : son numéro de téléphone se trouve dans l'annuaire, elle fait ses courses dans la Via Frattina ou la Via Condotti, elle déjeune avec des amies à la populaire trattoria Bolognese sur la Piazza del Popolo, et de temps en temps, par un chaud après-midi, on peut tomber sur elle et Andrea, la main dans la main comme de jeunes amoureux, dans un petit cinéma du centre-ville. Ils se mêlent aux architectes, peintres, écrivains ; à part un ou deux amis intimes, ils ignorent totalement les gens du cinéma. Audrey va danser avec son époux et se blottit contre lui d'une façon que l'« ancienne » Audrey ne faisait jamais. Andrea, aime-t-elle dire aux amis, est un câlineur. Mais ce qu'il y a d'attirant chez lui aussi, c'est « sa bonté et sa gentillesse... et, vous savez, il n'en a pas honte ; c'est ça qui m'a plu au début ».

Recevant des amis et contemplant par une fenêtre ouverte la vue sur Rome et le Tibre, Audrey éclaire d'autres facettes de la personnalité de son mari : « Il a un grand sens de l'humour. C'est une personne adorable. Il est très chaleureux, très affectueux envers moi et Sean. » C'est une cascade de paroles : « Il est brillant aussi dans son travail ; et il est consciencieux, mais dépourvu d'esprit de compétition, ce qui est très bien. Cela lui est égal d'être riche ou de gagner beaucoup d'argent. Il a eu plusieurs occasions de suivre ce chemin-là, mais il les a rejetées. Il aime enseigner, et guérir les gens... et il aime aussi éteindre tout quand il rentre chez nous. Il rit et plaisante. Nous sortons voir un film ou danser dans une boîte de nuit. Nous voyons des amis. C'est une façon pour lui de se défouler après des journées consacrées aux maux de ses patients. Je crois que s'il ne faisait pas cela, il deviendrait fou. Le mariage, remarque Audrey, ne doit être qu'une seule chose : deux personnes s'aimant tellement qu'elles décident de rester ensemble. Peu importe s'ils signent ou non un morceau de papier, ce contrat d'amour et de respect est sacré. Donc, si de quelque façon une femme échoue à donner à son époux ce à quoi il aspire sur tous les plans – physique, sensuel, émotif –, elle n'a plus qu'à s'en aller. » Audrey n'est pas le genre à rester et à faire des histoires.

C'est alors qu'un événement survient, environ quatre mois après le mariage, qui modifie son emploi du temps. Elle est enceinte. Dans toute famille italienne qui se respecte, l'arrivée d'un enfant est le sceau d'une bonne union. Vu l'âge d'Andrea, il y a une double raison pour se réjouir. Audrey prend une importance accrue en devenant une future mère. Elle aura près de quarante et un ans au moment de la naissance de son deuxième enfant et la succession de ses fausses couches laisse présager qu'elle connaît là sa dernière chance.

Elle prend grand soin d'elle au cours du printemps et de l'été 1969 qu'elle passe presque retirée du monde, sur un îlot de la mer Méditerranée où la famille Dotti et d'autres membres de la bourgeoisie romaine nantie possèdent une maison de vacances. Les femmes et les enfants y sont emmenés par les maris qui les y installent confortablement, puis les hommes retournent sur la terre ferme pour y travailler la semaine, et dans bien des cas, pour jouir des plaisirs nocturnes en compagnie de petites amies ou de maîtresses.

Vient le mois de septembre, et Audrey s'isole davantage. Au lieu de rentrer à Rome, elle décide d'accoucher à « La Paisible ». Andrea lui rend visite le week-end. Dans la semaine, elle se repose, conduit Sean à pied à l'école. Elle fait les courses au magasin du village ainsi qu'un peu de jardinage. La baisse subite de la température annonce les neiges prochaines. La distance n'amoindrit pas nécessairement l'amour, mais elle peut parfois aider à créer des malentendus. Les amis d'Audrey pensent qu'ils commencent à surgir, même si ce ne sont encore que des malentendus.

Pour la plupart des paparazzi italiens, Andrea Dotti n'est plus simplement un psychiatre de très bonne famille, il est également le mari d'une vedette de cinéma. En un mot, il vaut la peine que l'on s'intéresse à lui. Les reportages sur ce qu'il a fait, où il est allé, en présence de qui il a été aperçu, passionnent le public, même si sa femme n'est pas sur la photo. En vérité, les clichés deviennent encore plus croustillants si Audrey en est absente, alors que des actrices et des mannequins l'entourent. Dotti reste, malgré tout, un mari et un futur père aussi attentif qu'auparavant. Mais le vieux syndrome hollywoodien résiste : les admirateurs, transportés de joie par ce mariage, attendent désormais la nouvelle du divorce. Rome semble un bien mauvais endroit pour essayer d'étouffer de telles rumeurs. Mais Audrey est assez maligne pour savoir qu'un démenti ne ferait qu'attiser les ragots. Elle reste calme et attend la venue de son enfant.

Le bébé naît par césarienne le 8 février 1970 à l'hôpital cantonal de Lausanne, où le Dr Dotti a accepté un poste temporaire d'assistant afin d'être proche de sa femme tout en restant en contact avec sa profession. L'enfant pèse 3,4 kg. La joie du père est extrême ; il est fier de proclamer que c'est magnifique « d'avoir un autre homme dans la maison ». Luca ressemble fortement à son père. Audrey jubile à l'idée d'avoir pu mettre au monde un autre enfant. Ses admirateurs sont probablement les seuls à être un peu déçus. Ils ne la reverront peut-être jamais plus à l'écran.

Comme pour clarifier ses intentions, Audrey accorde

des interviews à une poignée de journalistes triés sur le volet. « Pourrait-elle être simplement une femme ordinaire ? – Mais oui ! – Pour toujours ? » Elle réplique : « Pourquoi pas pour toujours ? et ajoute : Permettez-moi d'être claire. Je n'ai absolument aucune envie de travailler. Et cela ne vaut pas la peine d'aller chez un psy pour en découvrir la raison. » Son interlocuteur insiste : « Mais avec tout ce talent, ce don de Dieu ? » Ce n'était pas une bonne idée d'aborder le sujet. « Je n'ai jamais cru en ce don de Dieu. J'adorais mon travail et je l'ai fait de mon mieux. Mais c'était tout », déclare-t-elle, en ajoutant qu'elle se sent en harmonie pour la première fois de sa vie et en affirmant qu'elle détesterait être de nouveau mise sous pression, loin de son mari et de ses enfants. C'est à son tour maintenant de diriger sa vie.

Les Dotti rentrent à Rome, où Audrey emploie chaque parcelle de son énergie à devenir une mère parfaite – et une bonne épouse de médecin. A ce titre, elle rejoint souvent Andrea pour dîner à la clinique lorsqu'il doit travailler tard. Audrey pense qu'une femme amoureuse doit s'intéresser sérieusement à tout ce que fait son mari, et le travail d'Andrea requiert un certain engagement.

Elle consacre beaucoup de temps à son entourage. Un ami malade reçoit un panier de fleurs de printemps, créé par Audrey, avec ce mot : « Courage, mon vieux !... ça ira mieux bientôt... Amicalement, Audrey. » Un autre se réveille après une intervention chirurgicale et voit Audrey à son chevet. Un troisième encore la trouve sur le seuil de sa maison un matin, pour l'aider à déménager. La star ne joue plus les vedettes.

« On peut trouver de telles choses insignifiantes, mais elles ne le sont pas pour moi, insiste-t-elle. Tout cela fait partie d'une existence normale et saine que je n'ai jamais vraiment vécue auparavant. Je me conduis comme toute femme devrait le faire et je ne crois pas usurper quelque chose aux autres... En retravaillant intensivement comme actrice, je volerais quelque chose à ma famille, vous savez, mon mari et mes enfants, je leur volerais l'attention qu'ils devraient recevoir. C'est ce que j'ai toujours pensé, mais je n'ai rien fait pour cela avant. Maintenant, j'agis. » Plus libre qu'elle n'a jamais été avant, elle n'est plus liée à des contrats de films, elle n'a plus à apprendre son dialogue et à être la vedette de cinéma. Elle est libre de faire ce qu'elle veut.

Habituellement, elle se lève tôt, vers 5 h 30, nourrit le bébé et prépare le petit déjeuner pour le reste de la famille, se passant fréquemment de l'aide de la gouvernante. Son régime a peu évolué au fil des années : une seule tranche de jambon grillé, un œuf poché, du pain complet à peine grillé, une tisane et un grand verre d'eau minérale. Dotti part tous les matins à 8 h 30 pour se rendre à sa clinique universitaire. Il passe les matinées à enseigner ou à voir des patients, puis revient fréquemment à la maison pour le déjeuner. Il retourne ensuite à la clinique pour consacrer l'après-midi à ses patients. Sauf si le couple est invité à un dîner, il ne revient généralement pas avant 21 h et lorsqu'il est de garde le soir, Audrey ne le revoit pas avant le déjeuner du lendemain. Elle descend de temps en temps à la clinique pour le dîner, avec un plat de pâtes qu'elle a préparé à la maison et qu'ils mangent ensemble dans son bureau, le petit Luca à leurs côtés.

Cette proximité avec son mari et son travail éveille inévitablement son attention sur la triste condition de certains patients. De temps à autre, on lui demande son aide. « Ils me connaissent comme la femme du Dr Dotti », souligne-t-elle. Les enfants qui ont des carences affectives retiennent particulièrement son attention.

Lorsqu'elle pense au cinéma, c'est simplement pour aller voir un film. Dans la nouvelle génération de comédiennes, elle préfère Jane Fonda et Mia Farrow. Mais elle se demande où sont les comédies romantiques comme *Diamants sur Canapé* et *Charade*. Bien sûr, elle admet : « Certains films sont excellents. Ils trouvent de toute évidence leur place dans notre société contemporaine, mais d'une manière ou d'une autre je ne me vois pas y prendre part. Je continue à regarder et à écouter ce qui se passe en dehors. Je ne peux m'en empêcher, mais je suis douloureusement consciente de la tristesse, du mécontentement et de l'anxiété qui nous entourent. Personne n'y échappe. » La Ville éternelle n'est plus Hollywood sur le Tibre. Et Londres n'est plus le centre branché des films américains. Même si, comme elle l'affirme, « Rome est une jungle », avec de l'argent, une position sociale et un peu d'attention, on peut y vivre confortablement et de façon très satisfaisante, du moins c'est ce qu'Audrey croit en ce temps-là.

L'arrivée de Luca n'a pas suscité de jalousie dans la famille. Sa nurse l'emmène en promenade l'après-midi, avec son demi-frère de douze ans, dans le parc de la villa Borghese, où Sean surveille son petit frère. Un jour, un photographe aperçoit Luca juché sur un socle bas en marbre, le regard tourné vers la statue au-dessus de lui et agitant ses petits bras comme s'il entendait un orchestre symphonique dans sa tête, ou imitant ce qu'il a vu à la télévision italienne. Audrey, lorsqu'elle apprend cela, se souvient d'elle, enfant, à peine plus âgée que Luca, « dansant » sur un air joué par des musiciens dans le parc de Folkestone.

« Quelles sont les choses les plus importantes dans la vie ? », lui demande-t-on. Elle répond de manière spontanée : « L'amour bien sûr », mais cite également « la crainte ». « Parce que, quoi que vous aimiez le plus, vous craignez de le perdre. » Elle confie à quelques amies à ce moment-là : « Si jamais je perdais Andrea à cause d'une infidélité, je me jetterais par la fenêtre. » Son ton est si catégorique que ses amies en restent bouche bée, n'osant imaginer une telle probabilité. Puis l'une d'elles ajoute : « Et j'ouvrirai la fenêtre pour toi. » L'éclat de rire général auquel se joint Audrey détend l'atmosphère.

A vrai dire et malgré ses déclarations de bonheur, Audrey redouble déjà de vigilance. A l'instar de sa mère, elle s'abstient délibérément d'insister sur les choses qui peuvent entamer sa paix. Elle essaie d'instaurer un climat d'optimisme autour d'elle, mais sans être dupe pour autant. La réputation de play-boy d'Andrea supplante largement celle d'homme marié et de bon père de famille. Si Audrey n'a pas envie d'aller en boîte de nuit jusqu'à trois ou quatre heures du matin, il s'y rend seul – mais le plus souvent accompagné par de jolies jeunes femmes. Tout ce qu'Audrey veut bien dire de leurs différences, c'est qu'« Andrea est extraverti, moi plutôt introvertie. Il a besoin d'être entouré de gens et de faire la fête, tandis que moi, j'aime rester seule, j'aime être dans la nature, faire de longues promenades avec mes chiens, regarder les arbres, les fleurs, le ciel ». D'ailleurs, ses amis intimes savent qu'elle apprécie peu le style de vie de son époux.

En apparence, les Dotti vivent modestement. Ils possèdent une simple Fiat. Quand ils partent faire de la voile sur le lac de Côme, ils louent un petit bateau. Ils ne passent pas leurs vacances dans une de ces grosses maisons cossues du bord de mer, à Fregane ou Rocco di Mare, où les bourgeois aisés viennent l'été ; ils descendent dans un bon hôtel familial et louent une cabine de plage pour les enfants. En revanche, dans leur intérieur, les signes de richesse sont plus visibles. Mais les murs épais de leur palazzo les protègent. A Tolochenaz, les villageois forment un cordon de sécurité naturel. Aucun journaliste n'est jamais admis à « La Paisible ». La baronne y séjourne lorsque Audrey et sa famille ne sont pas là.

Audrey entre de nouveau en relation avec Mel, car

Sean grandit. Il est maintenant un jeune homme de quinze ans, qui dépasse en hauteur sa mère. Elle n'a donc plus aucun scrupule à le laisser rejoindre son père : « Pooh » reviendra toujours vers elle. Sean assiste au remariage de son père à Londres, en février 1971. La nouvelle épouse de Mel Ferrer s'appelle Elizabeth Soukhotine. Elle est éditrice de livres pour enfants (Mel a écrit un livre pour enfants avant de rencontrer Audrey). Il va passer les années 1970 à produire et à jouer dans des films en Allemagne, en Italie, en Suède et au Mexique.

En 1971, les enfants persuadent leur mère de revenir sur les écrans. Audrey va se joindre à Barbra Streisand, Richard Burton, Harry Belafonte et à d'autres vedettes dans un documentaire télévisé, *A World of Love*, auquel tous prêtent un gracieux concours, car il s'agit de collecter des fonds en faveur de l'Unicef. C'est la première fois qu'Audrey se consacre à une cause qui va l'occuper jusqu'à la fin de ses jours. Toujours aussi déterminée à ne pas reprendre sa carrière cinématographique, pour continuer l'éducation de ses enfants, elle refuse de jouer le rôle de la tsarine dans le film *Nicolas et Alexandra* dont le producteur est Sam Spiegel. Ce dernier vient spécialement à Rome lui faire lire le scénario et se déclare prêt à lui verser un million de dollars. Après avoir lu le script, elle refuse. Son instinct ne l'a pas trompée. Le film sera un navet.

Cependant, au début des années 1970, elle accepte de tourner ce qui sera sa première et unique publicité télévisée : pour des perruques vendues au Japon. Assez surprenant pour Audrey, mais elle a toujours été fascinée par ce pays dont l'esthétique et le côté zen se rapprochent de son propre style dépouillé. Givenchy est un styliste très honoré au Japon. De plus, les Japonais sont les plus grands admirateurs de l'actrice dont les pommettes hautes et délicates et les grands yeux évoquent l'Asie. Outre le côté sentimental du tournage, il y a l'intérêt financier : 100 000 dollars pour un jour et demi de travail au studio à Rome.

Elle restera ainsi, sans travailler, pendant plusieurs années, refusant cependant de considérer sa situation comme une « retraite ». Période uniquement consacrée au bonheur et à l'éducation de ses deux enfants. Mais leur sécurité personnelle est menacée. En effet, à l'instar d'autres grandes villes d'Europe occidentale, Rome connaît alors la montée de la violence et du terrorisme. Audrey reçoit plusieurs menaces d'enlèvement par téléphone, apparemment destinées à la préparer à une future demande de rançon. Elle suit alors l'exemple de Sophia Loren et Carlo Ponti * et décide d'éloigner ses enfants.

Peu avant le lever du jour, à la fin de juin 1975, une voiture s'arrête devant sa résidence. Audrey et ses enfants, escortés par un policier armé, se rendent à l'aéroport Leonardo da Vinci. Quelques heures plus tard, ils se retrouvent tous en sécurité à Tolochenaz. Les *Vacances Romaines* se terminent prématurément.

Ce déménagement a des conséquences considérables sur son mariage et sa résolution de ne pas retravailler. Andrea Dotti n'ayant pas démissionné de son poste à la clinique de Rome, cela implique que l'un ou l'autre fera la navette entre l'Italie et la Suisse. Les sorties nocturnes d'Andrea sans Audrey fragilisent leur couple, mais l'éloignement géographique l'ébranle davantage. « Ce n'est pas une situation idéale, reconnaît Audrey. Nous avons l'impression d'être toujours dans les aéroports ou dans les avions. »

Loin de Rome, Audrey assouplit sa position sur sa carrière d'actrice. L'espoir de la revoir au cinéma prend corps.

* Sophia Loren et Carlo Ponti ont déjà envoyé leurs deux enfants à Paris.

Il se présente sous la forme d'un scénario de James Goldman, intitulé *The Return of Robin and Marian*, que Kurt Frings envoie à Audrey.

Lorsqu'elle accepte le rôle, le projet est rapidement rebaptisé *Robin and Marian* (*La Rose et la Flèche*). Deux autres grands talents, au faîte de leur gloire, figurent également au générique : Richard Lester, le réalisateur, et Sean Connery. Ce dernier doit être payé un million de dollars pour le rôle de Robin des Bois et Audrey 760 000 dollars pour celui de Dame Marianne ou plutôt de Révérende Mère Marianne, puisque le film est fondé sur la rencontre romantique mais réaliste entre un Robin des Bois vieillissant, las des croisades et souffrant d'articulations ankylosées, et une Marianne au couvent, élevée au rang d'abbesse. L'intrigue ne convient pas seulement aux talents de ses vedettes, elle correspond aussi à leur âge.

Richard Lester se rend à Tolochenaz pour être sûr des intentions d'Audrey. « Une fois la promesse faite de tourner le film en été pendant les vacances scolaires de ses enfants, pour qu'elle puisse les emmener sur le tournage en Espagne, et après lui avoir garanti que nous aurions fini le tournage à temps pour qu'ils puissent rentrer en classe, nous n'avons pas eu à faire pression sur elle. En la rassurant sur son apparence à l'écran... ce qui n'a pas été une mince affaire. Après tout, elle ne s'était pas montrée devant les caméras depuis huit ans. Les techniques de tournage avaient beaucoup évolué dans ce laps de temps. »

« C'est toujours effrayant pour moi de commencer un film, confesse alors Audrey à l'*International Herald Tribune*. Je pense que je suis fondamentalement introvertie. J'ai toujours éprouvé des difficultés à faire les choses devant des gens. Et ce n'est pas comme rouler à vélo, ça ne revient pas tout seul. Même avec un excellent scénario, de bons acteurs et un bon réalisateur, on est toujours tout seul. » Lester constate cette si touchante « solitude » lorsqu'Audrey s'envole pour Londres afin d'y essayer des costumes. « Yvonne Blake avait conçu sa robe pour le film ; elle n'en avait qu'une à porter, l'habit d'abbesse. Il était réalisé dans la matière utilisée pour les gants isolants, rêche et raide, et Yvonne s'était donné du mal pour lui donner un aspect médiéval en le cousant à l'aide d'aiguilles à os, sans finition de couturière. J'ai vu Audrey l'enfiler et se regarder dans le miroir. Dans l'espoir de l'améliorer, ne fût-ce que légèrement, en quelque habit qu'un Givenchy du XIIe siècle aurait pu bénir de ses ciseaux, elle tira un fil d'un coup sec, et tenta de faire quelques plis. Elle dut finalement se résigner à sa forme rigide et se prêta bien au jeu. Après avoir été en tête de toutes les listes des femmes les mieux habillées du monde, la voilà pour son retour à l'écran vêtue d'un gant de jardinage trop grand. »

Audrey s'inquiète davantage de savoir comment elle sera filmée. Elle a toujours été nerveuse à ce sujet, mais il y a tant de choses qui ont changé, tant de choses qu'elle ignore pour l'heure : la façon dont les vedettes regardent la caméra, la manière de filmer les acteurs, en ne les respectant plus toujours. Elle en parle à Denis O'Dell, le producteur du film, qui en informe David Watkin, un éclairagiste compréhensif. « Elle devra prendre ses risques, comme tout le monde », lui dit-on. Car, sur les lieux du tournage, les éclairages sont moins harmonieux qu'ils ne l'auraient été dans un studio. De plus, Richard Lester aime saisir la spontanéité des premières prises. « Certaines scènes d'Audrey sont un peu sombres, une notamment qui est intitulée "Robin des Bois rencontre la femme invisible". Mais la voix merveilleuse de l'actrice contenait toute l'émotion : on avait à peine besoin de la voir. » Bien qu'elle ne se plaigne jamais, il n'est pas facile pour Audrey de se sentir si peu protégée. Ni d'être l'unique femme dans tout un groupe d'hommes. « Je suis la seule poupée parmi les compagnons de la forêt de Sherwood », dit-elle sur un ton de résignation amusée, transformant une légende en une autre qui correspond davantage à ses propres fantasmes.

Elle s'envole pour Rome chaque fois qu'elle dispose d'un week-end. Andrea Dotti, selon Richard Lester, ne se rend sur le tournage qu'une seule fois. En l'absence de sa femme, le médecin a été l'objet de l'indiscrétion des paparazzi de façon encore plus compromettante. Les tabloïds le surprennent à plusieurs reprises en compagnie de Florence Grinda. Malgré tout l'amour qu'Andrea éprouve pour sa star d'épouse, Audrey comprend qu'elle s'est mariée à un séducteur qui ne peut résister à l'attrait des autres femmes. Les langues commencent à se délier. Pour certaines Italiennes, il est tout naturel qu'un mari ait des petites amies. D'ailleurs, dans le cercle d'amis d'Audrey, à Rome, un homme qui n'a pas de maîtresse est considéré comme une curiosité. Cette tradition, Audrey ne l'acceptera jamais. « Bien que rayonnante, dit un proche, c'était une femme extrêmement contrariée. Mais elle ne l'a évidemment jamais laissé paraître en public. » Comme elle le dira à Rex Reed : « Je ne suis pas une citadine. C'est là le désaccord... fondamental entre Andrea et moi. Le béton m'ennuie énormément. » Puis, s'en remettant à un principe de sa mère, elle met fin à ces questions en disant : « Je prends soin de ma santé et le monde s'occupe de mes pensées. » Son seul désir ? « Ne pas être seule. » D'autres facteurs semblent lui tenir plus à cœur : « La campagne, les chiens, les fleurs, la nature. » Audrey cherche la consolation d'un endroit calme et bien protégé. Elle retourne brièvement à Rome lorsque le film s'achève, puis part seule pour la Suisse. Une amie italienne à qui elle confie ses malheurs lui suggère de tenter de sauver son mariage en essayant d'avoir un autre bébé. Cela aurait pu lui plaire quelques années auparavant, lorsqu'elle était encore avec Mel. Mais plus maintenant. « C'est bien la dernière chose à laquelle je pense », lui répond-elle, résignée.

Audrey admet qu'elle ne peut pas continuer à fermer les yeux sur les photographies d'Andrea qui paraissent dans la presse et transforment les soirées soi-disant innocentes en de véritables rendez-vous d'amour. « Bien sûr, ce n'est agréable ni pour moi, ni pour lui quand paraissent ces photos, souligne-t-elle. Nous avons nos disputes, exactement comme tous les couples, mais nous devons affronter et ignorer tout cela de notre mieux. » Un ami commun remarque : « Naturellement, les paparazzi harcèlent Andrea, et c'est malheureux. Mais il est dommage aussi qu'ils puissent prendre ses affreuses photos où il essaie de se couvrir le visage pendant qu'une petite blonde fait des minauderies. » Une fois, Audrey admet presque que la vie avec Andrea n'est pas tout à fait idyllique en déclarant : « Mon mariage est fondamentalement heureux. Puis, après avoir réfléchi un moment : Je ne peux pas le mesurer en pourcentage, parce qu'on ne peut jamais faire ça dans les relations. » Son mariage s'effondre, mais pas un seul mot de reproche ne s'échappe de ses lèvres. Audrey est toujours la fille bien élevée d'un diplomate.

XVI

L'ÉTERNEL RETOUR

A LA fin des années 70, le fiasco de sa vie conjugale est patent. Les rumeurs des liaisons d'Andrea Dotti se répandent. Audrey continue en apparence à faire front à cette douloureuse situation, mais elle ravale sa peine, son humiliation et sa colère. Elle cherche un exutoire dans le travail. Une autre raison, financière celle-ci, l'incite à reprendre le chemin des studios.

Fourmi avant tout, Audrey ne semble pas avoir le besoin matériel de travailler. Etant résidente suisse depuis 1955, elle est fiscalement protégée. Cela signifie qu'elle a conservé la plupart des sommes qu'elle a gagnées. A la différence des autres superstars qui possèdent des châteaux à Marino, des yachts dans le port de Monte-Carlo, des maisons à Fregene (la plage de Rome), son luxe principal – à part le petit chalet de Burgenstock – est sa maison de Tolochenaz. Elle ne possède même pas une barque sur le lac de Genève.

Audrey a toujours eu la réputation d'être un peu avare, de ne jamais dépenser un sou pour du superflu. Toute sa vie elle a amassé ses cachets. Son obsession de la sécurité est un legs de sa jeunesse, quand elle a vu les nazis piller sa famille. Elle investit ce qu'elle gagne de manière à ne pas avoir à y toucher, sauf en cas d'extrême urgence... « Si je tombe malade et que je ne peux plus travailler, je ne veux pas avoir à m'inquiéter de l'argent. »

Sa frugalité hollandaise, pourtant, est à double tranchant. Actrice de cinéma, Barbara Rush, une vieille amie, l'appelle « le sens de l'honneur d'Audrey ». Quand elle est sous contrat à la Paramount à Hollywood, Audrey a droit à des frais de représentation. « Elle a donné le détail de chaque dépense et a envoyé le solde de l'argent au studio, explique miss Rush, dont le mari (Warren Cowen) est alors l'attaché de presse d'Audrey. Dans toute l'histoire de la Paramount, aucune vedette n'a jamais fait cela. »

Les revenus d'Andrea Dotti ne suffisent pas à conserver à la famille le train de vie auquel Audrey est habituée : surtout l'appartement de Rome et la maison de Tolochenaz. C'est pourquoi l'actrice accepte la proposition de Terence Young de tourner dans *Liés par le Sang* (*Bloodline*) pour un million de dollars, avec un pourcentage sur les recettes. Terence Young a raconté : « Audrey a dit d'abord non. Catégoriquement. Elle ne voulait plus faire de films. J'ai passé deux semaines à la persuader d'accepter le principe qu'elle puisse en faire encore un. Ensuite, il a fallu la convaincre de lire le scénario, puisque c'était un bon scénario. Enfin, elle devait être certaine que la vie de Luca ne serait pas perturbée si elle reprenait son travail. C'est une très bonne mère. »

Luca, dont le dixième anniversaire approche, est maintenant scolarisé au Lycée Français de Rome. Cela permet à Audrey d'envisager plus sereinement son retour au cinéma. « Je ne ferai un film que si je peux le faire coïncider avec mes engagements familiaux, dit-elle. Je ne crois pas qu'on puisse partir tout simplement et abandonner un enfant pendant deux mois. J'ai attendu de voir le planning avant de dire oui. Il y avait quatre semaines à Munich, mais je ne me sentais pas angoissée : je n'étais qu'à une heure de là en avion. »

Sean, dix-neuf ans maintenant, est étudiant en littérature moderne à l'Université, en Suisse. Il « vient séjourner quand il peut ». Il la suivra dans le cinéma, dit-elle, mais pas en tant qu'acteur : « Je ne le pistonnerai pas, mais ça ne me gênera pas de demander à quelqu'un s'il a besoin d'un garçon beau, grand, fort, énergique et polyglotte pour l'aider dans un film. » Elle tiendra parole.

Liés par le Sang met en scène une série de meurtres autour de l'héritière d'une grande firme de l'industrie pharmaceutique. Adapté d'un best-seller de Sydney Sheldon, le scénario multiplie cependant les clichés. L'héroïne, qui a dans le livre vingt-trois ans, en acquiert trente-cinq ans dans le film ; encore un défi pour Audrey. « Elle avait une qualité que nulle actrice ne possède : elle était à la fois distinguée et gamine, dira Sheldon. Travailler avec elle était un vrai bonheur – un talent énorme et pas d'égocentrisme. »

Mais le tournage n'est guère une réussite, pas plus que ne le sera le film. L'actrice Beatrice Straight se rappelle ainsi du tournage en extérieurs en Sicile : « Il y avait Irene Papas qui n'arrêtait pas de répéter qu'elle ne se rappelait plus comment on joue au cinéma, James Mason qui ne cessait de grommeler que c'était la dernière fois qu'il participait à un film dont il ne fût à la fois le producteur et le réalisateur, et puis Audrey qui était arrivée escortée de ses gardes du corps, mais qui avait décidé qu'il valait peut-être mieux se faire enlever par la Mafia que continuer le film… »

Seules les scènes tournées à New York apportent un peu de baume à l'actrice. Ce qu'elle aime le plus à New York, en effet, c'est qu'elle peut se mettre dans l'embrasure d'une porte dans une rue de Manhattan pendant les heures de pointe, et que personne ne la remarque. « Ma vie privée m'a toujours été précieuse, et à New York elle est protégée, dit-elle. Je peux faire de longues promenades, comme Greta Garbo, je crois, et personne n'interrompt mes pensées ni ma tranquillité. En effet, l'autre jour je me trouvais dans la 5e Avenue, j'ai vu une femme qui aurait pu être Garbo ; j'ai été tentée de m'approcher d'elle, mais alors j'ai pensé : "Mon Dieu, prêche ton exemple ! Si c'est elle, tu lui imposes ce que tu n'aimes pas toi-même." »

A la sortie du film, en 1979, la critique est désastreuse. Le *Sunday Express* écrit même : « C'est un film affreux, sans humour et le pire de tout est qu'il est si décousu qu'on n'arrive même pas à suivre. » Audrey est terrassée par les mauvaises critiques. Bien que, comme d'habitude, la presse montre de l'adoration pour sa prestation, elle est quand même convaincue qu'elle n'a plus le feu sacré et que, par la suite, quel que soit le film dans lequel elle paraîtra, ce ne sera plus comme avant. Elle commence à se demander aussi si son talent à flairer les gagnants subsiste. Bien sûr, les producteurs ne doutent pas de la puissance d'attraction de son nom au générique d'un film, comme le montre le flux continu de scénarios dans sa boîte aux lettres ; mais cela ne la réconforte pas pour autant. Sa confiance en elle, ou ce qu'il en reste, est ébranlée.

De longues vacances semblent alors indiquées. En l'occurrence, Audrey arrive à faire d'une pierre deux coups. A la fin du tournage, elle décide de reconquérir son mari. Elle et Andrea vont passer une seconde lune de miel à Hawaï. Mais, en quelques semaines, il leur semble évident qu'ils se sont vraiment éloignés l'un de l'autre, que le fossé entre eux est profond. Ils parlent enfin de divorce.

Audrey se réconforte en rejoignant Los Angeles pour

rencontrer Peter Bogdanovich, salué comme le prodige de Hollywood après avoir fait deux très beaux films en noir et blanc, *La Dernière Séance* (*The Last Picture-Show*), et *La Barbe à Papa* (*Paper Moon*), ainsi que la comédie à succès en couleurs de Barbra Streisand et Ryan O'Neal, *On s'fait la Valise, Docteur ?* (*What's Up, Doc ?*). Ils parlent du film qu'ils feront ensemble au printemps, une comédie romantique appelée *Et Tout le Monde riait* (*They All Laughed*).

Dans *Et Tout le Monde riait*, Audrey joue le rôle de la femme solitaire d'un important homme d'affaires européen qui se rend à New York pour une courte histoire d'amour. C'est un rôle semblable à celui qu'elle tenait dans *Vacances Romaines*. « Tout ce que je pense d'Audrey, on pourrait le dire au sujet de ce personnage, dit Bogdanovich – qui a écrit ce rôle spécialement pour sa vedette –, c'est qu'elle est spirituelle, fragile et forte à la fois. Ce que je trouve intéressant, c'est de superposer un acteur et un personnage, de manière à ce que l'on ne sache pas où l'un disparaît et l'autre commence. » Cela donne une comédie légère, pleine de charme, empreinte d'une certaine mélancolie. L'intrigue, cependant très contemporaine, présente d'étranges similitudes avec la vie d'Audrey.

Deux hommes dominent sa vie, à cette époque, deux hommes vers qui elle est entraînée inexorablement, tel un papillon de nuit vers une source de lumière. L'un est son metteur en scène, Peter Bogdanovich ; l'autre est son partenaire, Ben Gazzara, avec qui elle est à nouveau réunie après le désastre de *Liés par le Sang*. L'un lui fournit la motivation et l'autre les moyens de faire son métier ; mais pour Audrey, à ce point d'insécurité émotionnelle, la force de chacun de ces hommes lui apporte un soutien moral. Sans eux, elle aurait pu couler. « C'était une époque bizarre pour moi, évoquera-t-elle. Je ne savais pas ce que je voulais, mais je sentais qu'il fallait que je fasse quelque chose, autrement j'aurais aussi bien pu être morte. J'avais beaucoup de mal à m'intéresser à quoi que ce fût. Je pouvais faire illusion : mais, à l'intérieur, c'était le vide. »

Audrey a en effet une brève idylle avec l'Italo-Américain Ben Gazzara, un acteur issu de la fameuse école de Lee Strasberg. Celui-ci traverse alors une grave crise conjugale avec sa femme, l'actrice Janice Rule. Ben Gazzara, fils d'un ouvrier sicilien, est une sorte d'Andrea un peu plus âgé et marqué par le temps. Tandis qu'Andrea est né avec une cuiller d'argent dans la bouche, Ben a grandi avec un coup-de-poing américain en cuivre dans le dur Lower East Side de New York. Audrey l'a rencontré pour la première fois quand ils avaient tous les deux une vingtaine d'années, mais leurs chemins ne se sont plus croisés avant le thriller de Sydney Sheldon. Le retrouvant après toutes ces années, Audrey déclare : « Je crois qu'il devient encore plus beau. » Son caractère dur, viril, presque brutal l'attire. Elle, si douce, si sensible, sera toute sa vie attirée par les hommes qui ont un caractère et une volonté de fer – des hommes qui, du moins en apparence, semblent à mille lieues de sa propre personnalité en quête de sérénité. Audrey a besoin d'être dominée. Mais cela la mène inexorablement à des relations impossibles.

La presse s'empare bientôt des rumeurs de liaison entre les deux vedettes : « Nous ne sommes que de bons amis », répondent en chœur les intéressés. En fait, il ne s'agit que d'une brève idylle. Ben Gazzara va abandonner Audrey pour s'intéresser à une jeune photographe allemande de trente-trois ans : Elke Krivat. Audrey se tourne alors vers son réalisateur, Peter Bogdanovich, pour trouver un peu d'affection et de soutien. A cinquante et un ans, ce réalisateur habile et plein de fantaisie, en prise directe avec son temps, est surtout connu pour sa tumultueuse vie privée. Audrey est impressionnée par sa personnalité. Ancien critique de cinéma, il est l'archétype du mâle fort, qui attire irrésistiblement les actrices. Bogdanovich est arrogant et opiniâtre et il ne mâche pas ses mots. Barbra Streisand le décrit comme « un salaud obsédé, mais brillant ». Il admet tout cela. Il ignore le mot « modestie », a une grande confiance en lui. Il fume des cigares longs de 25 cm, aime les nœuds papillons criards, habite dans une grande maison de Bel-Air, et Audrey l'adore.

Pour la première fois depuis son mariage avec Mel Ferrer, il y a presque vingt-six ans, elle n'est pas seulement seule, mais déprimée. Sa confiance dans ses dons est brisée. Andrea l'a abandonnée pour une vie libertine. Gazzara a rejeté son ardeur amoureuse. Peter Bogdanovich lui donne sa tendresse. Mais l'affection de Peter pour elle, et l'affection encore plus profonde d'Audrey pour lui, sont profondément éclipsées par la passion incroyable du metteur en scène pour Dorothy Stratten, vingt ans, star pin-up de *Play-Boy*. Cette ravissante beauté canadienne n'a qu'un petit rôle dans *Et Tout le Monde riait*, mais elle joue un grand rôle dans la vie de Bogdanovich. Il l'aime, il veut l'épouser et faire d'elle une vedette. Son mari va bientôt l'assassiner et ce fait divers tragique éclipsera la sortie du film. Peter Bogdanovich a fort justement évoqué l'actrice en 1996 : « Elle savait mettre en œuvre tout ce qui était au plus profond d'elle-même. C'était un mécanisme extraordinaire. Il se peut qu'elle se soit fatiguée de déplacer des montagnes. Elle manquait terriblement de confiance en elle. Et puis, elle était profondément blessée. J'avais remarqué qu'elle l'avait été à plusieurs reprises, et quand la blessure se produit toujours au même endroit, on finit par ne plus rien supporter. Elle survivait, mais c'était douloureux. Il se dégageait d'Audrey une impression de gaieté perdue qu'elle ne parviendrait jamais à retrouver complètement. J'avais le sentiment que ça venait de tous ces types qui l'avaient mal traitée. [...] J'avais l'impression que ce film serait son dernier. C'est pour cela que j'ai fini sur ce montage d'images d'elle. A mes yeux, c'était un adieu à Audrey Hepburn. Au moment où elle disparaît à bord de l'hélicoptère, je me suis dit : "Le monde l'emporte." Je ressentais avec force qu'elle ne prenait plus de plaisir à faire du cinéma. Cela ne l'amusait plus. Elle n'y voyait plus quelque chose d'important. »

Désormais, d'autres passions vont animer Audrey Hepburn.

XVII

UN NOUVEAU PRINTEMPS

Au début de l'année 1981, les infidélités de son mari deviennent flagrantes. Comme l'a remarqué le comédien Eli Wallach : « Audrey semblait avoir une tendance à tomber amoureuse d'hommes qui ne s'occupaient pas bien d'elle. » David Niven va même jusqu'à remarquer : « Elle était beaucoup trop bonne pour Andrea et il abusait d'elle à un point incroyable. » Une amie italienne d'Audrey dira de son côté : « Ils n'auraient jamais dû être ensemble... »

Un constat que fait enfin Audrey en 1981. Au journaliste Glenn Plaskin, elle confie : « J'ai désespérément essayé d'éviter un divorce. Je me suis accrochée de toutes mes forces. J'espérais que tout finirait par s'arranger. » A un proche, elle avouera après leur séparation : « Mon mari et moi, nous avions ce qu'on pourrait appeler un arrangement ouvert. C'est inévitable, quand l'homme est plus jeune. Je voulais que les relations durent. Non seulement pour nous-mêmes, mais pour Luca. »

Ce qui la décide à franchir le pas est l'entrée dans sa vie de Robert Wolders. C'est la veuve d'un producteur hollywoodien, Connie Wald, qui le lui présente lors d'un dîner. Grand et fort, hollandais comme elle, Robert Wolders est un homme beau, à la barbe poivre et sel, intelligent et sensible. Tendre, prévenant et chaleureux, il est l'antithèse même de tous les hommes qui ont attiré Audrey jusqu'alors. « Au début, Audrey avait de l'amitié pour moi et essayait de me trouver une bonne épouse, dira Wolders. Mais elle m'a toujours attiré et je l'ai aimée dès le début. Je savais qu'elle avait renoncé à l'amour et qu'il me faudrait du temps. Je n'étais pas pressé. »

Leur rencontre est celle de deux âmes blessées et profondément semblables. Bien que l'attraction soit soudaine, les fiançailles sont longues et progressives. « Petit à petit, je me suis mise à compter sur lui, racontera-t-elle. Il s'est rendu indispensable comme ami et comme confident. S'il restait quelques jours sans me téléphoner, il commençait à me manquer. En fait, j'étais en train de tomber amoureuse de lui. Je dois dire que j'en ai été très surprise. Je pensais que cet aspect de ma vie était terminé, que je ne connaîtrais jamais l'amour dont j'avais rêvé petite fille. Et quand vous vous y attendez le moins... »

Puis, en avril 1981, tout s'accélère et devient officiel. La presse ne peut plus ignorer la fin du mariage d'Audrey avec Andrea Dotti et le nouvel amour de l'actrice pour Robert Wolders. Bientôt, perdant sa pudeur et sa retenue habituelles, la star fait des confidences à la presse : « Je l'aime et je suis heureuse. » Elle a cinquante-deux ans, et ses *Vacances Romaines* s'achèvent sur un *happy end.* Audrey redécouvre les sorties, le soir, Piazza Navona, et les jeux de cache-cache avec les photographes en compagnie de Robert Wolders, de sept ans son cadet. « J'ai l'impression de revivre. » « Bravo ! Toutes mes félicitations. Tout ce que je peux souhaiter, c'est que ça marche », dira Andrea Dotti qui refait déjà sa vie avec une actrice de romans-photos. Il se montre beau joueur, histoire de se déculpabiliser. Evidemment, la presse à scandales prend un malin plaisir à souligner qu'Audrey est plus âgée que le beau Bob. Mais l'actrice n'en a cure et balaie cela avec philosophie, car elle n'accorde aucune importance à cet écart : « J'aime bien mes rides et mes cheveux blancs, dit-elle. J'ai été jeune et je ne suis pas encore vieille. » D'ailleurs, les neuf années de différence avec Andrea Dotti ont peu compté à ses yeux.

Plus ennuyeux pour Audrey : l'avant-Audrey de son nouveau chevalier servant. Car ce qui fait jaser les mauvaises langues à Rome, c'est le passé du chevalier servant. On le connaît moins dans le milieu cinématographique pour ses talents de comédien que pour son passé matrimonial : Bob Wolders a été le quatrième et dernier mari de Merle Oberon ; elle l'avait imposé comme protagoniste masculin, dans *Intervallo*, un de ses derniers films. Merle avait soixante ans, et Bob seulement trente-sept. Comme Audrey, Merle Oberon avait déclaré, en l'épousant : « Avec lui, je me sens si jeune. » Merle Oberon n'a pas apporté la gloire à Bob. Mais elle lui a laissé une jolie fortune qu'il dépense entre New York et Gstaad. Audrey se montre sans équivoque sur le sujet : « J'avais connu Merle Oberon pendant des années et je n'avais jamais rencontré Robert avec elle. Elle chantait ses louanges – combien il était tendre, attentionné – et j'avais de lui l'image d'un homme pas tout à fait indépendant. Je m'étais trompée complètement. Il est tellement à l'aise, tellement serein. Il a des goûts et des idées bien arrêtés ; mais, comme moi, il veut vraiment partager sa vie avec une autre personne et il est prêt à faire les concessions nécessaires pour trouver l'harmonie. » Selon Bob, l'idée de l'amour ne s'est jamais présentée à l'esprit d'Audrey : « Elle était mariée et elle avait toujours été une femme fidèle. » Il ajoute : « Elle sentait que j'avais besoin d'une autre femme dans ma vie. Elle a même pensé qu'elle avait trouvé quelqu'un pour moi – voilà la preuve que l'amour n'existait pas entre nous à cette époque ! »

Mais leurs rencontres et leurs coups de téléphone à longue distance deviennent plus intimes et plus tendres. Une amitié profonde se transforme : « Oui, c'est l'amour véritable, admet Audrey enfin. Je me sens comme si nous étions mariés. Rob est mon homme... » Ensuite, elle avoue qu'elle se remariera « dès que je pourrai me libérer de mon mari actuel – et pour moi ça ne sera pas trop tôt ». Un autre intime parle de Rob comme de son salut : « Dans son cœur, Audrey a l'impression qu'il est sa dernière chance de bonheur – un homme sincère, dévoué, fidèle, qui ne l'abandonnera pas. »

Dans ce printemps romain de 1981, les commérages vont bon train, malgré les consignes de silence. « Audrey ne se remariera pas, affirme Paola Bandini, une parente d'Andrea Dotti. Leur fils Luca a trop besoin de ses deux parents. » Daniela Trebbi, la consolatrice d'Andrea Dotti, est plus loquace : « Bob Wolders est venu récemment à Rome chercher une maison de campagne qu'il partagerait avec Audrey. Ça ne m'étonnerait pas qu'ils se marient. Si elle le veut, Audrey obtiendra le divorce. Andrea et elle ne s'entendent pas, c'est une puritaine affligée d'une morale étroite. Elle n'a jamais supporté les compromis. »

Audrey et Andrea ne vont divorcer officiellement qu'en 1982, mais Audrey et Robert commencent à vivre ensemble dès l'année précédente, chacun puisant un grand réconfort dans la présence de l'autre. Enfin, quelqu'un aime Audrey aussi totalement qu'elle l'aime. A la maison, tous deux s'occupent du jardin, se font la lecture à haute voix et se réjouissent de leur bonheur d'être ensemble. « Cinquante ans, affirme Audrey Hepburn, le sourire plus clair que jamais, est un âge merveilleux pour une femme ! Nous sommes loin d'être "usées" parce que ce cap réputé redoutable se présente à nous : bien au contraire, la femme de cinquante ans, souvent dégagée des contingences matérielles, libérée des soucis de l'éducation de ses enfants, vit beaucoup plus intensément et goûte enfin au bonheur de vivre un peu pour elle. Dans notre société, et malgré la libéralisation des mœurs, les femmes vivent encore trop pour servir les autres. Après un certain âge, elles peuvent enfin jouir de leur propre existence ! C'est pourquoi les femmes ont tort de craindre l'âge. Vieillir peut engendrer beaucoup de bonheur et de joies inconnues, de découvertes insoupçonnées ! »

Pour Mel Ferrer, Audrey était devenue une femme au foyer, uniquement préoccupée de l'éducation de leur fils. Avec Andrea Dotti, elle avait appris la fantaisie mais aussi la souffrance : « On dit que le bonheur est fait de bonne santé et de mauvaise mémoire, dit Audrey. Par chance, je dispose en abondance de l'une et de l'autre. »

Né le 28 septembre 1936 à Rotterdam, Robert Wolders est, selon Eva Gabor, « charmeur, très européen et distingué, un vrai gentleman dans tous les sens du terme ». Au journaliste Glenn Plaskin, Audrey confie : « J'aime beaucoup Robbie, beaucoup... C'est merveilleux. Nous nous apprécions. Il est solide dans tous les domaines. Je peux compter sur lui. J'ai confiance en son amour. Je n'ai jamais peur d'être sur le point de le perdre. Il me rassure. » Grâce à Bob Wolders, Audrey surmonte la mort de sa mère, la baronne, en 1984. « J'étais très attachée à ma mère. Elle a été ma sauvegarde. Son intelligence et son courage m'ont permis de survivre pendant la guerre. Je l'idolâtrais. Ce n'était pas une personne qui étalait ses sentiments. En fait, j'ai souvent trouvé qu'elle était froide ; mais elle m'aimait de tout son cœur et je l'ai toujours su. Elle aussi avait été anéantie par le départ de mon père, plus encore que moi, peut-être, mais elle avait gardé cela pour elle, afin de me donner un exemple de force. Elle vivait à Tolochenaz depuis plus de dix ans quand elle y mourut, en 1984. J'étais perdue, sans elle. Elle était mon diapason, ma conscience. Sans Robbie, je ne suis pas sûre que j'aurais survécu à son décès. Mais il était là. »

La disparition de son ami David Niven en 1983, et celle de William Wyler à la même époque, renforcent son sentiment de tristesse et sa dépendance vis-à-vis de Robert Wolders. Aux obsèques de David Niven, dans le village suisse de Château d'Oex, où l'acteur habitait depuis vingt-cinq ans, Audrey se glisse discrètement dans l'église une demi-heure avant le début de la cérémonie et s'assied sur un banc contre le mur. Elle est effondrée. Elle remet et enlève ses lunettes de soleil avec nervosité et essuie les larmes qui ruissellent de ses yeux – une douleur partagée avec d'autres intimes de la famille. Enfin, c'en est trop pour elle quand le pasteur écossais à la barbe rousse, le pasteur Arnot Morrison, rappelle la « philosophie heureuse de David Niven – sa capacité à rire et son amour de ses amis ». Audrey met la tête dans ses mains et pleure.

Une grande amitié féminine s'impose pendant les années 80 : celle de Doris Brynner, la femme de Yul Brynner (jusqu'en 1969), qui habite tout près de chez elle à Tolochenaz. Doris Brynner se souvient « On se voyait tous les jours. On avait même eu le projet de faire installer une ligne de téléphone directe entre nos deux maisons. Nous sommes tout de suite devenues de bonnes amies. Il ne se passait rien dans ma vie sans qu'elle le sache ou dans la sienne sans que je sois au courant. Amies de cœur. Ça n'arrive qu'une fois dans une vie. Audrey s'intéressait vraiment aux autres et savait écouter. Ce n'est pas le cas de la plupart des gens... »

Une véritable harmonie, une paix intérieure finissent par habiter l'actrice. Avec diplomatie et tact, Robert Wolders fraie son chemin dans le cœur des enfants d'Audrey, en leur faisant comprendre qu'il n'a nullement l'intention de remplacer leurs pères. Audrey, Sean, Luca et Robert forment une joyeuse famille recomposée. Audrey aime plus que jamais sa maison en Suisse : « J'adore ce pays, j'adore notre petite ville, confie-t-elle à *Vanity Fair*. J'aime aller deux fois par semaine au marché. Et Robbie et moi sommes fous de nos chiens. »

Aux yeux de tous leurs proches, son bonheur est complet. Les invités qui arrivent à Tolochenaz sont accueillis chaleureusement et sentent bien l'importance de cette relation pour Audrey. Ses amis intimes remarquent que, quand Rob, beau et barbu, entre dans une pièce, la tendresse de leurs rapports saute aux yeux. « J'ai mis longtemps à le rencontrer, avouera-t-elle un jour. Mieux vaut tard que jamais. »

« La Paisible », sa maison, n'a jamais aussi bien porté son nom. Audrey fait partie du village, se couche tôt et vit discrètement. Le chef d'orchestre américain Michael Tilson Thomas fait ainsi un séjour à « La Paisible ». Pendant son passage, il doit changer sa réservation d'avion. Audrey ira cueillir un bouquet de fleurs dans son jardin pour le donner à l'agent de voyages du village en remerciement. La vie d'Audrey est simple et harmonieuse. Il y a Rob et Luca (Sean va bientôt quitter la maison pour travailler dans la production de films) ; il y a son intendante sarde, qui est chez elle depuis vingt ans, et ses quatre Jack Russel terriers.

Audrey à « La Paisible » se lève d'habitude à six heures et prépare le petit déjeuner des chiens avant le sien. Elle apprécie les heures calmes du matin à Tolochenaz, se sent en paix quand le village dort encore. Elle aime son jardin et expose des plantes et des bouquets de fleurs à la fête locale. Elle adore le paysage suisse qui entoure « La Paisible ». « Nous avons les Alpes devant nous et le Jura derrière. Quand le soleil brille et que la neige tombe sur les sommets, je ne peux pas vous dire comme c'est beau. Le soir, nous nous sentons vraiment chez nous. Je n'aime pas le vin, mais j'aime mon petit scotch avant le dîner. Nous avons un téléviseur dans la chambre à coucher et après le dîner, nous allons nous pelotonner pour regarder une émission, une vidéo, ou bien lire. Je m'endors toujours avant 11 heures. » L'air des montagnes suisses apaise son esprit.

A la maison, loin des regards indiscrets du public, elle porte très peu de maquillage. Ses cheveux sont d'habitude tirés en arrière et glissés dans une bande de tissu élastique en queue de cheval. Pour tout bijou, elle porte deux petites bagues. Elle aime sortir dans le village, aller au marché deux fois par semaine avec Rob pour y acheter des fruits, des légumes, des fleurs. Après le déjeuner, elle fait d'habitude une sieste en lisant les journaux, et puis elle et Rob sortent promener les chiens. A son retour, elle travaille à un album qu'elle est en train d'écrire, intitulé *Jardins du Monde*.

Elle ne consent à jouer la vedette qu'épisodiquement. Un hiver, à New York, elle signe des exemplaires de *Jardins du Monde* dans le magasin de Ralph Lauren entre la 72e Rue et Madison Avenue. Les gens se pressent et la queue s'étend de Madison jusqu'à Park Avenue, et beaucoup de ceux qui attendent patiemment dans le froid ne peuvent pas entrer. « J'ai dû sortir par la porte de derrière à cause de la foule, se plaint-elle. Je le regrettais parce que j'ai laissé tous ces gens attendre longtemps dehors. »

A New York, lorsque Audrey reçoit l'écrivain Dominick Dunne pour *Vanity Fair*, l'émotion du public et de la presse autour d'eux est si grande qu'il a l'impression d'être avec Madonna plutôt qu'avec une héroïne de l'écran en semi-retraite ; Audrey joue pourtant la modeste. « Est-ce que cela vous étonne, l'excitation incroyable que vous causez toujours ? lui demande-t-il. – Oh, totalement, dit-elle. Tout m'étonne. Je m'étonne qu'on me reconnaisse dans la rue. Je me dis : "Eh bien, je dois toujours ressembler à moi-même." Je ne me suis jamais considérée comme une personne qui ait du talent, qui soit belle, ou n'importe quoi d'autre. Je suis tombée dans cette carrière. J'étais inconnue, sans expérience, et maigrelette. J'ai travaillé très dur – de cela je m'attribue le mérite – mais je ne comprends pas cet amour. En même temps, cela me réchauffe le cœur et j'en suis terriblement émue. » Et elle l'est, sincèrement. Le fait qu'Audrey soit devenue rare l'a élevée au rang de « légende vivante ». C'est en ces termes que les journalistes la décrivent maintenant.

La « légende vivante » consent à faire une émission de télévision en février 1987, pour la firme Lorimar : *Love Among Thieves*, une comédie policière, où Audrey incarne une pianiste de concert célèbre et aristocratique, qui vole la collection d'œufs de Fabergé comme rançon pour son fiancé kidnappé. Elle est poursuivie, jusqu'au fin fond du Mexique, par Robert Wagner, marchand de tableaux libertin qui mâche bruyamment ses cigares, et qui fait semblant d'être un flic. Mais jouer la comédie n'est plus sa tasse de thé. L'Unicef va remplir intensément les dernières années de sa vie. Comme l'a remarqué Leslie Caron : « La carrière d'Audrey peut se diviser en deux chapitres. Dans le premier, elle a connu toute la gloire dont on peut rêver, et dans le second, elle a rendu, et à la pelle, ce qu'elle avait reçu. »

Depuis 1988, année où elle devient ambassadrice de l'Unicef, Audrey Hepburn va pratiquement abandonner le royaume du cinéma et de l'imaginaire pour affronter ces malheurs réels qui la hantent depuis toujours. Elle va se consacrer aux autres et tenter de leur fairc partager cette foi en la vie qu'elle a gardée à travers toutes les épreuves. « Oui, je me suis battue, dira-t-elle à *Elle*. Oui, j'ai eu des chagrins. Oui, j'ai eu des problèmes. Comme tout le monde. Ni plus, ni moins. Mais je sais, depuis que je suis toute petite, que j'ai au-dessus de ma tête une sorte d'étoile. Elle m'a toujours sauvée. Même dans les moments les plus difficiles, c'est toujours comme si la vie me faisait un petit clin d'œil. »

En mars 1988, Audrey pousse la porte de l'Unicef à Genève et propose à Christina Roth sa collaboration pour un an. Elle veut jouer activement son rôle : il n'est pas question de ne faire que de la figuration. Cela tombe bien. Les enfants d'Ethiopie meurent par dizaines de milliers. On a besoin de gens comme elle pour sensibiliser l'opinion aux dramatiques problèmes du Tiers Monde trop facilement oubliés par les opulentes sociétés occidentales.

Tout de suite, elle se rend en Ethiopie. C'est le choc. La détresse n'a pas de commune mesure avec celle qu'elle a connue. Les yeux vides et les ventres gonflés des enfants d'Ethiopie agonisants la bouleversent, hantent ses nuits. Comme le note avec réalisme la revue de l'Unicef, Audrey ne se contente pas d'une visite éclair et symbolique mais s'investit à fond. Elle se rend en Erythrée et au Tigré, provinces particulièrement touchées par la famine engendrée par la terrible sécheresse. Sur le terrain, elle est au cœur du désastre.

Elle découvre le fonctionnement de cette fantastique organisation humanitaire, tout ce qui touche aux aspects opérationnels et logistiques de la coopération de l'Unicef. Elle peut apprécier l'importance vitale de l'assistance humanitaire pour ces populations privées d'eau et de nourriture. A son retour, bouleversée, révoltée, elle tient une conférence de presse à Londres. Par la force de son témoignage, elle emporte la conviction de tous les auditeurs sur l'importance des problèmes et l'urgence des besoins de ce pays. C'est la première de ses rencontres avec la presse. Il y en aura bien d'autres *.

Ce premier contact avec la misère du monde lui fait prendre conscience de l'ampleur des maux et de l'urgence de les soulager. Elle décide de se vouer corps et âme à la cause de l'Unicef. Son engagement est confirmé par sa nomination d'Ambassadeur de Bonne Volonté. Elle a trouvé sa voie. Audrey va généralement voyager en compagnie de Robert Wolders, sans le soutien duquel elle n'aurait certainement pas eu la force d'accomplir sa mission. Elle déclare à ce propos : « Tout ce que nous avons fait, nous l'avons fait ensemble. Robert a cette mission à cœur au moins autant que moi. »

Cette « seconde carrière » avec l'Unicef lui vaut des louanges dans le monde entier, qu'elle pense ne pas mériter. « Ça me gêne. C'est parce que je suis connue, parce que je suis sous les feux de la rampe, que tout le crédit me revient. Mais si seulement vous pouviez connaître ou rencontrer quelques-unes des personnes qui permettent à l'Unicef de maintenir des enfants en vie, vous me mettriez moins en valeur. Ce sont elles qui font le travail – des anonymes dont vous ne connaîtrez jamais le nom... Moi au moins, je reçois un dollar par an, eux non ! »

Son travail pour l'Unicef va la consumer, en l'amenant à visiter le monde entier. Avec Rob, qui l'accompagne partout et se donne la peine de trouver les hôtels et les billets d'avion au nom d'Unicef (Unicef n'a jamais eu ses propres fonds et dépend des dons publics), elle se rend partout en toute simplicité. Dans les hôtels des villes où elle mène ses campagnes pour trouver des fonds, elle se coiffe et se maquille elle-même, et répond

* Voir Annexe, pour tous les détails de ses voyages au nom de l'Unicef.

au téléphone sans déguiser sa voix, sans faire semblant d'être la bonne. Elle ne fait pas d'entrées de vedette, et souvent elle arrive avant même ceux qui devraient l'accueillir. Même les plus cyniques ne peuvent pas nier qu'elle fait bien son métier. Elle parle simplement et efficacement. Elle paraît toujours superbe pour les photographies.

Elle fait aussi preuve d'une grande disponibilité. « On m'envoie toujours aux endroits inconnus, écrit-elle à un ami. L'Unicef dit : "Voulez-vous aller en Ethiopie ? Il y a une sécheresse pire qu'avant, et nous ne pouvons pas attirer l'attention des médias, donc nous ne trouvons pas d'argent." Alors, je pars. Je sais que ça marche. Il y a une curiosité à l'égard de ma personne, et je l'exploite. » Réaliste, elle avoue ainsi : « Je suis heureuse d'avoir un nom, parce que je l'utilise pour ce qu'il vaut. »

XVIII

L'ADIEU

Au début des années 90, Audrey connaît une période sereine où le monde entier l'aime et ne manque pas de la combler de récompenses, de prix et de louanges. Lorsqu'elle ne fait pas le tour de la planète en qualité d'ambassadrice de l'Unicef, elle est invitée par ceux qui veulent la couvrir de lauriers. Lors d'une soirée de bienfaisance à Dallas pour le Festival du Film Américain, on la récompense pour sa contribution au cinéma américain. A Indianapolis, en reconnaissance de son travail pour l'Unicef, on lui décerne un prix illustre pour l'ensemble de ses actions. Lors de la remise des prix de la British Academy à Londres en 1992, la princesse Anne lui remet le prestigieux Prix spécial. La Film Society du Lincoln Center de New York organise ensuite un gala en son honneur et lui remet le Prix d'hommage : seuls vingt-huit autres acteurs et réalisateurs, dont Charlie Chaplin, Fred Astaire, Alfred Hitchcock et Laurence Olivier, l'ont reçu.

Un jour, à New York, un chasseur d'autographes l'accoste dans la rue avec une photo de *Diamants sur*

Canapé. Elle lui signe la photo, mais il en sort une autre, et puis une autre et encore une autre. Dans la voiture, sur le chemin de l'aéroport, elle se met à rire : « Il y avait un temps où on ne signait qu'un autographe. Maintenant, on amène quinze photos à signer. »

De retour à Tolochenaz, elle réfléchit à tous ces projets dont on la bombarde encore venant des studios de cinéma. Mais son cœur ne s'emballe plus à l'idée de faire monter son taux d'adrénaline en se produisant devant une caméra. « J'ai adoré faire des films, dit-elle d'un air songeur à un ami de famille, mais je ne regretterais cette époque que si j'avais aussi renoncé à ma vitalité. »

Or, sa vitalité reste intacte. Un homme va l'aider à changer d'avis et la convaincre de revenir au grand écran. Elle admire le travail de Steven Spielberg et lorsque ce célèbre producteur-réalisateur lui propose une brève apparition dans son prochain film, *Always*, elle saute sur l'occasion. Elle s'étonne de voir comment la reprise du travail à Los Angeles sur un film à grand budget la revigore. Elle est aux anges à l'idée de tourner aux côtés de Richard Dreyfuss, même si le rôle est court. Elle retrouve plusieurs amis, dont Gregory Peck, et s'adonne entièrement à son dur labeur.

Le film, un remake de la comédie dramatique *A Guy Named Joe* de la MGM (tourné en 1943), raconte une belle histoire d'amour qui se déroule dans le contexte des pompiers aéroportés. Elle y tient le rôle d'un ange gardien dans un ciel imaginaire. Un beau divertissement bien payé (2 millions de dollars) et important aux yeux d'Audrey. Jouer l'a toujours fait souffrir et stimulée dans une même mesure, mais jouer l'ange Hap dans *Always* ravive beaucoup plus qu'elle ne l'aurait jamais imaginé son inclination pour le cinéma. Elle est à l'automne de sa vie mais une sensation inexplicable lui souffle que le moment n'est pas encore venu de faire le point. Elle doit encore agir. Les projets qu'elle a écartés en son temps, elle doit aujourd'hui les poursuivre avec détermination et courage.

C'est ainsi qu'un après-midi du printemps 1991, elle arrive avec son compagnon Rob en Angleterre au Barbican Hall de Londres. Avec le London Symphony Orchestra en toile de fond, elle rejoint le chef d'orchestre Michael Tilson Thomas pour la première de son œuvre pour orchestre et narrateur intitulée *Journal d'Anne Franck.* L'œuvre porte une forte charge émotionnelle pour Audrey, la récitante, et pour Tilson Thomas, le chef d'orchestre compositeur, en les renvoyant tous deux à leur jeunesse. Ils vont ensuite donner cette œuvre à New York, à Miami, à Houston et à Philadelphie. Audrey, qui a refusé quatorze ans plus tôt d'apparaître dans le film *Un Pont trop loin* (*A Bridge too Far*), parce que l'histoire de la défaite des Alliés à Arnhem en 1944 la touchait trop, et qui a aussi catégoriquement refusé en 1959 le rôle principal dans le film *Le Journal d'Anne Franck*, n'a pas été facile à convaincre. Tilson Thomas a dû la choyer et l'implorer mais, une fois sa décision prise, elle participe au projet avec son ardeur habituelle. D'ailleurs, elle ne joue pas le personnage d'Anne Franck.

Fragile en apparence, elle donne vie avec éclat à son texte. Elle essaie d'exprimer tout ce qu'il signifie pour elle, tout ce qu'elle éprouve. « Dans *Anne Franck* il y a tant de sentiments purs. Il y a un rapport émotionnel entre Michael et moi pendant la pièce. C'est épuisant, mais ma vie avec l'Unicef est épuisante aussi. » Son ami, Sheridan Morley, assiste au concert et la retrouve dans les coulisses pour lui parler. « Elle se tenait devant cet énorme orchestre, se souvient-il, et jouait avec une intensité dramatique tellement fascinante que par la suite je n'étais pas le seul à lui demander de réfléchir à remonter sur ces planches qu'elle avait quittées près de quarante ans plus tôt. – Je ne suis pas, répond-elle simplement et tristement à Sheridan Morley, une très bonne actrice. Simplement, ma famille a aussi vécu sous l'occupation allemande en Hollande et j'ai connu tant de filles comme Anne, qui avait le même âge que moi. C'est pour cela que j'ai toujours refusé de tourner le film : je savais que j'aurais trop pleuré. »

La vie continue, mais pas comme avant. Une urgence irrésistible la taraude. C'est comme si, passé le cap des soixante ans, Audrey percevait le sens vibrant de sa destinée. Lorsqu'elle ne s'envole pas vers un pays ravagé par la famine pour le compte de l'Unicef, elle rêve et dit à ses amis : « J'ai soixante-deux ans maintenant et ma grande ambition est de n'avoir rien d'autre à faire que de rester simplement chez moi et de me consacrer à mes tomates et à mes roses, de m'occuper de mes chiens, et un de ces jours, je le ferai, mais pas encore, pas avant de me sentir satisfaite et savoir que “mes enfants” dans tous ces pays sont bien traités... »

On continue à l'annoncer pour des films qu'elle ne tourne pas et à lui proposer quantité de rôles qu'elle décline. Elle est riche, elle vit avec un homme riche et elle n'a pas besoin de travailler si elle ne le désire pas. En dehors du cadre familial intime, elle consacre les quelques années qui lui restent à la mission qui lui tient le plus à cœur : œuvrer pour les enfants affamés et en danger du Tiers Monde, attirer par ses visites l'attention du public sur leur situation.

Malheureusement, sa constitution n'est plus ce qu'elle était, malgré une détermination plus forte que jamais. Audrey devient fragile. Ses amis, habitués à sa maigreur, s'inquiètent pour sa santé. José-Luis de Villalonga évoque la dernière fois où il la vit à Paris : « Je déjeunais au Relais Plaza. Elle était avec son compagnon, l'acteur Rob Wolders. En quittant le restaurant, elle est venue à ma table pour m'embrasser. Je l'ai trouvée très amaigrie. J'ai pensé en moi-même qu'elle exagérait avec cette manie de ne pas manger pour rester mince. »

Audrey est pressée. C'est une femme qui ne peut tenir en place, qui a des activités comme elle n'en a jamais eues à son apogée cinématographique. Chez elle, à Tolochenaz, elle sort du lit à six heures du matin et commence son *véritable* travail. Il consiste à faire des recherches, à lire des rapports, à écrire des discours et à apprendre tout ce qu'elle a besoin de savoir sur l'Unicef et ses voyages de mission pour collecter des fonds. Ceux-ci durent entre cinq et huit jours, mais lui donnent l'impression de durer un mois tant elle parcourt de milliers de kilomètres et voit d'enfants.

Son travail pour l'organisme d'aide humanitaire est devenu le but de sa vie. A « La Paisible », elle évoque ses « voyages de l'espoir » et se remémore la souffrance sourde des femmes et des enfants affamés qu'elle a vus attendre dans les camps de distribution de nourriture.

Au cours de cet été 1992 cependant, elle semble commencer à perdre sa raison. Même Rob, son allié le plus dévoué lors de la planification de ses voyages pour l'Unicef, commence à être inquiet. Les ambitions qu'elle annonce pour aider les enfants affamés dans le monde ne sont plus raisonnables pour quelqu'un dont l'infirmité va croissant. Vers la fin du mois de septembre, elle se plaint de vives douleurs au ventre. Rob, toujours attentionné, devient fort inquiet, mais dans les périodes de rémission, Audrey tait obstinément sa douleur. « Il vaut mieux ne pas y penser, ma petite », comme aurait pu le dire la baronne.

En septembre 1992, Audrey effectue la plus éprouvante de ses missions en Somalie. A son retour, elle prononce cette phrase prémonitoire : « Je pense que je ne me remettrai jamais de ce voyage. » Et lorsque *Newsweek* lui demande : « Quelles conclusions tirez-vous de votre visite en Somalie ? », elle répond : « Il est parfois impossible de ne pas penser que Dieu a peut-être oublié la Somalie. Il a tellement à faire ! La Somalie a été longtemps abandonnée, rayée de la carte. Aujourd'hui, grâce aux gigantesques efforts d'une poignée d'hommes qui vous font croire à la bonté, à la compassion humaine, elle n'est plus isolée. » Quand elle se penche sur un enfant, le réconforte par un rire, ne cède-t-elle pas à un certain voyeurisme ? « J'ai toujours veillé à ne pas exploiter le malheur des autres. Mais, lorsque l'une des bénévoles travaillant sur le terrain me dit : "Merci d'être venue. Grâce à vous, nous recevrons encore plus de secours", je commence à croire à l'utilité de mes modestes interventions. »

Audrey, qui aurait pu être l'héroïne rêvée d'*Out of Africa* dans une Afrique idyllique, se retrouve au cœur d'un cauchemar sans fin. L'ambassadrice de l'Unicef a donné ses dernières forces dans sa mission. Elle en sort épuisée. Pourtant, en octobre, elle ignore les supplications de ses proches qui l'incitent à consulter un spécialiste. Rob fait même venir le médecin de famille qui ordonne des examens à l'hôpital. Audrey refuse, et se lance à nouveau dans un voyage exténuant par voie de terre à destination d'un camp de réfugiés somaliens. Rob est furieux, mais il sait qu'il ne peut arrêter cette folie.

Avec sa volonté de fer, renforcée par son éducation calviniste hollandaise et la petite voix intérieure de sa mère, Audrey, contre l'avis de tous, part une dernière fois, dans la chaleur étouffante de l'Afrique, comme une possédée. Une douleur atroce la déchire intérieurement, mais elle continue à avancer, se tenant le ventre et grimaçant régulièrement de douleur. Un fonctionnaire des Nations Unies la supplie de se reposer, mais elle secoue la tête et fait signe des mains d'un air de défi : « Non, non, il n'est pas encore temps de se reposer. » Etrangement, la douleur qui l'étreint, lancinante, rongeante, s'efface momentanément, comme par miracle.

« Je ne suis plus scientiste chrétienne, dit-elle à un agent de l'Unicef inquiet, mais je crois en quelque chose, peut-être dans la force de l'esprit humain. »

Un peu plus tard, de plus en plus affaiblie par son excursion, elle aperçoit une belle petite Somalienne de six ans faisant la queue parmi six cents orphelins. Audrey s'assied dans le sable pour mieux voir son visage. La petite fille la regarde timidement du coin de l'œil, fait un pas en avant, puis recule, hésitante. Tout à coup, elle se jette dans les bras d'Audrey et l'étreint. Audrey a longtemps désiré serrer des enfants dans ses bras. Cette étreinte la renvoie au cœur de la tragédie somalienne, et, de manière poignante, au cœur même de sa destinée. Elle se sent soudain impuissante et démunie face aux enfants squelettiques des déserts de la faim, parce qu'elle sent qu'elle a, elle aussi, désormais, besoin d'aide. Un besoin triste et pressant.

Les médecins locaux attribuent ses douleurs à une infection amibienne, et bien que le diagnostic semble rassurer Audrey, et même la réconforter, Rob n'est pas convaincu. Ecourtant son voyage, le couple ne rentre pas chez lui en Suisse par avion mais par un itinéraire d'urgence qui le conduit à Los Angeles où Audrey est immédiatement admise au centre médical Cedars-Sinai pour y être soignée. Les médecins sont stupéfaits de la maigreur de l'actrice qui figurait dans le passé en tête des sondages parmi les plus belles femmes du monde. Traînant les pieds, voûtée, la tête penchée, le corps torturé par la douleur, elle est l'ombre pitoyable de celle qu'elle était auparavant. Ses conseillers médicaux tentent vaillamment de faire bonne figure, mais Audrey *est au courant*.

Tôt dans la matinée du 1er novembre, afin d'éviter toute attente supplémentaire, on la conduit dans la salle d'opération n° 3 où les chirurgiens lui enlèvent en urgence une tumeur du côlon. La seule chose qu'il reste à faire, maintenant qu'Audrey dort au service des soins intensifs, est d'attendre le résultat des examens. On ne peut écarter la possibilité d'un cancer. Rob est désespéré mais, de la même trempe qu'Audrey, il parvient à cacher son anxiété quand il s'assied à son chevet en prenant ses mains maigres aux veines saillantes et en lui baisant tendrement le front. Les premières nouvelles apportent un peu d'espoir. Audrey, maintenant transférée dans une chambre particulière, apprend que la tumeur ne présente qu'un « faible degré de malignité » et n'a attaqué aucune autre partie de son organisme. « Nous avons l'impression de l'avoir éliminée complètement », dit un des médecins, qui ajoute qu'un diagnostic précoce lui a vraisemblablement sauvé la vie.

Hubert de Givenchy se souvient de la réaction d'Audrey face à ce cancer : « Elle ne se sentait pas très bien depuis plusieurs mois, mais elle était persuadée qu'elle avait contracté une amibiase à force de se rendre dans les pays du Tiers Monde. C'est donc dans cet état d'esprit qu'elle a consulté un médecin. Il a bien fallu qu'il lui apprenne la vérité : elle avait un cancer qui était à un stade extrêmement avancé. Alors, elle m'a dit : "Voyez-vous, c'est grâce aux enfants que je vais pouvoir être soignée. Si je n'avais pas cru que j'avais une amibiase, je n'aurais pas vu de médecin." Elle voulait toujours voir le bon côté des choses et, pour elle, le bon côté ne pouvait venir que des enfants. » Le cancer semble donc vaincu.

Cette assertion, ainsi que les centaines de bouquets et les milliers de cartes de prompt rétablissement qui l'entourent dans sa chambre d'hôpital, lui remontent le moral. Audrey se relève très optimiste. Dix jours plus tard, elle a recouvré assez de santé pour sortir de l'hôpital. Elle a véritablement « beaucoup de veine », songe-t-elle d'un air rêveur. Mais, trois semaines plus tard, la situation se retourne de manière dramatique lorsque des examens complémentaires révèlent un état général bien pire que ce qu'on croyait. La maladie s'est propagée. Audrey ne peut espérer vivre plus de trois mois.

Lorsqu'elle l'apprend, c'est comme si un énorme nuage noir s'abattait sur elle et elle se met à pleurer sur l'épaule de Rob sans pouvoir se reprendre. Mais, comme d'habitude, il ne s'agit pas de larmes d'apitoiement sur elle-même (l'ombre de la baronne plane perpétuellement sur elle pour écarter ce genre de vanités), mais de tristesse pour le travail qui ne sera pas achevé. « Bien sûr, j'ai peur de mourir, dit-elle à ses proches qui viennent la voir, mais ce qui m'effraie davantage, c'est ce qui va arriver à ces pauvres enfants. Je prie Dieu pour que leurs souffrances s'achèvent bientôt, mais je crains qu'il reste encore tant à faire... » Dans les jours qui suivent, elle est réadmise au Cedars-Sinai pour un cancer du côlon.

Vers la mi-décembre, les gros titres des journaux du monde entier informent les lecteurs attristés : « Audrey livre un nouveau combat contre la maladie » et « Hepburn lutte pour sa vie ». Peu de vedettes de cinéma ont provoqué autant d'émotion dans le grand public. Des stars d'Hollywood, telles qu'Elizabeth Taylor et Gregory Peck, viennent la voir régulièrement à son chevet. Rob et d'autres amis de la famille s'y relaient. « Audrey lutte courageusement, dit un ami, mais le cancer est en train de gagner. »

Le monde, incrédule, s'émeut de l'évolution de sa maladie et se prépare à sa mort. Sheridan Morley remarque en décembre, à New York, un magasin de vidéos sur Broadway où, « empilées du sol au plafond, trônaient des boîtes et des boîtes de ses films déjà soigneusement disposées comme quelque hommage commémoratif, à l'instar des photographies d'un membre d'une famille royale atteint d'une maladie incurable, ou mourant, ou décédé depuis peu, et qui sont placées dans les devantures des pâtisseries viennoises à l'époque des Habsbourg. Frappé d'abord par ce qui me semblait être d'un goût plus que douteux, je suis resté sous la pluie à regarder les vidéos et j'ai compris qu'il s'agissait en réalité d'un merveilleux hommage à une grande carrière. Personne de nos jours, dans cette ère dévaluée de Madonna et autre Pamela Anderson, ne remplacera Audrey Hepburn ». Penser à elle comme quelqu'un de déjà parti ou sur le départ effraie ceux qui l'aiment, c'est imaginer l'inimaginable.

Un soir, tenant la main de Rob dans les siennes, Audrey annonce qu'elle est prête à mourir en paix. Elle vient d'apprendre que les troupes américaines donnent enfin de la nourriture aux enfants affamés de Somalie. Elle revoit la petite fille venue se blottir dans ses bras, et ses yeux sombres s'embuent. « Je suis reconnaissante d'avoir pu vivre jusqu'à maintenant pour connaître ce jour », murmure-t-elle à l'oreille de son compagnon qui lui sourit. Un soir, tard, tandis que le reste de l'hôpital est plongé dans le silence et que seul s'élève le chant perçant des cigales, Rob se blottit contre Audrey alors qu'elle lui explique ses dernières volontés. Malade et faible comme elle l'est, elle désire passer ses derniers jours à « La Paisible », sur les rives de son lac de Genève, dans sa chère Suisse tant aimée. Rob fait un signe de tête affirmatif, mais il est secrètement inquiet : ce dernier voyage pourra-t-il réellement se faire ? Elle est trop malade pour voyager de Los Angeles en Suisse par voie aérienne commerciale. C'est alors que, comme toujours lorsque Audrey traverse une période de crise, l'aide tombe soudainement du ciel. En apprenant que le temps lui est compté, Bunny Mellon, à la demande d'Hubert de Givenchy, met son jet privé à la disposition d'Audrey pour qu'elle puisse réaliser sa dernière volonté. Trois jours avant Noël, le jet Gulfstream atterrit sur l'aéroport de Genève. La passagère légendaire de l'avion, pâle et faible, au point que Rob doit l'aider à descendre les marches, est accueillie par sa gouvernante et ses chiens Jack Russel terriers. Elle est conduite à « La Paisible ».

Audrey se réjouit de revoir la neige. Elle est soulagée de savoir qu'elle mourra chez elle. Le lendemain, sa maison est assaillie par un flot de visiteurs, dont Mel et Andrea, puis d'autres membres de sa famille, parmi lesquels Sean, un gaillard costaud d'un mètre quatre-vingt-dix travaillant maintenant dans le cinéma, et Luca, devenu graphiste. Elle est folle de ses fils, et les serre constamment dans ses bras très faibles.

Les jours passent lentement, mais pas tristement. Audrey et Rob sont remplis d'un optimisme qui alimente leur amour réciproque. Ils parlent du lendemain, envisagent l'avenir. Elle dit à Rob qu'elle est réconciliée avec le constat qu'elle ne pourra pas réaliser ses « rêves » et s'acquitter de ses « devoirs » envers les enfants touchés par la famine, car elle sait que d'autres, comme Sophia Loren, Roger Moore et Gregory Peck, vont prendre sa relève.

Tous deux lisent les journaux, regardent les nouvelles à la télévision et constatent à quel point le monde s'inquiète. Ils regardent une cassette de Julia Roberts recevant en public à Hollywood (« au nom de mon idole Audrey Hepburn ») le prix de la Réalisation d'une vie du Screen Actor's Guild. Ils apprennent qu'en mars Audrey doit recevoir un Oscar honorifique, le prix humanitaire Jean Hersholt, pour son œuvre d'ambassadrice de l'Unicef.

La vie continue donc. Mais pour combien de temps ? Le couple passe le plus clair de son temps ensemble. Lorsque Audrey en est capable, Rob et elle se promènent l'après-midi dans les jardins de « La Paisible », parfois accompagnés de Luca et de Sean, et toujours escortés de deux infirmières. Ce sont des jours précieux. La dernière fois qu'ils font le tour de la vieille ferme, Giovanni, le jardinier, apparaît et demande : « Signora, quand vous irez mieux, reviendrez-vous m'aider à planter et à tailler ? » Et elle de répondre : « Giovanni, je t'aiderai, mais pas comme avant. » Audrey sait, et Giovanni sait aussi, que cette aide ne viendra pas.

A la mi-janvier, alors que les perce-neige et les crocus dressent leur mince tige dans les parterres pour annoncer l'arrivée de la nouvelle année, Audrey commence par intermittence à sombrer dans l'inconscience, et la famille se prépare à l'inéluctable. Partout, ses admirateurs retiennent leur souffle à la lecture des reportages qui apparaissent sous les gros titres : « La crainte de Hepburn s'accroît. » Mère Teresa ordonne une veillée de prières de vingt-quatre heures dans sa mission de Calcutta. Les religieuses se relaient toutes les trois heures afin de prier pour la vedette qui, comme elles, a consacré des années entières à lutter contre la faim et à aider les sans-abri.

Lorsque Audrey sent venir sa dernière heure, elle se tourne vers Rob pour lui dire : « Tu es le meilleur mari que j'ai jamais eu, même si ce n'est pas officiel. » Le mercredi 20 janvier 1993, maintenant proche de sa fin, les pensées d'Audrey s'envolent vers les jeunes enfants de Somalie. Elle a un ultime sursaut d'énergie pour demander si des messages de l'Unicef concernant les petits Somaliens ne lui sont pas parvenus. Ses derniers mots sont « mes chers enfants de Somalie ». Elle tombe aussitôt dans un sommeil paisible.

Un vent violent se déchaîne dehors lorsque, à sept heures du soir, entourée de Rob, Mel, Andrea, Sean et Luca, Audrey s'éteint. *My Fair Lady* a fini par trouver cet « endroit quelque part, loin de l'air froid de la nuit ». La douleur qui a ravagé son corps squelettique a disparu et la sérénité, la beauté, la dignité et la compassion qui furent sa marque reprennent leur place sur son visage.

Tandis que le monde désire à grands cris rendre hommage au « bel ange », que des centaines de messages arrivent au bureau de poste de Tolochenaz, cinquante villageois en larmes placent des bougies à la porte de « La Paisible », où repose le corps d'Audrey et où a reposé celui de la baronne, neuf ans plus tôt.

La vie semble continuer dans le petit village proche de Lausanne. Hubert de Givenchy a raconté : « Avant les obsèques, j'ai reconnu une odeur de pomme dans la maison. J'ai voulu savoir d'où elle venait et j'ai interrogé un domestique. Une partie du cellier était remplie par la récolte de l'automne dernier, que l'on s'apprêtait à envoyer, selon le vœu d'Audrey, comme tous les ans, à l'Armée du Salut. Audrey était ainsi : elle s'occupait constamment des autres, en toute discrétion, en toute humilité. C'était cela qui était merveilleux en elle et qui faisait d'elle quelqu'un de presque immatériel, malgré les années. »

Bientôt, Tolochenaz est écrasé sous un silence sinistre, seulement brisé par le son mélancolique de la cloche de l'église protestante du village. Elizabeth Taylor ouvre le feu des hommages. Roger Moore, qui accompagna Audrey lors de l'un de ses derniers voyages en Somalie, affirme : « Elle était un élément rare à Hollywood, une vedette qui se souciait sincèrement des autres avant de penser à elle-même. » Et il fait observer qu'elle fit un dernier sacrifice en se rendant en Somalie trois mois plus tôt : « Elle retarda son retour afin de pouvoir continuer le travail. Si elle était revenue pour recevoir un traitement... qui sait ce qui se serait passé ? » George Peppard, son partenaire dans *Diamants sur Canapé*, murmure : « Une clochette d'argent a été réduite au silence. » L'ancien président Ronald Reagan la décrit comme « une légende, une vraie grande qui nous manquera ». Sophia Loren ajoute : « Elle a enrichi la vie de millions de personnes » ; et Sean Connery affirme : « Je l'adorais. »

Paradoxalement, face à tant de manifestations d'amour, Rob et la famille redoutent que les funérailles prévues pour le dimanche ne se transforment en « cirque ». Bien qu'ils veuillent une cérémonie privée, ils doivent y renoncer : la police attend la présence de milliers de personnes. Or, l'église de Tolochenaz, où la cérémonie funèbre doit être célébrée, est petite, capable de n'abriter qu'une centaine de personnes.

Le jour venu, le nombre de caméras et la profusion des fleurs sont ceux qui entourent en général les obsèques d'une personnalité internationale. Dans les rues du village, calmes, étroites, reluisantes de propreté, les villageois forment une haie. Ils la connaissaient simplement sous le nom de « Madame Audrey », la star qui riait toujours, « une comète brillante qui émettait une grande lumière », qui faisait elle-même ses courses et n'hésitait pas à mettre la main à la pâte dans son jardin. Le chagrin se lit sur tous les visages. Sur la place en face de l'église, un groupe de femmes entre deux âges, arborant bijoux en or, fourrures, lunettes noires et chaussures confortables – des admiratrices d'Audrey dans l'âme –, sont manifestement déçues par le manque de vedettes. Les habitants du village sont émus par la simplicité de la cérémonie. Un conseiller local déclare qu'ils ont décidé de ne faire aucun hommage « parce que nous nous sommes rendus compte que tout ce qu'elle aurait voulu, c'était un bon vieux trou tout simple dans le sol du cimetière, comme le commun des mortels ».

Un lent cortège de 120 invités suit le cercueil en chêne clair dans son ultime voyage vers l'église. Parmi eux, Rob, grand, digne, la barbe grise. Il figure parmi les six personnes qui portent le cercueil, aux côtés d'Andrea, de Sean, de Luca, de son frère Ian et d'Hubert de Givenchy, le couturier qui dessina les vêtements d'Audrey pendant plus de trente ans. D'autres proches marchent derrière : parmi eux, Mel (enveloppé dans un épais pardessus brun pour se protéger du froid et visiblement affligé), le directeur de l'Unicef, James Grant, Roger Moore et sa femme Luisa, la veuve de Yul Brynner et le prince Sadruddin Aga Khan, la Begum et un proche collègue des Nations Unies qui prononcera un des discours.

La seule autre vedette de cinéma présente est le Français Alain Delon, arrivé en retard à l'église. Dans *Elle*, il s'indignera quelques jours plus tard : « Je ne connaissais pas personnellement Madame Audrey Hepburn, mais j'avais pour elle une immense admiration. Elle m'avait tant apporté sur le plan professionnel et humain que j'ai tenu à être présent le jour de son enterrement. Nous n'étions que deux acteurs, Roger Moore et moi-même. La profession est-elle si frigide de sentiments ? J'ai été terriblement choqué de constater qu'aucune actrice n'avait pris la peine de venir lui rendre hommage. En dehors de la famille, qui y avait-il ? Hubert de Givenchy, son couturier, Alexandre, son coiffeur, et moi... son charcutier. Des fournisseurs ! »

Des couronnes, des lis, des œillets entrelacés de marguerites et une pléiade de roses roses, couvrent un mur entier de l'église. Parmi toutes ces fleurs magnifiques se trouve un hommage qui aurait ému Audrey plus que tout autre. Son ruban violet porte le nom de l'Unicef et le message en est simple : « De la part de tous les enfants du monde. » A l'intérieur, l'orgue commence un prélude de Bach, bientôt relayé par le chant doux d'enfants. L'église est jonchée de fleurs roses et blanches, les couleurs favorites d'Audrey, envoyées en hommage par la famille royale des Pays-Bas. Martin Schroeder, ami de longue date, apporte un bouquet de tulipes blanches « Audrey Hepburn », variété créée spécialement pour l'actrice.

Avec une lente dignité, le pasteur Maurice Endiguer, qui a célébré les noces d'Audrey et de Mel Ferrer, baptisé le jeune Sean, et qui a accepté de sortir de sa retraite pour célébrer l'office, monte les quelques marches de la chaire et évoque la beauté spirituelle d'Audrey. C'est de toute évidence une allocution difficile pour ce pasteur de quatre-vingt-trois ans. Sa voix se casse et il marque des temps d'arrêt pour essuyer ses larmes à l'aide d'un petit mouchoir lorsqu'il rappelle que la grande amie d'Audrey, Elizabeth Taylor, retenue pour cause de maladie, dira que Dieu avait « gagné un nouvel ange ». Le soleil hivernal illumine soudain son visage lorsqu'il la devance : « Elle est un ange dans le sens biblique. Même dans les abysses de la maladie, elle alla voir les enfants de Somalie, les caressant de ses mains. Et sur le visage de ces enfants, il y avait le reflet de son sourire. » Vient alors le moment le plus touchant, lorsque Sean ouvre son cœur et ses souvenirs : « Maman, dit-il calmement, croyait en l'amour. Qu'il pouvait guérir, arranger, réparer et tout arranger en fin de course. »

Le service évoque peu l'actrice. L'assemblée pleure davantage la mère, l'amie, l'ambassadrice de l'Unicef. Peu de personnalités, avant elle, auront manifesté autant de dévouement. Plus tard, bien des proches ont du mal à s'exprimer lorsqu'ils se rendent de l'église au cimetière. Un à un, ils s'arrêtent devant la tombe et lancent une tulipe blanche sur le cercueil. Mel, qui a accompagné Audrey depuis ses premiers pas à Broadway jusqu'à la célébrité de Hollywood, ne contient plus son chagrin. Il est étreint par Rob alors qu'il s'effondre en larmes près de la tombe. Roger Moore murmure une prière avant de jeter une seule rose rose et d'embrasser les deux fils d'Audrey. C'est à la vedette de James Bond que revient le soin de résumer simplement et succinctement le vide que tous éprouvent : « Le monde s'appauvrit de son trépas, mais s'enrichit de l'avoir connue », dit-il.

En point d'orgue, Hubert de Givenchy déclarera : « Je repense à ses obsèques, qui lui ressemblent tellement, toutes simples, toutes fraîches, en présence de tous ceux qui l'aimaient, célèbres ou inconnus. J'entends les mots rustiques du pasteur – celui-là même qui l'avait mariée et avait baptisé ses enfants –, j'entends les mots rares de l'homélie de Sadruddin Aga Khan, j'entends aussi les mots d'amour qu'a eus la force de prononcer son fils Sean. Tout le monde était uni dans la tendresse et l'amour. Malgré la dureté de la vie, Audrey avait su garder en elle une part d'enfance. Et cette magie-là, elle a passé sa vie à vouloir nous la rendre. C'est cela qui a fait d'elle une fée, une douce magicienne inspiratrice d'amour et de beauté. Ces fées-là ne s'en vont jamais tout à fait. »

ANNEXES

CHRONOLOGIE DE LA CARRIÈRE ARTISTIQUE D'AUDREY HEPBURN

(L'année des films correspond à celle de leur sortie)

1948 22 décembre : première de *High Button Shoes* à Londres (The Hippodrome), comédie musicale et premier contrat.

1949 18 mai : première de *Sauce Tartare* à Londres (Cambridge Theatre), comédie musicale.

1950 27 avril : première de *Sauce Piquante* à Londres (Cambridge Theatre), comédie musicale.

1951 *Rires au Paradis*, *One Wild Oat*, *Histoire de Jeunes Femmes*, *De l'Or en Barres*, *Nous irons à Monte-Carlo* (rencontre avec l'écrivain Colette pendant le tournage).
24 novembre : première de *Gigi* au Fulton Theatre (Broadway, New York).

1952 *Secret People*.
13 avril : *Rainy Day in Paradise Junction* (Episode de la série TV Workshop).

1953 *Vacances Romaines*.

1954 *Sabrina*. 18 février : première *d'Ondine* au 46th Street Theatre (New York).
25 mars : Oscar pour *Vacances Romaines*.

1956 *Guerre et Paix*.

1957 *Drôle de Frimousse*, *Ariane*.
4 février : *Mayerling*, téléfilm.

1959 *Vertes Demeures*, *Au Risque de se Perdre*.

1960 *Le Vent de la Plaine* (Grave chute de cheval pendant le tournage).

1961 *Diamants sur Canapé, La Rumeur.*
1963 *Charade, Deux Têtes Folles.*
1964 *My Fair Lady.*
1966 *Comment voler un Million de Dollars.*
1967 *Voyage à Deux, Seule dans la Nuit.*
1971 A Noël : *A World of Love*, documentaire Unicef.
1976 *La Rose et la Flèche.*
1979 *Liés par le Sang.*
1981 *Et Tout le Monde riait.*
1987 23 février : *Love Among Thieves*, téléfilm.
1989 *Always.*
1993 Janvier : *Gardens of the World* (*Jardins du Monde*), documentaire TV.
Mars : Hollywood lui décerne un second Oscar posthume pour l'ensemble de sa carrière.

1988, 1989, 1990, 1991, 1992 Ambassadrice auprès de l'Unicef.

FILMOGRAPHIE D'AUDREY HEPBURN

RIRES AU PARADIS *(Laughter in Paradise)*
GB. 1951. Associated British-Transocean.
Réalisateur : Mario Zampi.
Avec : Alastair Sim, Fay Compton, Beatrice Campbell, Hugh Griffith, Joyce Grenfell.

ONE WILD OAT
GB. 1951. Eros-Coronet.
Réalisateur : Charles Saunders.
Avec : Robertson Hare, Stanley Holloway, Sam Costa, Vera Pearce, Irene Handl, Andrew Crawford.

HISTOIRE DE JEUNES FEMMES *(Young Wive's Tale)*
GB. 1951. Associated British.
Réalisateur : Henry Cass.
Avec : Joan Greenwood, Derek Farr, Guy Middleton, Helen Cherry, Nigel Patrick.

DE L'OR EN BARRES *(The Lavender Hill Mob)*
GB. 1951. Ealing Pictures.
Réalisateur : Charles Crichton.
Avec : Alec Guinness, Stanley Holloway, Sidney James, Marjorie Fielding, Alfie Bass, John Gregson.

NOUS IRONS À MONTE-CARLO *(Monte-Carlo Baby)*
France. 1951. Hoche Productions/Jarrold.
Réalisateur : Jean Boyer.
Avec : Philippe Lemaire, Jeannette Batti, Danielle Godet, Henri Genès, Max Elloy, Daniel Cauchy, Marcel Dalio, Ray Ventura et son orchestre.

SECRET PEOPLE
GB. 1952. Ealing Pictures.
Réalisateur : Thorold Dickinson.
Avec : Serge Reggiani, Megs Jenkins, Valentina Cortese, Charles Goldner, Irene Worth, Athene Seyler, Reginald Tate.

VACANCES ROMAINES *(Roman Holiday)*
USA. 1953. Paramount.
Réalisateur : William Wyler.
Avec : Gregory Peck, Eddie Albert, Tullio Carminati, Harcourt Williams, Hartley Power, Laura Solari, Paolo Carlini.

SABRINA
USA. 1954. Paramount.
Réalisateur : Billy Wilder.
Avec : Humphrey Bogart, William Holden, Walter Hampden, John Williams, Martha Hyer, Joan Vohs, Nella Walker, Marcel Dalio.

GUERRE ET PAIX *(War and Peace)*
USA-Italie. 1956. Paramount/Ponti-De Laurentiis.
Réalisateur : King Vidor.
Avec : Henry Fonda, Mel Ferrer, Herbert Lom, John Mills, Anita Ekberg, May Britt, Barry Jones, Vittorio Gassman, Oscar Homolka, Helmut Dantine.

DRÔLE DE FRIMOUSSE *(Funny Face)*
USA. 1957. Paramount.
Réalisateur : Stanley Donen.
Avec : Fred Astaire, Kay Thompson, Michel Auclair, Robert Flemyng, Virginia Gibson, Susy Parker, Ruta Lee.

ARIANE *(Love in the Afternoon)*
USA. 1957. Allied Artists.
Réalisateur : Billy Wilder.
Avec : Gary Cooper, Maurice Chevalier, John McGiver, Lise Bourdin, Paul Bonifas, Audrey Wilder, François Moustache.

VERTES DEMEURES *(Green Mansions)*
USA. 1959. Metro Goldwyn Mayer.
Réalisateur : Mel Ferrer.
Avec : Anthony Perkins, Henry Silva, Nehemiah Persoff, Sessue Hayakawa.

AU RISQUE DE SE PERDRE *(The Nun's Story)*
USA. 1959. Warner Bros.
Réalisateur : Fred Zinnemann.
Avec : Peter Finch, Edith Evans, Mildred Dunnock, Peggy Ashcroft, Dean Jagger, Beatrice Straight, Ave Ninchi, Ruth White.

LE VENT DE LA PLAINE *(The Unforgiven)*
USA. 1960. United Artists.
Réalisateur : John Huston.
Avec : Burt Lancaster, Charles Bickford, John Saxon, Lilian Gish, Audie Murphy, Doug McClure, Albert Salmi.

DIAMANTS SUR CANAPÉ *(Breakfast at Tiffany's)*
USA. 1961. Paramount.
Réalisateur : Blake Edwards.
Avec : George Peppard, Mickey Rooney, Patricia Neal, Martin Balsam, John McGiver, Buddy Ebsen, Dorothy Whitney.

LA RUMEUR *(The Children's Hour)*
USA. 1961. United Artists/Mirish Prod.
Réalisateur : William Wyler.
Avec : Shirley MacLaine, James Garner, Miriam Hopkins, Fay Bainter, Karen Balkin, Veronica Cartwright.

CHARADE
USA. 1963. Universal.
Réalisateur : Stanley Donen.
Avec : Cary Grant, Walter Matthau, James Coburn, George Kennedy, Paul Bonifas, Ned Glass, Jacques Marin.

DEUX TÊTES FOLLES *(Paris when it Sizzles)*
USA. 1963. Paramount.
Réalisateur : Richard Quine.
Avec : William Holden, Noël Coward, Raymond Bussières, Grégoire Aslan, Christian Duvaleix.

MY FAIR LADY
USA. 1966. Warner Bros.
Réalisateur : George Cukor. D'après la comédie musicale du même nom et la comédie *Pygmalion* de George Bernard Shaw.
Avec : Rex Harrison, Stanley Holloway, Wilfrid Hyde-White, Gladys Cooper, Mona Washbourne, Jeremy Brett, Theodore Bikel, Isobel Elsom.

COMMENT VOLER UN MILLION DE DOLLARS *(How to Steal a Million)*
USA. 1966. 20th Century Fox.
Réalisateur : William Wyler.
Avec : Peter O'Toole, Eli Wallach, Fernand Gravey, Hugh Griffith, Charles Boyer, Marcel Dalio, Jacques Marin.

VOYAGE À DEUX *(Two for a Road)*
USA. 1967. 20th Century Fox.
Réalisateur : Stanley Donen.
Avec : Albert Finney, Eleanor Bron, Claude Dauphin, William Daniels, Nadia Gray, Carol van Dyke, Jacqueline Bisset, Gabrielle Middleton.

SEULE DANS LA NUIT *(Wait Until Dark)*
USA. 1967. Warner Bros/Seven Arts.
Réalisateur : Terence Young.
Avec : Richard Crenna, Alan Arkin, Efrem Zimbalist Jr., Jack Weston, Samantha Jones.

LA ROSE ET LA FLÈCHE *(Robin and Marian)*
USA. 1976. Columbia.
Réalisateur : Richard Lester.
Avec : Sean Connery, Robert Shaw, Nicol Williamson, Ian Holm, Richard Harris, Denholm Elliott, Kenneth Haigh.

LIÉS PAR LE SANG *(Bloodline)*
USA. 1979. Paramount.
Réalisateur : Terence Young.
Avec : Ben Gazzara, Omar Sharif, Irene Papas, James Mason, Maurice Ronet, Romy Schneider, Gert Froebe, Beatrice Straight.

ET TOUT LE MONDE RIAIT *(They All laughed)*
USA. 1981. Time-Life/Moon.
Réalisateur : Peter Bogdanovich.
Avec : Ben Gazzara, John Ritter, Dorothy Stratten, Sean Ferrer, Colleen Camp, Linda MacEwen, Patti Hansen.

ALWAYS
USA. 1989. Universal/United Artists.
Réalisateur : Steven Spielberg.
Avec : Richard Dreyfuss, Holly Hunter, Brad Johnson, John Goodman, Robert Blossom, Keith David.

THÉÂTRE

HIGH BUTTON SHOES *(Des Bottines à Boutons)*
The Hippodrome, Londres.
Première le 22 décembre 1948.
Musique : Jules Styne.
Chorégraphie : Jerome Robbins.
Avec : Lou Parker, Alma Cogan, Kay Kendall, Nickolas Dana, Audrey Hepburn.

SAUCE TARTARE
Cambridge Theatre, Londres.
Première le 18 mai 1949.
Production et mise en scène : Cecil Landeau.
Avec : Renee Houston, Jack Melford, Alma Cogan, Joan Heal, Audrey Hepburn.

SAUCE PIQUANTE
Cambridge Theatre, Londres.
Première le 27 avril 1950.
Production et mise en scène : Cecil Landeau.
Avec : Norman Wisdom, Muriel Smith, Douglas Byng, Moira Lister, Bob Monkhouse, David Hurst, John Heal, Marcel Le Bon, Audrey Hepburn, Aud Johanssen.

GIGI
Fulton Theatre, New York.
Première le 24 novembre 1951.
Mise en scène : Raymond Rouleau. Adapté pour le théâtre d'après le roman de Colette par Anita Loos.
Avec : Audrey Hepburn, Josephine Brown, Cathleen Nesbitt, Doris Patston, Michael Evans, Francis Compton, Bertha Belmore.

ONDINE
46th Street Theatre, New York.
Première le 18 février 1954.
Mise en scène : Alfred Lunt. Pièce de Jean Giraudoux, adaptée par Maurice Valency.
Avec : Audrey Hepburn, Mel Ferrer, John Alexander, Edith King, Alan Hewitt, Marian Seldes, Robert Middleton.

TÉLÉVISION

RAINY DAY IN PARADISE JUNCTION
Episode de la série TV Workshop (CBS, 13 avril 1952).

MAYERLING
Téléfilm (NBC, 4 février 1957).
Réalisateur : Anatole Litvak.
Avec : Mel Ferrer, Raymond Massey, Diana Wynyard, Basil Sydney.

A WORLD OF LOVE
Documentaire Unicef (Noël 1971).
Producteur : Alexander Cohen.
Animé conjointement par Bill Cosby, Shirley MacLaine, Audrey Hepburn, Richard Burton, Julie Andrews, Barbra Streisand et Harry Belafonte.

LOVE AMONG THIEVES
Téléfilm (ABC-TV, 23 février 1987).
Réalisateur : Robert Young.
Avec : Robert Wagner, Jerry Orbach, Samantha Eggar, Ismael Carlo.

GARDENS OF THE WORLD *(Jardins du Monde)*
(PBS. Perennial Productions, janvier 1993).
Réalisateur : Bruce Fanchini.
Présentation : Audrey Hepburn et Michael York.

TELEVISION

L'ACTION D'AUDREY HEPBURN POUR L'UNICEF

L'engagement d'Audrey Hepburn n'a pas été qu'anecdotique. « Je peux témoigner de ce que Unicef signifie pour les enfants, a dit un jour la célèbre comédienne. Parce que moi, je me trouvais parmi ceux qui ont reçu un secours alimentaire et médical tout de suite après la Seconde Guerre mondiale. » Enfant à Arnhem, aux Pays-Bas, pendant « l'hiver de la famine » en 1944-45, Audrey a souffert de malnutrition. « J'ai une profonde reconnaissance pour ce que fait l'Unicef », a-t-elle ajouté.

Audrey Hepburn a été nommée ambassadrice spéciale de l'Unicef le 9 mars 1988 et ambassadrice de bienveillance en 1989. Elle s'est engagée parmi un groupe de personnalités telles que Peter Ustinov, Liv Ullman, Tetsuko Kuroyanagi, Harry Belafonte et sir Richard Attenborough. (Rappelons que l'ambassadeur de bienveillance qui a servi le plus longtemps la cause de l'Unicef fut Danny Kaye, décédé en 1987, après 25 ans de service international humanitaire.)

Tout en annonçant la nomination d'Audrey Hepburn, le directeur général de l'Unicef, James P. Grant, a déclaré : « Nous avons en effet de la chance que des personnes aussi renommées que la talentueuse Audrey Hepburn, soient prêtes à donner si généreusement de leur temps et de leur énergie pour notre action. Au cours de certaines missions spéciales de l'Unicef, elle a su démontrer de remarquables talents pour s'engager en faveur des enfants. »

ÉTHIOPIE – 14/18 MARS 1988

A la suite de sa nomination d'ambassadrice de l'Unicef en mars 1988, la première mission qu'entreprit la comédienne fut de se rendre en Ethiopie, pays frappé par la sécheresse, et qu'elle visita pour la Commission US de l'Unicef. Lawrence E. Bruce Jr., président de la Commission US, l'y accompagna, ainsi que des fonctionnaires de l'Unicef de New York et d'Addis-Abeba.

Depuis la capitale, ils prirent un avion en direction des provinces d'Erythrée et de Tigré, les plus affectées par la sécheresse du début des années 1980. Frappées à nouveau par un terrible manque d'eau et aux prises avec un conflit civil, ces provinces furent au centre de tous les efforts d'assistance et de réadaptation.

En novembre 1987, l'Unicef lança un appel de 22 millions de dollars pour aider les femmes et les enfants à affronter et à surmonter les effets de la catastrophe éthiopienne. Mais la sécheresse et le conflit civil progressant dramatiquement, les besoins allèrent crescendo. L'Unicef chercha donc 95 millions de dollars pour ses programmes en Ethiopie, nation parmi les plus pauvres du monde.

Le groupe accompagnant Audrey Hepburn se rendit d'abord à Asmara, capitale provinciale d'Erythrée, avec un avion Hercules belge transportant également 18 tonnes de lait pour les victimes. En ville, Audrey voulut se rendre compte des opérations de transport et de logistique, le cœur de tout programme de secours. Elle tint à voir aussi la distribution d'eau par camions aux habitants et aux personnes déplacées, car le système d'approvisionnement était en train d'être rénové et amélioré avec l'aide de l'Unicef.

Autour de Mekele, dans la province de Tigré, Audrey rendit visite à un centre de distribution alimentaire, à un orphelinat pour 500 enfants et à un chantier de construction d'un barrage. De là, elle s'embarqua pour le nord, vers la province de Shoa, où elle vit d'autres projets de l'Unicef, de reboisement, de terrassement et d'élevage des moutons, et même de fabrication de tapis et vêtements faits à partir de leur laine.

Comme l'ambassadeur de l'Unicef l'indiqua plus tard à une conférence de presse à Londres : « L'Ethiopie est mieux préparée cette fois à faire face à la sécheresse grâce à son réseau de pré-alerte. » C'est-à-dire grâce à une surveillance continuelle de la météorologie, des prix des récoltes et de la santé des enfants. « Néanmoins, si l'on ne fournit pas de l'eau potable et saine, et que les enfants en bas âge ne reçoivent pas de vitamines, ni une alimentation riche en protéines, s'ils ne sont pas vaccinés ni suivis médicalement pour d'autres soins, l'Ethiopie ne s'en sortira pas. La sécheresse dans ce pays est périodique : la famine ne l'est pas forcément. Si, quand la pluie est tombée, en 1986, le pays avait eu les moyens de garder l'eau, nous ne serions pas ici aujourd'hui. »

Faisant suite à la visite en Ethiopie, la réunion de Londres fut à l'origine d'un grand nombre de conférences de presse. Audrey Hepburn se rendit aux Etats-Unis, au Canada, en Finlande, en Suisse, en Allemagne, en Italie pour expliquer l'action de l'Unicef en Ethiopie.

TURQUIE – 23/26 AVRIL 1988

A la fin avril 1988, Audrey Hepburn représente l'Unicef en Turquie, en tant qu'invitée, pour la célébration du 10e Jour International des Enfants du Monde. Avec le Premier ministre, Turgut Ozal, elle reçut 786 délégués enfants venus de 36 pays.

A Ankara, Audrey visita des institutions fournissant des soins aux mères et à leurs enfants, et un centre médical où elle parla au personnel et aux mères, et où elle administra elle-même le vaccin oral contre la poliomyélite à plusieurs enfants.

VENEZUELA – 15/18 OCTOBRE 1988

Au mois d'octobre 1988, le Venezuela accueillit l'ambassadrice de bienveillance pour sa première visite officielle en Amérique latine. Audrey fut invitée au Venezuela par la Cavendish Foundation, avec qui l'Unicef coopère dans les programmes d'éducation.

Dans la région méridionale du pays, elle visita Barinas, une communauté rurale. Elle y inaugura un centre prévu pour des activités préscolaires, des cours de formation pour adultes, et aussi des réunions et des soirées.

Dans un quartier pauvre de Caracas, elle se rendit dans un centre dédié à l'enfant et à la famille, installé dans une maison qui peut recevoir chaque jour 15 à 20 enfants de moins de six ans. Ce programme avait l'appui de l'Unicef.

ÉQUATEUR – 19/29 OCTOBRE 1988

Audrey Hepburn voyagea de Caracas à Quito. Son premier arrêt fut pour la communauté urbaine marginale de « Lucha de los Pobres », où le ministère de la Sécurité Sociale a maintenu un programme préscolaire avec l'aide de l'Unicef. Dans ce quartier, elle visita un centre où, en plus des services de protection de l'enfance, on forme des travailleurs volontaires.

Un soir, elle visita la « Accion Guambras », service ouvert pour les enfants sans foyer. Le lendemain, l'actrice rencontra le président Rodrigo Borja pour lancer le projet « PROANDES ». Ce programme vise à intensifier la lutte contre la pauvreté et à fournir des services de base dans la partie andéenne de la Bolivie, de la Colombie, de l'Equateur, du Pérou et du Venezuela. Cette sous-région, où habitent 82 millions d'habitants, comprend aussi 24 millions de personnes vivant dans une pauvreté absolue, c'est-à-dire incapables de subvenir à leurs besoins fondamentaux. Le but de PROANDES est de fournir à ces régions les ressources indispensables à une population où la pauvreté atteint particulièrement les femmes et les enfants.

Tout au long de sa visite, Audrey n'eut qu'un seul leitmotiv : « On ne peut pas attendre que la crise soit résolue pour s'occuper des problèmes des enfants. Ceux-ci ne peuvent pas attendre. »

GUATEMALA – 5/6 FÉVRIER 1989

Au mois de février 1989, Audrey Hepburn se retrouva au Guatemala et son expérience sur le terrain commença par un voyage de deux heures au village de Panibaj, dans les montagnes, au-dessus du lac Atitlan. La communauté venait d'achever la construction d'un système de fourniture d'eau potable, qu'Audrey inaugura entourée de fleurs et d'enfants dansant au son d'un orchestre de marimba. L'ambassadrice de bienveillance de l'Unicef félicita les habitants et leur dit : « Quel bonheur de savoir que toutes ces fillettes n'auront plus à parcourir tous ces kilomètres à pied, comme leurs mères devaient le faire avant pour avoir de l'eau, puisque maintenant elles l'ont sur place. L'eau est la vie, et l'eau propre signifie la santé. »

Au cours du voyage de retour, elle s'arrêta à un centre rural de santé, où elle parla aux enfants et à leurs mères. Plus tard, à Guatemala City, elle eut une autre occasion de parler à des mères et à des enfants pendant une visite dans la région des taudis urbains d'El Mezquital, tout en se promenant le long de la « Calle de Unicef » (rue de l'Unicef). Le soir, Audrey Hepburn fut invitée par le vice-président Roberto Carpio Nicolle à une cérémonie pour lancer le rapport de 1989 « Etat des Enfants du Monde » (SOWC).

HONDURAS – 7/8 FÉVRIER 1989

A Tegucigalga, au Honduras, Audrey fut accueillie à sa descente d'avion par le directeur régional de l'Unicef pour l'Amérique et les Antilles, le Dr Teresa Albanez, et le représentant régional, M. Agop Kayayan. Ils se rendirent ensemble au palais présidentiel pour une réunion avec le président José Azcona. On lui présenta un exemplaire du rapport SOWC et Audrey l'invita à prendre part au sommet présidentiel sur les enfants et à donner son appui à la Convention sur les Droits de l'Enfant.

L'actrice visita un projet de communauté urbaine marginale, « 21 de febrero », avec son nouveau système économique d'eau potable. Elle se rendit également dans une autre région urbaine, le Barrio Villafranca, où l'Unicef a aidé à construire et à meubler des centres de soins journaliers, gérés par des femmes de la région. Audrey rencontra ainsi les « Volontarios por la Salud de los Ninos » (Volontaires pour la santé des enfants) qui, après une formation de six mois, reçoivent un diplôme et un T-shirt sur lequel est imprimé le *logo* de l'Unicef ainsi que leur nouveau titre de « volontaire ».

Le soir, elle prit la parole lors d'une cérémonie au cours de laquelle on présenta le rapport SOWC de 1989. Puis, avec le président Azcona, l'actrice décerna les Prix Nationaux des Médias, initiés par l'Unicef pour honorer les journalistes et les organisations des médias qui ont contribué à faire connaître les problèmes de l'enfance dans le monde et les actions de l'Unicef.

SALVADOR – 9/11 FÉVRIER 1989

Un chœur d'enfants accueillit l'arrivée d'Audrey au Salvador, où le premier arrêt fut consacré à un entretien avec le président Duarte. L'actrice demanda à visiter plusieurs projets pour la santé et l'éducation.

Dans la communauté urbaine de Trujillo, à San Salvador, où des gens déplacés par le tremblement de terre de 1986 se sont établis, Audrey Hepburn suivit des volontaires de santé communautaire, examinant, pesant et mesurant des bébés. Elle participa aussi à une séance de santé familiale où les mères reçurent une piqûre antitétanique, et où elle administra elle-même encore une fois le vaccin oral aux enfants.

Puis Audrey se rendit dans la communauté rurale de La Libertad sur la côte Pacifique, pour parler du programme tout récent « Alphabétisation par la radio ». Au moyen d'émissions spéciales de radio et de livres de travail, ce projet vient en aide aux gens illettrés des taudis urbains, ainsi que dans les régions éloignées. Audrey y rencontra une femme de soixante-trois ans, l'une des institutrices de la région.

Le dernier jour qu'elle passa au Salvador, elle relança le rapport SOWC de 1989.

MEXIQUE – 12/13 FÉVRIER 1989

Pendant son court séjour à Mexico, Audrey Hepburn donna une interview à la télévision, puis elle continua son voyage vers le sud, à Acapulco, et dans l'Etat de Guerrero. Là, accompagnée par plusieurs fonctionnaires de santé et la femme du gouverneur, elle prit un petit avion jusqu'à la ville de montagne de Tlapa, et ensuite elle rejoignit Chaucingo par hélicoptère. Ce fut une grande journée pour ce petit village – des bannières remerciant l'Unicef flottaient au vent et un orchestre jouait tandis que la cérémonie sur la place du village commençait. Un second orchestre appartenant au village voisin s'était joint à la célébration pour demander lui aussi son propre système d'eau. Audrey coupa le ruban. Pour la première fois dans sa longue histoire, le village possédait enfin son eau potable.

Il y eut aussi une visite au nouveau centre de santé du village, où Audrey montra la façon dont on mélange les sels oraux de réhydratation contre la diarrhée, et où elle administra à deux bébés un vaccin oral contre la polio.

Le lendemain, à Acapulco, elle fit le discours d'ouverture d'une conférence internationale de présidents-directeurs généraux des principales entreprises du pays. Sa présentation fut axée sur l'effet de la crise dans la protection de l'enfance et sur les besoins des enfants et de leurs familles.

En avril 1989, Audrey Hepburn fut invitée à apporter son témoignage personnel devant des audiences de la Sous-Commission d'Enquête de l'Assemblée sur la Faim. Elle a rencontré ainsi le président Bush et sa femme à la Maison Blanche, et plusieurs sénateurs et députés.

SOUDAN – 12/14 AVRIL 1989

Audrey Hepburn visita le Soudan en avril 1989 pour suivre l'opération « Ligne de Sauvetage du Soudan » Elle commença ses activités par une visite de courtoisie au Premier ministre. Ensuite, elle donna le départ du premier chaland transportant des aliments et des médicaments sur le Nil, de Khartoum vers Kosti, et aux 18 premiers wagons d'un train d'approvisionnement de la gare de Rabak.

Il y eut aussi des visites à des camps de réfugiés à Muglad et à El Mereim, où l'actrice vit clairement la condition critique des personnes déplacées au Soudan. Dès son retour, elle souligna lors de conférences de presse et devant le comité exécutif de l'Unicef « qu'on a fait des progrès mais qu'il y a beaucoup plus à faire ».

THAÏLANDE - 15/18 OCTOBRE 1989

Audrey Hepburn arriva à Bangkok après un voyage à Sydney, Canberra et Melbourne en Australie (6-15 octobre) pour soutenir les efforts de l'Unicef. Elle alla sur le terrain en commençant une longue visite des quartiers des docks Khlong Toey de Bangkok, où elle rencontra Mme Proteep Hata, connue comme « l'Ange des Taudis de Thaïlande ». Le but de l'actrice est de souligner les efforts réalisés par la fondation Proteep pour les enfants défavorisés de ce quartier de la ville.

BANGLADESH - 19/24 OCTOBRE 1989

Arrivée à Dhaka, au Bangladesh, Audrey rendit d'abord une visite de courtoisie à la femme du vice-président du pays. Les jours suivants furent consacrés à une suite de visites de plusieurs projets dans diverses régions du Bangladesh.

A Mirzapur, elle visita une école sponsorisée par la « Commission d'Avancement Rural », et le projet de « Femmes de Kumudini ». A Myemsingh, elle se pencha sur un projet d'amélioration de l'habitat et de suppression des taudis, d'une clinique de vaccination ainsi que d'un centre de santé rural. Pendant la soirée à Myemsingh, il y eut une représentation théâtrale, donnée spécialement par le village en l'honneur d'Audrey Hepburn.

De retour à Dhaka, elle partit pour la région de Bhakuka ; là, elle visita l'administration centrale pour le programme de vaccination sponsorisé par l'Unicef. Audrey rencontra le ministre de la Santé et observa la mise en marche du programme EPI. Il y a eu aussi un projet de rénovation de taudis urbains soutenu par des groupes de NGO. Le soir, le maire de Dhaka donna une réception pour Audrey Hepburn, qui prit la parole devant les 2 000 invités assemblés en plein air.

Le Jour des Nations Unies, le 24 octobre, servit de tremplin à sa visite de Babgkadesh. Audrey tira la sonnette d'alarme en parlant des efforts à faire pour freiner le taux de mortalité des enfants du Bangladesh et en préconisant d'accélérer le programme de vaccination.

Elle déclara : « Il y a toujours à peu près 10 000 enfants estropiés chaque année par la polio, et à peu près 30 000 deviennent aveugles faute de vitamine A. Cela ne coûte que 40 cents de donner à un enfant suffisamment de vitamine A pour une année, et moins d'un dollar pour le vacciner contre la polio. La survie des enfants pauvres n'est possible que par le moyen de la vaccination, de soins de santé, d'éducation et de préservation de l'environnement. »

*
* *

Nous pourrions continuer de décliner ainsi sur d'innombrables pages tous les déplacements d'Audrey Hepburn pour l'Unicef.

Mais le plus poignant et le plus important reste celui effectué par l'actrice en Somalie en septembre 1992, dans les camps de réfugiés. Elle eut ce commentaire lapidaire : « Je ne m'en remettrai jamais. » Car Audrey Hepburn n'est pas rentrée de Somalie indemne. « Je me souviendrai toujours des yeux d'une petite fille, appuyée sur une porte. Toute lumière avait disparu de son regard. Pendant des heures, nous sommes restées assises l'une à côté de l'autre. J'ai essayé de communiquer avec elle. En vain. On ne peut pas se vacciner contre une telle peine. On ne peut pas se remettre d'un tel voyage. »

La comédienne entendra longtemps encore le silence assourdissant du camp de Kidao : « C'était terrifiant, les centaines d'enfants allongés les uns à côté des autres sans le moindre bruit. Je ne connais rien au monde de plus pesant. » Audrey révèle alors son attachement pour la Somalie : « Ce pays a eu trop de malchance. Après quatre années de guerre civile, deux ans de sécheresse, le malheur s'est encore amplifié. La Somalie a été l'une des principales victimes de la fin de la guerre froide. Les Russes sont partis sans se retourner. Ils ont laissé derrière eux des bandes rivales qui s'entre-tuent et 90 % d'illettrés. »

Et l'actrice de sortir de sa réserve et de lancer alors son S.O.S. : « Il n'y a pas si longtemps, l'Afrique se suffisait à elle-même et l'agriculture était très développée. En Ethiopie, comme en Somalie. Mais les pays occidentaux, du temps où ils avaient en charge ces pays, n'ont rien fait pour les développer. Ils les ont vite oubliés ! Le temps de l'Armée du Salut est révolu, les ONG (Organisations Non Gouvernementales) sont puissantes. Elles peuvent s'organiser en lobbies. Les gouvernements vont devoir désormais compter avec elles et avec l'opinion publique. La naissance en France d'un ministère de l'Action humanitaire est un exemple qui devrait être suivi dans d'autres pays. Nous avons une nouvelle arme pour lutter contre la misère du monde, c'est celle de l'information. Nous ne pourrons pas dire, comme nous l'avons fait, après la Seconde Guerre mondiale, que nous ne savions pas ! Les grandes puissances ont été capables pour un peu de pétrole de lancer la guerre du Golfe. Avec la Somalie, le Soudan, le Mozambique, il faut exiger d'elles une intervention comparable. La Somalie peut être sauvée. »

La mission d'Audrey en Somalie est suivie par d'innombrables conférences de presse et interviews à travers le monde. Elle aurait pu être l'héroïne rêvée d'*Out of Africa*, une Afrique idyllique... elle se retrouve sur ce continent magnifique, plongé dans un cauchemar sans fin. Audrey, ambassadrice de l'Unicef, engagée jusqu'à la fin de sa vie dans un combat contre la famine en Afrique, donna ses dernières forces à cette mission.

CHOIX DE DÉCLARATIONS FAITES PAR AUDREY HEPBURN LORS DES MISSIONS POUR L'UNICEF

• Sur la carrière et la famille :

« A un certain moment dans ma vie, j'ai dû choisir entre les films et mes enfants. Une décision très facile à prendre, car mes enfants me manquaient beaucoup. Quand mon fils aîné a commencé à aller à l'école, je ne pouvais plus l'emmener, et c'était dur pour moi, j'ai donc cessé d'accepter des films. Je me suis retirée pour rester à la maison avec mes enfants. J'étais très heureuse. Mais je ne restais pas assise, frustrée, en me rongeant les ongles. Comme toutes les mères, je suis folle de mes deux garçons. Mon fils aîné se trouve au Mexique, où il est assistant-metteur en scène d'un film. Mon fils cadet a 18 ans et il termine ses cours à l'école cette année. L'année prochaine, il veut s'inscrire à l'école des Beaux-Arts. » (Mars 1988.)

• Sur sa propre enfance :

« Je me trouvais en Hollande pendant la guerre, sous l'occupation allemande, et la nourriture a commencé à manquer. Le dernier hiver fut le pire de tous. A cette époque, le peu qu'il y avait allait aux troupes. Il y a une grande différence, bien entendu, entre mourir de faim et souffrir de malnutrition, mais j'étais très mal nourrie. Dès la fin de la guerre, une organisation, qui est devenue plus tard l'Unicef, est arrivée tout de suite avec la Croix-Rouge. Ce fut un énorme soulagement pour tout le monde, car ils apportaient de la nourriture, des médicaments et des vêtements. Toutes les écoles de la région sont devenues des centres de secours. J'en ai été l'une des bénéficiaires, avec les autres enfants. J'ai connu l'Unicef toute ma vie. » (Mars 1988.)

• Sur la célébrité :

« Si les gens s'intéressent toujours à moi, si mon nom les oblige à écouter ce que je veux dire, alors c'est merveilleux. Mais, aujourd'hui, faire la promotion d'Audrey Hepburn ne m'intéresse plus. Mon seul intérêt est d'expliquer au monde comment on peut apporter de l'aide à l'Ethiopie et c'est ce qui est ma raison de vivre. » (Mars 1988.)

• Sur l'Ethiopie :

« Lorsque j'ai quitté l'Ethiopie, j'étais pleine d'optimisme. Avant mon départ, beaucoup de personnes m'ont dit combien cela serait terrible de voir tant de souffrance, de mort et de désespoir. Bien sûr, j'ai vu des enfants dans un état avancé de malnutrition, bien qu'ils ne meurent plus aussi nombreux qu'auparavant. Mais j'ai aussi voulu témoigner de tout ce que l'on fait pour eux et comment une assistance, même minime, peut aider à traiter les malades, à irriguer la terre et à planter de nouvelles récoltes. Je me suis rendu compte peu à peu que les problèmes de l'Ethiopie ne sont pas insolubles, si seulement le monde voulait donner un peu plus. » (Mars 1988.)

• A propos d'un petit déjeuner avec des membres du Congrès des Etats-Unis :

« Ils étaient charmants, et il n'était pas si facile de répondre à leurs questions parfois inattendues sur l'Ethiopie, tout en buvant du café et du jus de pamplemousse – mais j'ai été si heureuse d'entendre qu'après cette réunion les Etats-Unis avaient augmenté leurs fonds pour l'Ethiopie.

• Sur l'Unicef :

« J'ai vu non seulement le travail des Nations Unies, mais aussi des nations qui se sont unies pour surmonter la crise. L'Unicef a le bras long. Elle essaie d'atteindre les plus blessés et elle travaille d'une façon merveilleuse pour aider les gens à retrouver une dignité. Si on leur donne une bêche, ils peuvent creuser un puits. Maintenant, il faut s'assurer qu'ils ne doivent pas creuser des tombes pour leurs enfants. » (Mars 1988.)

• Sur le travail des enfants :

« Pendant ma visite récente en Ethiopie, j'ai vu les visages des enfants – visages de douleur, de souffrance, de désespoir. Mais ici nous sommes entourés de tant de jeunes vies pleines de santé, de bonheur, d'énergie, ce qui est véritablement la plus grande récompense pour tous ceux qui s'unissent pour travailler vers un meilleur monde, pour une enfance plus heureuse. » (Avril 1988. Journée Internationale des Enfants en Turquie.)

• Plaidoyer pour les enfants :
« N'oublions jamais ces enfants qui ne connaissent pas la paix, qui ne connaissent pas la joie et qui ne sourient jamais. C'est pour ces enfants que je parle, pour ceux qui ne peuvent pas plaider pour eux-mêmes. » (Avril 1988.)

• Sur l'assistance aux enfants :
« On ne peut pas attendre que la crise soit résolue pour s'occuper des problèmes des enfants. Pour eux, c'est une urgence. » (Octobre 1988.)

• Sur l'eau propre :
« Celui qui ne croit pas aux miracles n'est pas un réaliste. J'ai vu le miracle de l'eau, que l'Unicef a aidé à devenir réalité pour un village d'Amérique centrale, où depuis des siècles les jeunes filles et les femmes devaient parcourir des kilomètres pour s'en procurer. Maintenant, elles ont de l'eau potable et propre près de leurs maisons. L'eau est vraiment la vie, et elle signifie maintenant la santé pour les enfants du village. » (Février 1989.)

• Sur les ressources humaines :
« Il n'y a pas un manque de ressources humaines, seulement un manque de volonté humaine. » (Avril 1989. National Press Club, Washington.)

• Sur un monde de paix :
« Nous ne pouvons pas envisager un monde de paix et de compassion tant que les enfants souffrent de maladies ou qu'ils sont mutilés ou négligés. Les enfants ne peuvent pas attendre que la crise économique passe. Il faut que nous les aidions maintenant. » (Avril 1989.)

• Sur le nom de l'Unicef :
« Les habitants de l'Ethiopie, du Soudan, etc., ne connaissent pas Audrey Hepburn, mais ils reconnaissent le nom Unicef. Quand ils voient Unicef, leurs visages s'illuminent, car ils savent que quelque chose va se produire. Au Soudan, par exemple, ils appellent une pompe à eau "Unicef". » (Avril 1989.)

BIBLIOGRAPHIE

ALBUMS

CLARKE KEOGH Pamela, *Audrey Style*, Harper Collins, 1999.
KARNEY Robyn, *Audrey Hepburn, la Princesse de Tiffany*, Gremese, 1994.
KRENZ Carol, *Audrey, Une Vie en Images*, Ed. Soline, 1998.
SEMBACH Klaus Jürgen, *Adieu Audrey, Memories of Audrey Hepburn*, Schimmer Art Books, 1993.
VERMILYE Jerry, *The complete film of Audrey Hepburn*, Citadel Press Book, 1995.
VERMILYE Jerry, *A Tribute to Audrey Hepburn*, People, décembre 1993.

BIOGRAPHIES

BARRY Paris, *Audrey Hepburn*, Belfond, 1997.
FERRER HEPBURN Sean, *Audrey : A son remenbers*, 2000.
HARRIS Warren G., *Audrey Hepburn*, Simon & Schuster, 1994.
HIGHAM Charles, *Audrey, The Life of Audrey Hepburn*, MacMillan, 1986.

MAYCHICK Diana, *Audrey Hepburn, an Intimate Portrait*, Birch Lane Press, 1993. (Adaptation française aux Editions N° 1 préfacée par Frédéric Mitterrand.)

WALKER Alexander, *Audrey, Her Real Story*, Weidenfeld & Nicolson, 1994.

WOODWARD Ian, *Audrey Hepburn, Fair Lady of the Screen*, Virgin Publishing, 1993.

REMERCIEMENTS

Toute biographie est un puzzle. Et les pièces de ce puzzle n'ont pu être rassemblées qu'avec l'aide de témoins, de proches d'Audrey, d'organismes et de collectionneurs que je me dois de remercier avec une profonde gratitude.

A Londres : Peter Bird, The British Film Institute, Patricia Desmond, Joan Griffith, Lord James Hanson, Marco Schiavo, Hugo Vickers et les archivistes de « Hollywood Superstore ».

Aux Pays-Bas : Christine Sixma van Heemstra, Chris van Etten du Rijksvoorlichtingsdienst de La Haye, K. Schaap, archiviste de la ville d'Arnhem, P.J. Yperlaan, conservateur du Huis-Doorn et Jonathan Cornille à Liège (Belgique).

A l'Unicef : Brigitte Ponce et Isabelle Meillac à Paris et Christina Roth à Genève.

A New York : Michiko Kakutam au *Herald Tribune*, Stephanie Mansfield et Ronald Richardson.

A Los Angeles : Val Almendarez, Véronique et Gregory Peck, The University of Southern California.

A Cannes : Mme Terence Young.

A Paris : le service de presse de la Maison Givenchy et la documentation *d'Elle*.

En Suisse : le prince Sadruddin Aga Khan, Doris Brynner, Jeanne Giuge, Mme Franca Price au Pavillon Audrey Hepburn à Tolochenaz, et à Lausanne, Victoria, Michel et Monique Pellaux.

A Nice : Fabbio Ricci.

A Rome : Nicola Marsciano, Rosana Parma, Fabio Roscani et Paolo Salom et l'éditeur Gianni Gremese.

Parmi mes confrères dont les connaissances m'ont été précieuses, je suis au premier chef redevable à Robyn Karney, Diana Maychick, Barry Paris, Alexander Walker et Ian Woodward.

Je remercie J. D. Podolsky de m'avoir permis d'avoir accès à plusieurs heures d'entretien avec Sean Ferrer et Luca Dotti, les fils d'Audrey.

Je remercie mes éditeurs Gérard Watelet et Charles Dupêchez de leur soutien, Anne Davis de ses conseils et Sylvie Boizet qui a assuré la frappe de ce manuscrit.

TABLE DES MATIERES

Cet ouvrage a été imprimé par
CPI – Firmin Didot
Mesnil-sur-l'Estrée
pour le compte de Pygmalion
département des Éditions Flammarion
en décembre 2009

Imprimé en France
N° d'édition : L01EUCN000172.A002 - N° d'impression : 98034
Dépôt légal : octobre 2007